长江文明的曙光

（增订版）

严文明　著

文物出版社

图书在版编目（CIP）数据

长江文明的曙光 / 严文明著 . --增订本 . --北京：文物出版社，2020. 7

ISBN 978 - 7 - 5010 - 6699 - 5

Ⅰ. ①长⋯　Ⅱ. ①严⋯　Ⅲ. ①长江流域 - 考古 - 文集　Ⅳ. ①K872. 504 - 53

中国版本图书馆 CIP 数据核字（2020）第 087141 号

长江文明的曙光（增订版）

著　　者：严文明

责任编辑：杨新改　乔汉英
封面设计：李　红
责任校对：陈　婧
责任印制：苏　林

出版发行：文物出版社
社　　址：北京市东直门内北小街 2 号楼
邮　　编：100007
网　　址：http：//www. wenwu. com
邮　　箱：web@ wenwu. com
经　　销：新华书店
印　　刷：北京京都六环印刷厂
开　　本：710mm × 1000mm　1/16
印　　张：15. 75
版　　次：2020 年 7 月第 1 版
印　　次：2020 年 7 月第 1 次印刷
书　　号：ISBN 978 - 7 - 5010 - 6699 - 5
定　　价：98. 00 元

1987 年 12 月 2 日我与李水城在牟永抗和王明达等陪同下到莫角山考察

1992 年 12 月 26 日在杨楠陪同下冒雨考察莫角山宫殿基址上的夯层遗迹

莫角山考察

良渚文化安装在木犁底上的石犁（平湖庄桥坟出土）

良渚文化瑶山祭坛中心区域及墓葬（南—北）

良渚文化遗迹

瑶山出土玉匙

反山墓 12 出土嵌玉漆杯

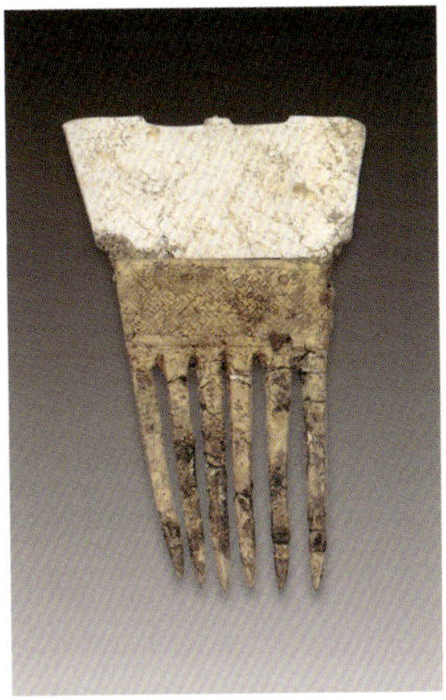

周家浜墓 30 出土玉背象牙梳

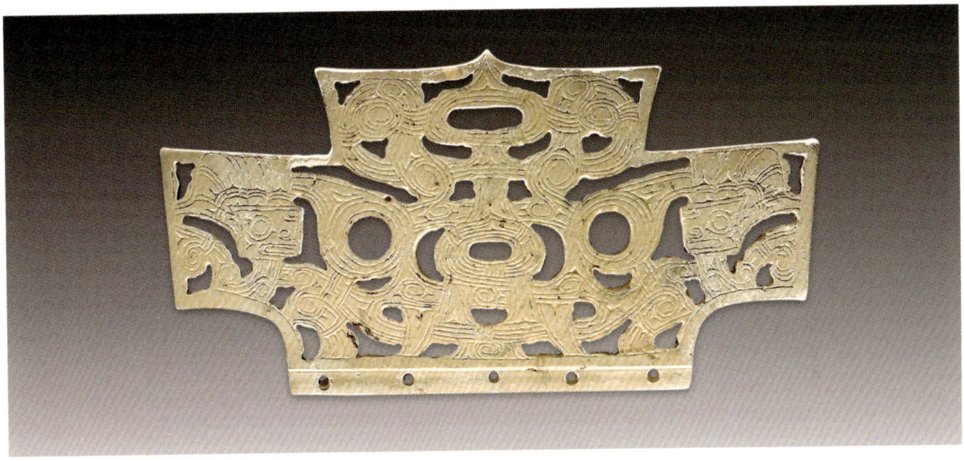

反山墓 16 出土镂雕玉梳背

反山墓 12 出土大玉琮（左）及玉琮上的神人兽面纹（右）

良渚文化的玉器和漆器

长江中游：石家河文化

1987 年 5 月 10 日首次考察石家河遗址

石家河古城西部城垣和城壕

石家河遗址

由西向东

由北向南

石家河文化宗教遗迹邓家湾套缸 2 出土情况

邓家湾出土陶偶

邓家湾出土陶象

邓家湾出土陶羊

石家河文化陶偶和陶塑动物

谭家岭出土双鹰玉牌

谭家岭出土展翅鹰玉牌

谭家岭出土双人玉牌

谭家岭出土神人玉牌

后石家河文化玉器

1996年4月22日在王毅等陪同下考察宝墩古城

宝墩城址的一个剖面

宝墩古城

目　录

写在前面与改版说明

我生长在长江和洞庭湖边，是喝长江水长大的，对当地的风土人情和历史文化有深切的体会和难以割舍的情缘。自从步入考古学门槛以来便对长江流域的史前文化和早期文明十分关注，可是我早年的考古工作多半在黄河流域。1974 年春夏期间，我终于有机会带领学生在湖北宜都红花套进行田野考古实习。那个遗址正好在长江岸边，主要是新石器时代晚期的大溪文化的遗存，也有少量屈家岭文化和东周时期的文化遗存。我们发现一些房子是用粗大的毛竹做柱子的，墙壁则用 2 厘米宽的竹篾编织，再在两面抹草拌泥，泥里面掺进了许多稻草。最后在墙壁的表面抹上 1 厘米厚的谷糠泥，那里面掺进了大量的稻谷壳。我记得小时候我们老家有些人家的房子就是这么做的，我上的中心小学校的房子也是这么做的，真是太熟悉了。没有想到我们的祖先早在五六千年以前就能够建造像现代农家一样的竹编泥墙的茅屋，并且从事着比较发达的稻作农业。他们还充分利用江边的河卵石大量地制造石器，留下了规模颇大的石器制造场，场地中有许多制造石器的石锤、石砧和砺石，更有成千上万的石片碴和残次品，也有少量半成品和成品。如此大规模的石器生产，显然不只是为了自己的需要，而是为了同别人交换产品。这又引发出一条重要的信息——当时已经有一定规模的经常性贸易！这样的发展水平，比黄河流域同时期的文化一点也不逊色，而地方特色却非常突出。第二年我又带领学生发掘了湖北江陵毛家山一个大溪文化的遗址，并且参与主持了楚国国都纪南城的考古发掘工作，更加加深了我对长江流域史前和历史时期文化的认识。1976 年浙江余姚河姆渡遗址的发掘在学术界引起了巨大的震动，那里发现了数量多得惊人的稻谷遗存和十分先进的干栏式木构建筑，年代却早到公元前 5000 ~ 前 4500

年，比当时所知年代最早的栽培稻遗存还要早一千多年。我们对比了世界各地的情况，适时地提出了稻作农业长江流域起源说。1986 年四川广汉三星堆两个祭祀坑的发掘连同巨大城址的发现，使一向沉寂的四川考古界一下子变得活跃起来。祭祀坑中出土的神人、神树、黄金手杖和大量人头像与假面等青铜制品，不论是技术水平还是艺术造诣都跟黄河流域的商文化不相上下，而内容和风格大不相同，被称为世界上最引人注目的考古发现。与三星堆的发现几乎同时和稍后，在浙江余杭良渚遗址群连续发现了反山、瑶山两个祭坛和贵族墓地以及莫角山的超大型土台和夯土台基，墓葬中发现玉器的数量之多，超过同时期全国其他遗址出土玉器的总和，而且其制作技术之精到、造型和花纹之奇巧，也是同时期其他地方的玉器所无法比拟的。据此许多学者认为良渚文化时期已经闪现出文明的曙光，中国文明起源的探索从此步入了一个崭新的阶段。

在以上形势的启发和推动下，北京大学和湖北省博物馆、荆州博物馆合作在湖北天门石家河开展了大规模的考古勘察与发掘工作。发现了一座从屈家岭文化到石家河文化的 120 万平方米的大型城址和大量的宗教遗迹，年代跟良渚文化相若，发展水平也不相上下。至于江西新干大洋洲出土的青铜器也跟三星堆不相上下。而江西瑞昌铜岭和湖北大冶铜绿山商周时期的大型铜矿遗址的发现，更是研究中国青铜时代文化的重大突破。至此，长江流域在中国乃至整个东亚文明起源和早期发展中的地位和作用就明朗起来了。事实上长江流域和黄河流域一样都是中国和东亚文明的发祥地，而长江流域文明的发生和发展是与稻作农业的发展分不开的。在这个时期，湖北城背溪文化和湖南彭头山文化的发现把稻作农业的发生提前到了公元前六七千年，江西仙人洞与吊桶环和湖南玉蟾岩的发现更把稻作农业的起源追溯到了公元前一万年以前。这样稻作农业的长江流域起源说就有了坚固的事实基础。我有幸参与了这些工作，投入了很多的精力，并且试图在理论上做出概括和解释，从而把长江流域在中国乃至世界文明史上的地位与作用提到应有的高度。我在这些方面的微薄努力在国际上也产生了一定的反响，其中尤以日本学者最为关注。我因此也多次被邀请到日本访问，结识了许多朋友，其中包括著名的学者梅原猛先生。

1997～1998年，我应国际日本文化研究中心前所长梅原猛和当任所长河合隼雄的邀请，作为客座教授在该中心从事稻作农业与文明起源的研究，期间曾经与梅原猛先生举行过两次对谈。第一次讨论稻作农业与陶器的起源问题，第二次讨论文明的起源问题。梅原先生是国际日本文化研究中心的创立者和首任所长，著作等身，涉及哲学、历史、文学等许多方面，对考古学也有浓厚的兴趣。对稻作农业的发生和长江流域文明的起源更是特别关注，积极策划和推动中日双方有关部门和学者之间的合作。我们的谈话主要从长江流域一系列重要考古发现出发，把稻作农业的发生和发展同长江流域文明的起源紧密地联系起来，并且提到世界文明发展史的高度来加以认识，试图寻找东方文明的根基和它之所以不同于西方文明的本质所在。当时我们都认为这个谈话很有收获，决定整理出来由日本的角川书店出版。后来梅原猛又和日本著名考古学家樋口隆康对谈过一次。角川书店把这三次谈话和我的两篇论文收在一起，以《长江文明的曙光》为名，并且作为《长江文明的探求》系列丛书之一于2000年正式出版。在此期间，我还在日本主持召开了一次“稻作农业、陶器和都市起源”的国际学术讨论会，并且向广大公众做了有关方面的学术报告。同时撰写了《稻作文明的故乡》和《东方文明的摇篮》等学术论文，其中一部分已经发表。这次承季羡林先生和陈昕先生的厚意，要我把有关长江流域稻作农业和文明起源的论述编辑成册，并且一定要把与梅原猛对谈的内容包括进去，以便收入由他主编的《长江文化研究文库》中发表。我选了一些自认为比较重要的和尚未发表的，以及几篇比较零散而未曾结集的小文章，共15篇，编成了现在这个样子。需要说明的是我和梅原猛对谈的那一篇，我们对谈时的翻译是徐朝龙先生。角川书店出版前，梅原猛谈话的部分经过他本人整理，而我谈的部分的记录稿没有经过我过目。现在由北京大学赵辉教授翻译成中文，我看过后觉得有些文气不顺，个别地方同我本来的意思有出入，所以我又进行了局部的修订。这样可能比较符合我们当时谈话的精神。为了纪念我和梅原先生的合作，就用我们对谈的总题目“长江文明的曙光”作为本书的名称。

2004年3月20日于北京蓝旗营寓次

本书原来由湖北教育出版社于2004年10月出版后，至今已经有15年之久。在此期间，长江流域的考古工作又有了重要的进展，我也写了一些相关的文章，对长江文明的认识有所提高，有必要对原著有所增改。原书是收入《长江文化研究文库》的，并不方便。我觉得还是以出单行本为好。专此说明。

2019年5月4日于蓝旗营寓次

长江流域在中国文明起源中的地位和作用

1996年4月25日在四川大学的演讲

这次到四川来主要是参观四川大学和成都市文物考古工作队发现的几个古城，昨天刚刚看完，感到很有收获，对四川的古文化又有了一些新的认识。马继贤先生要我做个学术报告，他这是客气，实际是想考考我，看看我到底有些什么体会和认识。我没有准备，只是想了一想，现在硬着头皮来讲，一定有许多不妥当的地方，恳请各位不吝赐教。我讲的题目是《长江流域在中国文明起源中的地位和作用》，想分四个方面来谈。

一　问题的提出

长江作为中国第一大河，位置居中，并且具有非常优越的自然地理条件，至今仍然是我国经济最发达和人口最多的地区。长江在中国历史上也占有十分重要的地位，但历史文献中关于长江流域的记载却远不及黄河流域的那样丰富，有些记载语焉不详，所记事情若隐若现；还有长江流域的考古工作起步比较晚，发展也比较慢。有些在黄河流域已经弄清楚的问题，在长江流域还不甚明了。这样，长江流域在中国文明起源和早期发展中的地位与作用也就不是很清楚了。

最近这些年来，由于先后发现了像四川广汉三星堆和江西新干大洋洲那样高度发达的青铜文化，同时还有像湖北大冶铜绿山和江西瑞昌铜岭等那样规模极大的矿冶遗址。前两者的工艺技术和生产力发展水平可以与黄河流域的商文化相颉颃，后两者则是在黄河流域的商周文化中也还没有发现过的。至于史前时期也有许多十分引人注目的发现。人们开始意识到长江流域在中国历史上的地位和作用不可低估。不少学者提出应该更加重视对长江流域古代文明的研究，有的学者提出要打破传统的黄河中心或中原中心论，认为中国文明也是一种两河文明，即黄河与长江两大河流域的文明。有的学者旗帜鲜明地提出了大长江文明的概念，有的人甚至以为长江文明超过了黄河文明。在一系列新的发现面前，出现各种不同的看法本来是很自然的。今天我也想就此谈谈自己的一些看法，很不成熟，不妥的地方希望得到各位的指正。

二　中国古代文明产生的基础和稻作农业的历史地位

从世界范围来看，大凡古代文明产生较早的地方，也就是谷物农业比较发达的地方。例如西亚古代文明的诞生地两河流域同时也是麦作农业的起源地。那里在麦作农业发展到一定阶段的时候便产生了苏美尔—阿卡德文明。埃及和印度古文明都受到了两河流域的影响，其经济基础也是麦作农业。中美洲古文明则是以玉米种植业为基础的。至于中国的古代文明，过去一直以为起源于黄河流域，考古发现证明黄河流域是粟作农业的起源地区，而且直到战国时代都是以种植粟和黍为主要作物的，中国古代文明是否就是在粟作农业的基础上产生的呢？

从另一方面来看，从古到今，人类的主要粮食作物除了以上几种以外还有水稻。事实上水稻乃是总产量最高，以其为主食的人口最多的一种谷物。人们不禁要问，为什么稻作农业没有产生一种文明？有人提出印度和东南亚或许有这样的文明，也有人联想到了中国的长江流域。

关于稻作农业的起源地区，以前流行印度说和东南亚说，后者有时也包括中国的华南地区。前些年山地起源说特别流行，即认为印度东北部的阿萨姆山地、缅甸北部山地和中国的云南山地是水稻的起源中心，然后再向四周传播。所有这些说法都是农学家根据作物品种分类和分布状况而推测出来的，缺乏考古发现的实物证据。我国从 20 世纪 50 年代开始在长江中游的屈家岭文化中发现水稻遗存，到 70 年代在浙江河姆渡文化遗址中发现大量的稻谷遗存和农具，年代早到公元前四五千年，是当时所知年代最早的稻作农业的证迹，于是学术界提出了长江流域起源说，得到考古学界的热烈响应。到了80年代，湖南的彭头山和湖北的城背溪文化中有一系列遗址出土了稻谷遗存，年代提早到了公元前六七千年。特别是河南贾湖的裴李岗文化遗址中也发现了大量年代相当的稻谷遗存，并且经过鉴定，断定是已经完全成熟的栽培稻——粳稻，从此长江起源说已为学术界（包括农学界）普遍接受了。这问题最近又有了新的突破。1993年和1995年，由北京大学和江西省文物考古研究所与美国安德沃考古基金会合组的农业考古队和湖南省文物考古研究所，分别对江西万年仙人洞和湖南道县玉蟾岩进行了发掘，前者出土了公元前1万年左右的很可能是水稻的花粉和植物硅酸体，后者更出土了几粒稻谷。据测定其中一粒接近野生稻，但与典型的普通野生稻已有一些不同。另一粒则明显地接近于栽培稻。与它们共存的石器全部都是打制的，估计其年代至少在公元前1万年左右。我想稻作农业起源年代的追溯工作应该到底了。再早就进入旧石器时代了。当然，由于这一发现才刚开始，资料还很有限，难以说明稻作农业起源的具体情况。但是经过这几十年不懈的努力，至少可以确信长江流域是稻作农业起源的中心，假如不是唯一的，也应该是最重要的一个中心。据我个人统计，中国史前遗址中发现有稻谷遗存的已达140多处，其中80%以上分布在长江中下游，其次是黄淮流域，华南的遗址不但很少，年代也都很晚。可见稻作农业起源在长江流域，早期的发展中心在长江流域，至今最发达的地区还是长江流域。这样的水稻种植业是否提供了一种早期文明发展的基础呢？

为了回答这个问题，我想有必要分析一下为什么谷物农业发展到一定阶段会产生文明。农业是一种以年为周期的有计划的长期行为，首先要对准备栽培的作物有较深的了解。除了它的可食性和耐储藏性以外，还要对它的生长习性，包括对土地、水分和季节的要求等，为此还要制造一定的农具以便对土地进行加工以及除草、收割和碾磨谷物等。这里有许多经验和知识的积累，是一个综合的文化行为，简单的思维或短期的劳作是不可能奏效的。农人一定要定居，一定要组成较大的集体以便于解决生产中遇到的各种问题。这是与从事狩猎或采集的人们大不相同的。而稻作农业需要对土地加工的程度超过旱地农业，因为它一定要把地整平，否则有的秧苗得不到水，有的秧苗又会被水淹没。这就必须要筑成不漏水的田埂，还要有灌溉和排水的设施，旱地农业则不一定要有这些设施。由于人们对稻田投入了那么多的劳动，又由于不断的灌溉使稻田有一定的自肥作用，不必要经常抛荒轮种。因此种植水稻的农人比种旱地的农人更加稳定，更有精力来改进农业技术，进而养成了他们较高的技术文化素养。这种素养自然会影响到手工业和艺术等许多方面。一些以稻作农业为主的考古学文化的手工业水平也比较高，可能就是因为这个原因。由此可见稻作农业不但可以是文明产生的基础，而且对文明的产生还有一定的促进作用。研究长江流域以稻作农业为基础的文明的产生和发展及其对东北亚与东南亚等地文明的影响与促进作用，无疑是一项具有十分重要意义的事情。

三　长江流域文明起源的三个中心

1. 长江下游

主要指江浙地区。本区较早的有河姆渡文化（约当公元前 5000 ~ 前 4500 年），已有相当发达的稻作农业，后来的马家浜文化和崧泽文化都以稻作农业为主，到良渚文化（约为公元前 3300 ~ 前 2000 年）又有了显著的发展，其标志就是石犁等一系列新农具的出现。我国普遍实行犁耕要到春秋战国时代，比良渚文化晚了许多。良渚文化是首先实现犁耕的，这不但促进了农业的发展，而且带动了其他经济和社会文化的普遍繁荣。例如良渚文化的玉器、漆器和丝绸等手工业都比同时代的其他地区发达得多。在这些手工业制品上体现的精湛技术和艺术水平，看过的人都会留下深刻的印象。经济的发展不但增加了社会的财富，也促进了社会分工和交换发展，促进了贫富分化和社会地位的分化，这在聚落形态上可以很清楚地反映出来。

良渚文化的聚落大致可以分为三级。第三级是普通的聚落，即一般的农村，和以前差不多，有几百处。第二级是较小的中心聚落，或者叫作次中心聚落，其中往往有人工堆筑的贵族坟山，墓葬较大，往往随葬玉器等珍贵物品。这样的聚落有一二十处。第三级就是中心聚落，目前发现的有浙江余杭良渚遗址群、上海福泉山遗址群和江苏武进寺墩遗址群等，其中尤以良渚遗址群的规模最大，规格也最高。它由 50 多个遗址组成，核心是过去称为大观山果园的莫角山遗址。它是一个长方形土台，长670米，宽450米，高出周围地面四五米到七八米不等，上面还有三个较小的土台。根据一些情况来判断，这整个莫角山遗址原先应当是依托一个自然土岗，经人工裁弯取直、填平补齐才会形成这个样子的。有人计算这项工程需要一千人连续干三十年才能完成。根据上面发现大面积夯土基址和数以万计的残破土坯来看，这大土台当是宫殿或宗庙一类礼制性建筑所在的地方。为了建设这样一个政治和宗教的中心，打基础的土建工程就长达三十年是不可想象的。如果是五六年也许比较合乎情理，那就需要五六千人同时劳动。这些人的吃住就是一个大问题，在这些人之外还要有一大批人为他们提供生活保障。什么样的力量能够调集如此庞大的劳动队伍有组织有计划并且持续多年地进行建设！一个合乎逻辑的结论自然是当时已经存在具有极大号召力和强制手段的统治集团，从一些迹象来看，他们是同时掌握政治、宗教、军事和经济大权的。因此我们设想当时应该出现某种初级形态的国家了。更有进者，良渚遗址群中还有祭坛和人工坟山等许多同样需要许多劳力的工程，统治集团不管有多大的权力，也不能把全体人民都投入到这一项工作中去。何况那些次中心聚落中也还有一些比较大的工程，也需要有一定的劳力。由此可见，组成良渚国家（姑且这么说）的人口一定有相当大的一个数目，并且占据了相当大的一块地方。目前我们虽然不能说出确切的范围，但如果把太湖以南都包括在内的话，恐怕也不算过分的。这种情况同以前的马家浜文化和崧泽文化比较已经有本质的变化，即由简单社会变成比较复杂的社会，由史前社会进入了初期的文明社会。

2. 长江中游

这里是对稻作农业起源和早期发展轨迹研究得比较清楚的地区。到屈家岭文化—石家河文化时期（约当公元前3300~前2100年）出现了一系列城址。其中在湖北的有天门石家河、石首走马岭、江陵阴湘城、荆门马家垸和公安金家城共五处，湖南有澧县城头山和鸡叫城两处。各城的面积大小不等，小的只有六七万平方米，中等的约20万平方米，最大的石家河城约有100万平方米，是全国同时代几十座城址中最大的一处。从城墙的个别剖面来看，至少是分两次筑成的。据初步测量，有些段落的墙基宽约50米，顶宽四五米，高约6米。有的地段因为地势较高，墙体相对要小一些。加上东南部有一段约400米宽的缺口，把所有这些因素都考虑进去，城墙的用土至少在50万立方米以上。何况城墙顶部经过几千年的风风雨雨已经坍塌了不少，原来筑城的用土量必定更多。再说城外还有十分壮观的环城壕沟，有迹象表明挖壕的土并不一定全部都用来筑城。这样工程量就更大了。我小时候住在洞庭湖边，参加过好多次修筑河堤的工作。民工挖了土用篼箕盛了挑到堤上再把它夯实，平均一天大约能完成两方土。我看石家河城的样子，修筑起来很像筑河堤的工程。那时的人只能用石铲挖土，工作效率应该更差一些。如果一人一天平均完成一方土的工作量，那就需要一千人持续劳动将近两年的时间。这些人要吃要住，要使用必要的工具，因此还要有一大批人来提供起码的后勤保障。同良渚文化一样，这也必须有一个强有力的机构来征集这样多的人夫，并且把他们组织好去完成这样一项巨大的工程。可以想见，花费那样巨大的人力、物力修建城池，必定是战争已经发展为非常残酷激烈，人们不得不设法来保卫自己免受侵犯。但毕竟筑城的地方只是少数，一般的村落是不筑城的。那么有城的地方必定是集聚了比较多的财富，因而成为敌方觊觎的对象。富有的人住在城里，他们可以征调广大乡村的劳力来为自己修城，而修城的人自己反而得不到城墙的保护，说明当时的社会已经严重地分化，已经出现统治者与被统治者，这正是国家产生的一个必要的条件。根据石家河城内外发现的一些迹象，可以大致了解城的功能，城里人的组成以及可能作为统治集团的人员的组成情况。这城的中心部分在谭家岭一带，那里曾经发现了许多分间的房屋，并且发现过厚达1米的房屋墙基，说明那里是主要的居民区以及贵族的居所。城内的西北部分叫邓家湾，那里分布着成百座中小型墓葬，说明是普通居民的墓地。紧靠墓地有许多宗教性遗迹。例如有两个坑中至少埋藏有5000个陶塑动物和约200个陶塑人像。这些人几乎毫无例外地头戴平顶或微弧顶浅沿帽，身着长袍，双膝跪地，手捧大鱼，而且总是右手压头，左手托尾，很像是在举行某种宗教仪式。这些人的衣着则很像是巫师专有的服饰。那些动物种类甚多，其中家畜家禽有猪、狗、羊、牛和鸡，野生动物有猴、象、龟、鳖和长尾鸟等。还有一些很像是狐狸、狼、虎或豹的形象。它们既然和那些巫师的塑像出在一起，说明它们很可能是某种宗教仪式的道具。在这两个坑的旁边横卧着若干巨大的陶质炮筒形器，每个长1.2～1.5米，有的中部鼓起如圆球，上面布满很长的乳丁，咋看起来像个水雷。这些炮筒形器首尾相连呈一曲线，没有任何实用价值，估计也是宗教遗物。在这个地方还有用圜底陶缸首尾套接排列成直线或弧形，有的是单排，有的是双排，共有几组。城外肖家屋脊也有几组同样的遗迹。这些陶缸上多饰篮纹，在上半部醒目的地方往往有一个刻划符号，很像大汶口文化的陶尊形器。但石家河陶缸上的刻划符号主要有三种，即镰刀、石钺和陶杯。陶杯的样式和遗址中发现的粗红陶杯别无二致，只是符号中的红陶杯中插了一根小棍。这种杯质地粗糙，容积又很小，没有什么实用价值，可能也是一种宗教用品。在城内西南部的三房湾发现了数以十万计的红陶杯的堆积，说明那里应是一个长期进行大规模宗教活动的场所。三种刻划符号分别代表农具、武器和宗教祭器，是当时人们最看重的三项事业的代表性物品。遗址中还发现过一个陶罐，上面刻划着一个武士。他头戴花翎帽，身着短裙，脚穿长筒靴，右手高举石钺，俨然是一位指挥官的样子，而他的服装也与巫师的服装截然不同。这样看来，城里住的人主要就是贵族、巫师和武士，当然还会有许多手工业工匠。前三者构成了当时的统治集团，并且组成了颇有权威的统治机构。可见长江中游通过自己的道路也迈进了早期文明的门槛，是长江流域的第二个文明起源中心。

3. 长江上游

主要指四川，这是过去最不清楚的地区。这次到四川来，承成都市文物考古工作队的厚意，带我仔细地参观了新津龙马古城或者叫作宝墩古城、温江鱼凫城、都江堰芒城和郫县古城。真是大开眼界。其中除郫县古城没有发现遗物因而无法断定年代以外，其他三座的年代都可以大致确定。城垣墙体中发现的陶片，从陶质器形到纹饰都和三星堆一期的差不多，没有发现更晚的东西，龙马古城经过试掘，发现墙体中的陶片与城墙压着的地层以及压着城墙的地层中所出的陶片虽有差别，但总体特征仍和三星堆一期基本相同，因此我们可以肯定这些城址的年代也应该和三星堆一期差不多。1987年我参加三星堆遗址的学术讨论会时，发掘者把一包碎陶片拿给我看，说是出在最下层的。我当时觉得它和三星堆的主体文化有很大的差别，年代可能会比三星堆主体文化早许多。但因为陶片太碎，又缺乏可以比较的资料，难以把年代说得很准，只说有可能早到龙山时代。后来这类遗存发现得越来越多，特别是绵阳边堆山遗址经过较大规模的发掘，出土了比较多的器物，文化特征可以看得比较清楚，因此有的学者觉得应该命名为边堆山文化。几处遗址的碳－14年代表明，边堆山文化大约在公元前3000～前2000年，正好相当于龙山时代。从一些城址的剖面来看，其筑法是铺一层土，稍加夯实，接着再铺一层土，再加夯实，如此往复向上增加。每层土的厚度不必一致，表面也不水平而往往成凸弧形。整个墙体则像一个大土垄，两边的坡度甚缓。这同屈家岭—石家河文化的筑城方法几乎是一样的。三个古城的平面大体都呈圆角方形，比较规整。面积小的有10万平方米，大的有二十几万平方米，和长江中游的也差不多。因此我们可以肯定，龙山时代的成都平原也已迈进了文明的门槛。换句话说，长江上游也是一个文明起源的中心。这一重大发现必将进一步加深人们对于四川在我国古代历史发展中的重要地位的认识。

四　长江流域在中国文明起源和早期发展中的地位和作用

比较长江流域的三个文明起源中心，可以看出中、下游之间的关系比较密切，中、上游之间因为隔着一个长江三峡，联系起来有很大的困难，所以相互之间的差别比较大。即使在中下游之间的直接交往也是不多的，因为中间还隔着江西和安徽那样很大的一片中间地带，并且存在着文化上的次中心。这就是说，不能简单地把长江流域的各个文明中心视为一个整体而称之为长江文明。如果把这些文明起源中心同黄河流域的文明起源中心相比较，这个问题可以看得更加清楚。例如长江下游的良渚文化同黄河下游的大汶口文化就有十分密切的关系。它们都以鼎、豆、壶为基本的陶器组合，某些陶器的形制也很相似；它们都以石钺为主要武器。在良渚文化的遗址中可以见到背水壶等大汶口文化所特有的器物，在大汶口文化的遗址中也可以见到鼎形甗等良渚文化所特有的器物。大汶口文化陶缸上的刻划符号曾经多次在良渚文化的玉器上见到。这说明在龙山时代，长江下游同黄河下游的文化关系要比它同长江中游的关系密切得多，相似或相同的因素也多得多。长江中游的屈家岭—石家河文化同黄河中游的仰韶晚期与中原龙山文化之间也有非常密切的关系。例如在黄河中游的一些遗址中，就不止一次地发现屈家岭—石家河文化所特有的高柄杯、蛋壳彩陶杯和擂钵等器物；至于石家河文化中的中原龙山文化因素就更多了，以至于有人认为在石家河文化晚期，曾经有一支中原龙山文化的人大举入侵长江中游。总之，长江中游与黄河中游的文化关系要比它同长江下游或长江上游的文化关系密切得多，相似的程度要大得多。在这种情况下，显然不能把长江和黄河在文化上分割开来，提出什么长江文明或黄河文明那样的概念。

从现在的情况来看，长江的上、中、下游以及黄河的中下游都各是一个文明起源中心，长江的中下游之间和黄河的上游都存在亚中心，燕辽地区也有一个文明起源中心，因为黄河古代是从现在的天津一带入海的，所以燕辽地区也可以算是黄河下游。这些中心之间都存在着不同程度的联系，发展阶段尽管稍有差别，但基本上还是同步的。因此，我们可以把这些中心看成是相互区别又相互联系的一个整体，是一个文化上的相互作用圈。在文明起源时期的情况是如此，在往后发展的相当长的一个时期内也是如此。这是我们中国古代文化发展的一个大核心地区。因为都在黄河和长江两大流域，我们就可以把它称之为东方的大两河文明，以区别于西亚的那个两河文明。中国不只有这样一个大两河文明，在它的周围地区还有许多文化中心，以后逐渐形成为一些地区性文明。例如闽台地区的昙石山文化和圆山文化，广东地区的石峡文化，云南的白羊村等一类遗存，西藏的卡若文化，西北地区的一系列青铜文化，内蒙古的朱开沟文化和东北地区的一系列青铜文化等，后来这些文化有的融合在以两河文明为中心的伟大的华夏文明之中，有的发展为地区性文明，而与华夏文明结成非常密切的关系。由于黄河、长江流域的自然环境优越，地理位置适中，又是最早进入文明的地区，所以在往后的发展中总是处在领先的地位，成为全国经济文化发展的核心地区。而在这个核心地区之中的中原地区，由于地理位置优越，能够吸取和融合周围各地区的长处，从而在一定时期成为核心之中的核心。这样整个中国的古代文化就像一个重瓣花朵：中原是花心，周围的各文化中心好比是里圈花瓣，再外围的一些文化中心则是外圈的花瓣。这种重瓣花朵式的结构乃是一种超稳定性的结构，又是充满自身活力的结构。中国文明的历史之所以几千年连绵不断，是与这样一种多元一体的重瓣花朵式的文化结构与民族结构的形成与发展分不开的。

以上是就文明起源和古代文化结构方面来说的，说明长江流域文明的起源并不比黄河流域晚，而且一开始就构成中国古代文化核心的一部分。单是黄河流域不能代表中国古代文化，必须把长江流域包括在内。下面我想稍稍花一点时间分析一下中国古代文化中一些十分重要的因素，诸位将会发现其中有相当一部分乃是长江流域先民卓越的贡献。

先说瓷器。中国是瓷的国家，英文的中国——China 意译就是瓷器。但瓷器首先是从哪里产生的？很多人可能并不清楚。不过与瓷器的产生很有关系的白陶和硬陶却是长江中下游首先出现的。到了商代早期，黄河流域和长江流域的许多遗址中都发现有少量原始青瓷器。北京大学考古系的陈铁梅先生曾经测量了若干遗址中的原始青瓷和共存的普通陶片的微量元素的组成情况，发现江西吴城两种质地的微量元素组分是相近的，而黄河流域各地点两种质地微量元素的组分却不相同，其中的原始青瓷的微量元素组分反而与江西的十分接近。这一信息告诉我们，黄河流域最早的原始青瓷很可能是在江西生产，然后才传播到北方去的。后来瓷器的生产越来越普遍，并且形成了许多有特色的传统，但长江流域一直是主要的产地，有瓷都之美称的景德镇就在江西。

中国又称丝国，是发明丝绸的国家，历史上有大量的丝绸出口。许多人不辞辛苦地长途跋涉贩运丝绸，以至于形成了著名的丝绸之路。但丝绸首先是从哪里发明的呢？过去说是黄帝的妻子嫘祖发明了养蚕，嫘祖在哪里甚至是否真有其人，都是无法说清楚的。前年在宜昌开了一个关于嫘祖的所谓学术讨论会，说她既是西陵氏，当然就应该是西陵峡地方的人。那是传说加附会，不足凭信的。拿考古发现来说，最早的蚕的形象见于浙江河姆渡文化一个象牙碗上的雕刻，最早的丝带和绸布也见于浙江钱山漾的良渚文化遗址里。至于湖北江陵马山战国墓和湖南长沙马王堆西汉墓中出土的大量丝织物，其工艺的精湛令看过的人无不叹为观止。从古到今出产丝绸的重心一直在长江流域，苏绣、杭纺、湘绣、蜀锦都是脍炙人口的上好出品。

中国古代尚玉，把它看成是美好和高尚事物的化身，一块玉璧可以价值连城。最早的玉器主要有两个中心，一在燕辽地区的红山文化，一在江浙地区的良渚文化。在后来发展起来的商周文化中，玉器占有很重要的地位。但那些玉器的种类和特征基本是继承良渚文化的，红山文化的玉器似乎没有了下文。

漆器在中国古代也是一类十分重要的产品。最早的漆器出于浙江的河姆渡文化，在良渚文化中已经相当发达，后来楚国的漆器发展到了高峰。此后长江流域仍然是漆器的主要产地。

大家知道夏商青铜文化主要在黄河流域，到周代才逐步扩展到长江流域。前面已经谈到，商代的长江流域也有高度发达的青铜文化。而支持这些青铜文化的主要矿冶遗址却都在长江流域。

除此以外，还有一些现象也是十分值得注意的。例如中原地区龙山时代的主要炊器是鬲，长江流域则主要是鼎。后来随着商周势力的扩展，鼎鬲终于合流而成为一种所谓鼎鬲文化。有趣的是鬲一直仅仅作为普通的炊器，且多以陶为之；而鼎则演变为国家的重器，成为代表贵族等级身份的礼器，多用上好的青铜为之。一些铜器上的花纹如饕餮纹和云雷纹等也都是首先出现于良渚文化而后为商周文化所继承和发展的。以上这些事实清楚不过地说明了长江流域在中国古代文明起源和早期发展中总是处在关键的地位，并且一直起着十分重要的作用。长江和黄河是分不开的，它们是你中有我，我中有你。只有中国文明或者作为它的核心的大两河文明，而没有单独的长江文明或黄河文明。随着考古工作的发展，长江流域会有更多新的发现，它在中国古代历史发展中的地位和作用也将会看得更加清楚。但我想这样一个基本认识大概是不会改变的。

长江文明的曙光

——与梅原猛对谈录

前　言

这套《探索长江文明》系列丛书是为把一个尚不为人们广泛了解的大文明——长江文明——介绍给日本人、中国人乃至全世界的人们而筹划出版的。迄今为止，这个大文明被埋藏在长江流域，直到最近，通过以北京大学严文明教授为首的中国考古学者的努力，才逐渐被揭露出来。1993 年，我首次接触到这个文明的冰山之一角，就完全被震慑住了。

世界四大文明多是在小麦农业和畜牧业生产的财富之上繁荣起来的，这是已有的世界文明史的一个通说。同样，世界四大文明之一的中国黄河流域文明，也被认为是在小麦农业（严按：应为以种粟为主的旱地农业）和畜牧业经济基础上发展起来的，因此，中国文明也曾被看成建立在小麦农业和畜牧业经济基础上的文明。

但是，如今这种成见似乎一触即溃了。中国发现了较黄河文明年代更久远的长江文明，而且，长江文明不是建立在小麦农业和畜牧经济基础上的文明，而是以稻作和养蚕业为其经济基础。如此，在从根本上否定了中国文明史传统观点的同时，也提出了修改世界文明史通说的要求。在从事小麦农业和畜牧经济的民族之外，还有以稻作农业和养蚕业为基础的民族，而他们也创造过巨大的文明。

针对修改文明史通说目的的这套丛书之第一卷能够收录严文明先生和我的对谈录，真乃幸事。之所以这样讲，是因为严文明先生是中国考古学界首屈一指的学者，为探讨稻作和在此基础上的文明起源问题进行过众多田野考古工作，也是具有将稻作文明置于世界文明之中进行比较研究的广阔视野的考古学家。严文明先生既是彻底的实证主义考古学家，同时也是具有丰富想象力的学者。而无论史学家还是考古学家，若只重视资料，却不能对过去人们生活以鲜活想象的学者，我是不以为然的。

和梅原猛先生交谈

我和严先生的对谈只有两次，共 10 个小时，愉快之极。我曾经出版过几本对谈录，但学问之丰富和给人以如此震撼的对谈尚没有过。对谈时，虽然要经过中间翻译沟通，然严先生从考古学家的立场产生的观点，深深地打动了我的心扉，不禁感到全然没有记录的远古历史被严先生所唤醒，鲜活地展现在了面前。我想，读了本书的人，无论对严文明先生有关稻作起源于 14000 年前的学说，还是 5000 年前诞生古代城市文明的学说，肯定会完全接受的。

……

梅原猛

1999 年 12 月

一 稻作和陶器起源的探索

（梅原猛和严文明对谈，1998 年 6 月 7 日）

稻作起源和河姆渡遗址

梅原：严文明先生，首先感谢您的光临。

我年轻的时候，与其说是作家，不如说是作为对谈名人而在新闻界登场的。以后的 30 年里，和各种各样的人进行过对谈。这次感到和过去的对谈趣味或许有所不同吧。首先一点是我和外国人经常对谈，但始终没有出版过一本对谈录。和先生的对谈将是我第一本和外国人的对谈录。或许我今后的对谈对象将逐渐国际化起来。

但是，我和先生的学问有着根本的区别。我原本是个哲学家。哲学，是思辨的学问。我到底还是喜欢作为哲学家，以思辨的体系观察世界。相反，先生是以对事实进行严密考证为己任的考古学家。但是，今天立场如此不同的日中学者却关注着一个共同的问题。

先生一直从事着考古学研究，我研究的则是日本文化。为了研究日本文化，就必须了解中国的文化。而要了解中国文化，就不能仅限于思想方面，还必须知道中国文明是建立在怎样的物质基础之上的。正因为如此，我对中国历史怀有强烈的好奇心。

中国的文化是建立在怎样的物质基础之上的，即便在世界文化史上也是一个大问题。在这一点上，此次对谈也许会成为改写世界文化史的重要对谈。

作为问题，首先是农耕、稻作农业的起源问题。这对于了解日本文化也是不容忽视的问题。放在世界史的范围，从世界文明史的角度看，也是一个极其重要的问题。今天围绕这个问题，我想就稻作农业是何时和怎样产生的，陶器是怎样发明的进行讨论。进而再涉及稻作农业又是怎样产生出城市文明的问题。而今天，我们是否先就稻作文明的形成和陶器的产生进行讨论为好?

作为一个哲学家，我之所以关心这个问题，是因为我年轻的时候是研究西方哲学的，但逐渐感到，东方人了解西方哲学、西方文化固然重要，同时还必须了解东方人自己创造的哲学和文化。因此从40岁前后，我开始了对日本思想、日本文化的研究。日本文化的根基是狩猎采集文化，绳文文化的影响非常浓厚。我非常欣赏绳文文化的人与自然一体的观念。因此约在20年前，便对至今保留着绳文文化观念的阿伊努文化和冲绳文化寄予极大的兴趣。我是一种绳文浪漫主义。即大约在10年前，我提出人类社会进入稻作农业后，开始支配自然、征服自然，然后再度回复到人与自然和谐统一的绳文文化的主张。因此，我在当时对稻作文化和弥生文化并不十分关心。

当时，日本学术界的一般看法是稻作在距今5000年前起源于中国长江上游的云南或印度阿萨姆地区，距今3000年前到达长江下游地区，距今2000年前才到达日本①。

但是，十多年前，恰逢日本船会社组织“遣唐使之旅”的活动，我跟着去了宁波，趁机多走了几步路，参观了河姆渡遗址②。当时受到的震动始终不能忘记。

河姆渡是距今7000年前的遗址。遗址上发掘出了看起来好像是遭洪水破坏的房子，房子地面上摆放着稻束。在房子地面堆放着黄灿灿的稻束的情形，就和我的故乡爱知县知多半岛农村的情形一模一样。眼前的景象突然勾起我儿时的回忆。故乡还有许多织机（说起来先生也许不相信），故乡的陶器上还描绘着蚕的形象。我儿时的农村也是养蚕和种植水稻呀。至于河姆渡时期是否养蚕，先生也许会有自己的见解。如果也是养蚕，就和我儿时的情况完全相同了，甚至陶器之类竟是河姆渡的更好一些。7000年前

---

① 云南—阿萨姆稻作起源说，云南—阿萨姆稻作起源说认为在公元前3000年左右，从云南省境内的长江流域至印度阿萨姆地区开始栽培水稻的稻作农业，在公元前1000年前后，稻作农业发展到长江下游地区，所谓弥生文化＝稻作文化则是在公元前后在日本开花结果的。是说由农学家渡部忠世提出，是在河姆渡遗址发掘以及长江流域陆续发现稻作文化遗存之前的相当长时间里的定说。

② 河姆渡遗址，浙江省余姚县的遗址，位于绍兴以东约80千米，杭州湾南岸。1973～1978年共发掘2810平方米，发现大量稻谷、稻壳、茎叶遗存，以及装木柄使用的稻作农具骨耜170余件。放射性碳－14测定遗址年代约为公元前5000～前4500年。该遗址的发现，大大促进了稻作农业起源学说的根本改变。

的河姆渡，和养育我的农村故乡相同乃至水平更高，实在令人惊诧不已。

在遗址中还看到大量出土的动物骨骼，其中有鳄鱼、老虎、豹等，看到这些动物骨骼，就立刻想象到遗址周围是大象等动物出没的森林环境。稻作农业或许便是发生在森林中的，凭着哲学家或文学家的想象力，这种森林的画面逐渐在脑海里清晰起来了。实际上，正是这种认识，使我一举改变了有关稻作的认识，从此，引起我对稻作文明起源和在此基础上产生的城市文明以强烈的关心。

因此，我有很多问题想求教在中国发掘过许多稻作农业遗址的严文明先生。听说严先生的故乡也是长江流域的农村，很想听听作为如此接近稻作文明的考古学家满腔热情地从事考古工作所取得的成果。我对于考古学全然是个外行，若在先生引导下入门，将是非常感谢的。

严：非常感谢梅原先生和角川书店给我今天这样一个对谈的机会。

梅原先生是世界著名哲学家，却对中国考古学和东方文明史有如此高的热情和兴趣，对我是一个很大的激励。过去我一直苦恼着如何使我所从事的考古学事业得到社会的理解。因此，在社会上有很大影响力的梅原先生对我从事的事业这么关心，使我深受感动。

诚如梅原先生所知，我出生在长江中游洞庭湖畔的湖南省华容县，自幼便接触了稻作农业，至少对现代的稻作生产有比较多的了解。不知是否为巧合，刚才我和梅原先生一样，也正想从河姆渡遗址开始我们对稻作农业起源问题的讨论。

梅原：是吗？

严：河姆渡遗址的发现，对我们干考古的人最大的冲击就是中原中心或以黄河流域为中心的文明史观的崩溃。之所以这样说，是因为我们过去一直相信黄河流域是古代中国文明的唯一中心，但是，远离黄河流域的河姆渡遗址所达到的水平竟毫不逊色，这给我们考古工作者非常强烈的冲击。

看到河姆渡文化遗存，我的脑子里浮现起两个问题。一个是距今7000年前果真有如此发达的稻作文化的话，那么，我首先关心的是它是在什么地方起源和发展起来的？按照学术界的一般认识，无论是中国学界主张的华南起源说，还是像梅原先生刚刚说到的，主张云南或印度的阿萨姆地区是稻作文化的最初发祥地。虽然都有很大的影响，却没有实际的考古学证据。河姆渡遗址的发现本身表明，过去学术界流行的说法是非常成问题的，因此，我决心把这个问题搞明白。

另一个重要问题，就是需要重新审视中原文明或黄河文明中心说了。我强烈感到，中国的古代文明不是只有黄河流域一个中心，把长江流域纳入视野，则是否应当考虑中国文明的起源是二元乃至多元呢？

我年轻的时候，稍微学习过一些埃及考古学，对西亚的古代文明有些许了解。因此，在前述两个问题的基础上，我进一步扩大视野，把中国古代文明的问题放在世界文明的格局中进行考察，问题就逐渐明朗起来。我意识到今后我们必须把研究目标放得更高一些，考虑是否只有黄河文明才是东方文明的唯一代表，研究东方文明的本质究竟是什么等深层次的问题，从而使得东方文明可以和西方文明进行对等的比较研究。

关于稻作农业的起源问题，我在 1982 年提出，长江流域如果不是稻作农业唯一的起源中心的话，也是极其重要的中心之一。这个学说的根据是，当时除了河姆渡遗址之外，在浙江北部和江苏南部还广泛分布着马家浜文化①，其年代为公元前 5000 ~ 前 4000 年，即是距今 7000 ~ 6000 年的遗存。同时，分布在长江中游地区四川东部、湖北西部以及湖南北部广大地区大溪文化的年代也可以上溯到大致相同的时代。这两个文化都有丰富的稻作农业遗存。横贯长江流域广大地区的古代文化，即便从整个世界的角度看，也是最早的稻作文化。正是根据这个认识，加上古代有许多关于在长江流域发现野生稻的记载，我提出了新的学说。

接二连三的新发现

梅原： 河姆渡是距今 7000 年的遗址，后来是否发现了许多比它更早的遗址？

---

① 马家浜文化指公元前 5000 ~ 前 3800 年，主要分布在江苏省太湖周围地区的新石器时代文化，典型遗址如罗家角、马家浜和位于长江下游的圩墩等，是继河姆渡文化新的发展阶段，发现有稻谷、炭化米以及与河姆渡文化谱系不同的骨耜等。通常认为，长江下游地区的稻作文化发展过程为：河姆渡文化→马家浜文化→崧泽文化→良渚文化。

严：是的。

梅原：那么，能否按照年代顺序就这些遗址进行一些说明？

严：1983 年，北京大学考古系的师生正在湖北进行田野考古调查和发掘，在宜都县的城背溪和枝城北两处遗址发现了较大溪文化更早的稻作文化遗存①。有人怀疑它们的年代是否有那么早，我看过陶片等出土遗物后认为，它们肯定是比大溪文化更早的遗存。

梅原：它们的年代如何？

严：年代已经得到确认，约在公元前 6500 ~ 前 5000 年，即距今约 8500 ~ 7000 年。

梅原：看来稻作文化的年代是越来越早了。

严：是这样的。

后来，这个参加城背溪调查的学生毕业后到湖南省文物考古研究所工作，并在湖南省澧县彭头山②进行考古发掘，说是发现了比城背溪或枝城北更早的稻作遗存。由于必须对这些资料进行测定，便委托北京大学考古学实验室做年代测定，又委托英国牛津大学进行加速器年代测定。测定结果表明在公元前 7000 ~ 前 6000 年，即距今 9000 ~ 8000 年，稻作农业就已经出现，稻作农业产生的时间是越来越早了。

1989 年 5 月，中国考古学会在湖南长沙举行年会。会后，我和几位同行一起参观了彭头山遗址。在那里，我感到非常兴奋，因为彭头山遗址并不是一个孤立的现象，它的周围有很多和彭头山一样的稻作文化遗址，这让我非常激动。

梅原：我一定要找机会和先生一同去彭头山看看，以便也体会一下先生的兴奋心情。此外，也说不定能获得哲学家式的感觉。

---

① 城背溪文化/大溪文化，城背溪文化指在长江中游湖北省枝城市一带发现的公元前 6500 年左右发达的稻作文化，公元前 6000 ~ 前 5000 年是其繁荣时期。继之而来的是以精美彩陶为特征的大溪文化（公元前 5000 ~ 前 3500 年）。

② 彭头山遗址位于长江中游洞庭湖西侧澧阳平原湖南省澧县境内，1988 年发现，为公元前 7000 ~ 前 6000 年的稻作文化遗址。发现有房子、垃圾场、墓葬等遗迹，出土了圜底陶器、炭化稻米和谷糠。以彭头山遗址为代表的彭头山文化遗址在澧阳平原共发现了数十处。其后，在长江中游，彭头山文化被大溪等稻作文化所继承。

严：到了 1989 年下半年，在印度尼西亚的雅加达召开印度—太平洋史前学会第十四届年会，我也接到邀请，但由于各种原因，没能出席，只能向会议提交了介绍彭头山文化的论文。事后听说，这篇论文在会上得到宣读，引起极大的反响，被赞誉为世界性的发现。

梅原：这确实是世界性的发现，我也要为此进行宣传。

严：所以，自从 20 世纪 70 年代以河姆渡的发现为开端，经过 80 年代，对稻作农业起源的探索已经将其上限上溯了 2000 年。可以说，研究是以 10 年为单位，取得切实的进展。

14000 年前的稻作遗址

梅原：想请教先生的是，仙人洞遗址在稻作农业起源问题的研究上占有极其重要的地位。这个遗址距长江还有一段距离，它是怎么被发现的，又是一个怎样的遗址？

严：我们就来谈谈先生提到的仙人洞遗址吧。

当时，我发表的论文和我的研究工作确实受到世界的关注。美国考古学家理查德·马尼士教授寄给我一份关于稻作农业起源的研究课题，希望和我合作。我注意到他已经和江西省文物考古研究所进行过联系，因此我答应其邀请，就选择在长江流域的江西省，和省文物考古研究所的彭适凡所长和刘诗中副所长等一起，开始了共同研究。

和理查德·马尼士教授接触不久，我了解到，他在墨西哥进行过 40 年农业起源问题的研究，是世界上研究玉米栽培农业起源问题的第一人。由于他的研究，玉米农业起源问题得以解决，因此是世界级的权威。他还在西亚、中南美、美国等进行过考古工作，这次来中国，是想解决中国的农业起源问题。

中国的农业分为两大系统，即北方干旱地带的粟作农业和南方的稻作农业。马尼士不想搞北方，而打算搞南方的稻作农业。这正好和我正在进行的工作吻合，因此达成了合作研究的共识。于是，由我、马尼士和彭适凡分别担任队长和副队长，组成中美联合考古队，主持考古调查发掘工作，并于 1993 年和 1995 年在江西万年仙人洞和吊桶环这两个地方进行了考古发掘。

仙人洞和吊桶环两处遗址①的发掘，获得了三个方面的重大收获。首先是确认了旧石器时代向新石器时代的文化过渡过程。其次，出土了最古老的陶器，虽然都是一些很松软的陶片，但毕竟发现了它们。第三，检测出稻属植物硅酸体，尽管没有找到稻谷等实物遗存，只有靠植硅石检测技术②。通过植硅石和花粉检测，得知当地旧石器时代晚期存在大量野生稻，旧石器时代晚期到新石器时代初期的过渡阶段里，既有野生稻，也有栽培稻，进而进入新石器时代初期的较晚阶段，栽培稻已经达到半数以上了。这样，我们便搞清楚了从旧石器时代晚期到新石器时代初期，人类是如何从开始接触和采集稻子，使其作为自己的食物，进而逐渐对其栽培驯化的过程。

这些遗址的年代是首先要关注的问题。我们决定中美双方分头进行年代测定，然后将各自测定的数据进行对比。其结果，部分数据确实出现了不一致的情况，但根据从出土陶器的地层和最早发现栽培稻植硅石的地层中采样测试的情况看，我们一致认为其年代不晚于距今 14000 年。

很遗憾，我们在发掘过程中没有找到水稻遗存。然而幸运的是，1993 年和 1995 年，中国考古学家在湖南道县玉蟾岩洞穴③的发掘中，第一次成

---

①　仙人洞遗址和吊桶环遗址，1993 年和 1995 年，中国和美国的联合考古队在长江中下游之交的江西省万年县发掘了仙人洞和吊桶环两处旧石器时代晚期至新石器时代早期的遗址。出土遗物中有石器、大型动物骨骼制作的骨器，同时发现了圜底陶器残片和稻属植硅石遗存等。根据碳－14 年代测定，两个遗址的年代均不晚于公元前 12000 年，和湖南道县玉蟾岩同属最古老的稻作文化遗址。

②　放射性碳－14 年代测定/植硅石分析/花粉分析：放射性碳－14 年代测定技术，测定半衰期约为 5730 年的放射性碳－14 同位素在生物体中衰变减少的数量，以断定年代的方法。其有效测年范围可达 4 万年。

植硅石分析技术，禾本科植物的一部分细胞可沉淀很厚的硅酸，植物死后，也会保留在土壤中，称为植硅石。植硅石因植物种属不同，形状也不同，可因此了解堆积时代的植被和有无水稻栽培等情况。

花粉分析技术，根据地层中保存的花粉、孢子的种类及构成比例，判断地层堆积时的植被、气候的方法。根据栽培植物的花粉，可以检测农业的存在。

③　玉蟾岩遗址系 1993 年和 1995 年，在湖南道县两次发掘的洞穴遗址。洞穴内出土了稻谷，年代测定为公元前 12000 年左右。证明至少在当时就已经开始栽培水稻，从而明确将稻作农业的起源上推到公元前 1 万年以前。

功地发现了水稻实物。1993 年，该遗址上发现了两粒稻谷壳。遗址的年代非常早，但究竟早到什么时候，发掘时没法肯定。因此，将采样送北京大学进行年代测试。另一方面，也有人怀疑这两粒稻谷是后人活动带进洞穴中去的。因为事关重要，有关人士皆呼吁无论如何要验证明白，因此有了1995 年的再度发掘。为了这次发掘，我要求发掘者事先进行周密的计划准备。从遗址地层采样中，测定出两个碳 - 14 年代数据，一个为公元前 12540 年，即距今 1.4 万多年；另一个为公元前 12860 年，都很早，可以说和仙人洞的测年接近，或者一致。

梅原：年代非常久远啊。

严：是的，非常古老。

玉蟾岩遗址发掘的时候，为了防止把现代水稻混进古代遗存中，规定脱掉鞋才能进入现场。发掘过程中，还邀请了研究水稻的专家——北京农业大学张文绪先生参加工作。由于遗址是一座石灰岩洞穴，地层堆积中胶结着大量从钟乳洞顶崩落下来的物质。1995 年的第二次发掘时，发现了一枚骨簪状的骨器，但和周围地层胶结在一起，很硬。必须把胶结物剥离开来，才能取出它来。在剔剥过程中，在胶结物中发现了稻谷。因此可以肯定，稻谷不是后来人们活动带进洞穴的。与此同时还采用各种办法，进行植硅石和花粉分析。很有意思的是，其分析结果和仙人洞与吊桶环的分析结果非常接近。这更增加了我们的自信，我们正逐渐接近了问题的核心。

尽管有了以上两个地方的考古发现，也许仍然有些学者会提出质疑：它们是否为偶然现象；仅凭两处发现还是不能证明什么等等。所谓科学，是严谨的学问。我们清楚地知道，还必须为此找到更多的证明，要从更大范围和事物的过程中寻求更多的支持证据。

寻找证据的唯一办法是进行考古发掘。1996 年冬，在湖南澧县彭头山遗址北面，距彭头山遗址不远的八十垱遗址进行了小规模试掘，为的是检验地层。随着发掘深度增加，地下水涌了出来，再向下发掘，古代的水稻、稻谷壳随着地下水一起涌了出来。令人吃惊的是，数量有几万粒，重量可达到数千克。

八十垱的年代为公元前 7000 年，即距今 9000 年左右。涌出的稻谷颜色金黄，竟像新鲜的稻谷一样。但是，一接触到空气，立即变成了黑色。它们无疑是栽培稻。从这里大量出土栽培稻的情况看，稻作农业似乎可以一直上溯至玉蟾岩的时代。两个遗址的年代隔了几千年。玉蟾岩的稻子既具有野生稻的部分特征，又有栽培稻的部分特征，其中性状偏向粳稻即所谓的日本稻（*Japonica*），有些性状偏向籼稻即所谓印度稻（*Indica*）①，可以说是尚未充分分化演变的古稻品种。到了八十垱，可以肯定都是栽培稻了。从9000年前的八十垱，上溯至距今1万年乃至1.4万年的玉蟾岩，不难想象它们之间存在一个演变发展的过程。

八十垱遗址提供了重要的证据，但仍嫌不够充分。最近，在长江和黄河两大流域的交界处，发现了河南舞阳贾湖遗址。贾湖遗址属中国北方的裴李岗文化②，尽管裴李岗是种植粟、黍的文化，但在遗址上发现了许多贮藏窖穴，里面出土了大量稻谷。

梅原：这一带本不适合稻子生长呀？

严：过去一般认为黄河文明中是没有稻子的，但稻作确实到达了这一带。

梅原：贾湖是什么时代的遗址？

严：约公元前7000～前6000年，也即距今约9000～8000年。

梅原：先生看到9000年前黄河流域也出现了稻作，也很兴奋吧。

严：是的，同时也感到十分惊奇。

梅原：那一带地区现在已经不再种植稻子了吧？

严：当地今天也还少量种植。稍微补充一点，这一带正好处在河南省南部边缘，淮河上游，从哪方面看，都是长江和黄河流域的中间地带。过去，这里的农业以种植粟、黍为主。但直到现代，当地还残留着大量沼泽，有栽培稻子的环境条件。

---

① 日本稻（*Japonica*）和印度稻（*Indica*），与日本的水稻品种杂交后产量高，形态上接近短粒黏性型稻的品种，总称为粳稻或日本稻。和日本的水稻杂交后，大部分不能结实，形态上接近长粒低黏性的水稻品种，统称为籼稻或印度稻。但产自印度的水稻并非全部都是印度稻。其何时发生的分化，现在尚未明确。

② 裴李岗文化，黄河中游地区的新石器时代文化，以河南新郑裴李岗为典型遗址，年代为公元前7000～前5000年，是以粟作农业为主的文化。也有人把河北武安同时期的磁山遗址一同称为磁山·裴李岗文化。

稻作农业发生的条件

梅原：中国大致上北方种植粟、黍和小麦，南方从事稻作。淮河流域地区的稻作农业是逐渐形成的，还是在已经从事了稻作后又种植小麦？具体情况如何？

严：我稍微解释一下。所谓裴李岗文化基本上是在干旱地区，以种植粟、黍的旱地农业为主的文化，分布范围几乎为河南全境，故当然属黄河流域的文化。而贾湖遗址出土了全套的裴李岗文化农业工具，却种植水稻，确实是很有意思的现象。

梅原：那究竟是为什么呢？

严：我想有两个原因。首先，当地有沼泽。正好既有栽培水稻的条件，也有从事旱地农业的条件。这是首要原因。第二，那一带离长江流域虽然还有一段距离，却并不太远，向南走，就是刚才说到的距今 8000 ~ 7000 年间发达的城背溪或枝城北稻作文化。地域接近，也容易受它们的影响。例如，汉水是汇入长江的，但沿汉水上溯，上游则有从事粟、黍农业的老官台文化的李家村等遗址，在这些遗址上也发现了稻谷遗存。可见稻作的分布范围非常大。为了将贾湖遗址发现的水稻遗存介绍给学界，特地在北京大学召开过一次鉴定会。有很多农学家出席，特别是来了很多水稻专家。请他们看了材料，大家都感觉受到极大触动，甚至有人瞠目结舌，对在那么久远的时代，竟然出现了如此好的稻子而感到半信半疑。

尽管是确凿的事实，也会有不同意见。其中一种意见是，这些水稻不是在当地种植的，由于离长江流域不远，也许是跟对方交换来的。因此，河南省的考古负责人特意把遗址窖穴里出土的混杂在土里的稻子给大家看。

梅原：这也是不得已而为之。

严：是的。为此，我们把这些土块放在化学溶液中分解。这些土块一放进溶液里，便眼看着分散开来，随着土质沉淀，一些东西漂浮上来，看得很清楚，里面有谷壳、稻谷以及稻叶，因此可以肯定当地的稻子不是交换来的。这项工作本来是由从徐州师范学院来北京大学进修的年轻学者陈报章进行的。他首先检测了水稻植硅石，包括扇形体、哑铃形体和双峰乳突等方面。在中国，鉴定水稻属日本稻还是印度稻，以及是否为栽培稻等的一个重要标准是植硅石的双峰乳突的形态。由于陈报章还是一个年轻学者，工作进行到一定程度，遇到了困难。于是，前面说到的北京农业大学的张文绪先生接手这项工作，很快取得很大进展，并在新方法的应用上获得成功。过去，分析植硅石，根据扇型植硅石得出鉴定结果的准确率只有70%，运用植硅石双峰乳突的分析方法后，鉴定印度稻还是日本稻，以及是否为栽培品种的准确率大为提高，是重要进步。

研究进行到这个程度，在大量证据面前，我切实感觉到需要某种哲学层次的思考了。首先应当在人们行为的层次上分析稻作的问题。其一，对稻作的需求，即当时社会是否迫切需要增加食物生产；其二，人们进行稻作的诱因是什么？是否已经认识到稻米的可食性和可以长期储藏的优点；第三，如果有进行稻作的必要性，也有实行稻作的诱因，那么当时人们有无进行稻作的能力，即有无实现这个想法的能力？经过哲学式的思考，我总结出这样三个方面的问题。

进而考察这三个方面，就会发现，无论阿萨姆还是云南，在公元前3000年以前，都不具备产生这三个要素的环境。于是，我认识到，必须放弃稻作农业的云南或阿萨姆地区起源说，而需要把长江流域作为稻作农业起源的重点地区加以认真考虑。

例如，稻作需要日照和水两个基本条件。有大面积沼泽的地区，有若干野生稻生长，才有可能是最初种植水稻的地区。但是，无论云南还是阿萨姆地区，都几乎没有沼泽。因此，也就没有了稻作的第一个条件。然而在长江流域，无论吊桶环、仙人洞，还是玉蟾岩，附近都遍布沼泽。可以想见，当时的人们见到沼泽里稠密丛生的野生稻，逐渐将其驯化栽培的过程，自然会发生在这样的地区。更重要的是长江中游文化发达，人口增长很快，迫切需要增加食物生产，而云南・阿萨姆不具备这个条件。正因为如此，稻作的云南・阿萨姆起源说就全然不能考虑了。

日本的农学家持稻作云南・阿萨姆起源说。一个主要论据是当地的稻子品种非常多。他们设想，稻作在那里发生后，自然沿长江向下游传播，又沿珠江传播到华南，沿湄公河传到东南亚，以及沿雅鲁藏布江到印度次大陆，进而进入恒河流域。但是，他们的观点是建立在品种的多样化和遗传基因的植物演化过程角度上的，没有考虑人的作用。水稻栽培首先是文化行为、人的行为，在人的参与下才有了稻作。日本的农学家没有把这一点区别清楚，我想，这是他们的问题所在。

稻作农业起源的新理论：边缘起源论

严：对于稻作长江流域起源说，一个重要的争议在于，反对者认为，即便中国的长江流域自古就是野生稻分布区，但是，野生稻的分布范围很广，不只是长江流域，在中国的华南地区，即广东和广西一些沼泽地甚至半山区及其附近不是更多吗？为什么稻作不是起源在这些地方，而偏偏是野生稻比较少的长江流域呢？对此，必须给予说明。

我提出一个理论，叫作稻作农业起源的边缘理论，简称为边缘起源论。这个理论的大意是，首先，华南地区日照充分，热带雨林环境中有各种各样的植物。其中不仅有野生稻，还有大量一年四季可以采食的多种植物，人们没有贮存食物的迫切需要，没有特意对野生稻进行驯化栽培的必要性。相反，在野生稻分布的北部边缘，也就是长江流域，文化发达，人口增长很快，对食物的需求量远大于华南地区。加上那里有比较长的冬季，天然食物相对短缺，野生稻虽然可以储藏到冬季，但是数量远不如华南那么多，因此就需要进行野生稻的驯化栽培。这是我提出的理论的核心。由于长江流域处于野生稻生长的边缘，所以我把它叫作边缘起源论。

我们把目光转向西亚，就会发现，西亚小麦栽培农业起源研究的权威哈兰（Jack R. Harlan）所提出的也是边缘理论或周边理论。他认为，西亚的小麦栽培不是开始于野生小麦众多的地区，而是发生在其分布的边缘地带。东西亚的一致现象不是偶然的。

改变了传统文明观点的新发现

梅原：听了先生的介绍，非常激动。特别是听到有关仙人洞、玉蟾岩的发现时，不由得想起谢里曼在特洛伊等地的发掘故事，心潮起伏。我少年时代，读过他的自传，并幻想能像谢里曼那样，在对自己的目标不断追求中度过人生。后来，我成为哲学家，走上了和谢里曼不同的人生之路。

但今天听了先生的介绍，也深切体会到作为考古学家的喜悦之处。先生的学问就如同先生的名字，是运用严密的方法，探求文明的轨迹。先生说的，全然没有谢里曼式的拜金赚钱的内容，却妙趣横生。我想，刚才先生谈到的那些发现，从世界文明史的角度看，是极为重要的。它们不仅仅关系到对中国文明的看法，同时也是引起不得不从根本上重新认识世界文明之需要的重要发现。

说到人类文明是如何产生的问题时，农业的出现对文明产生有决定性影响，这一点不容否认。在狩猎采集时代的文明里，虽说人们的心智水平较高，有着和现代人同样纤细缜密的心理智慧，但是，那些巨大的古代文明的产生，还是必须要以发达的农业经济为基础的。根据西方人的观点，过去的农业，都是单一的小麦农业，而如美索不达米亚和埃及的小麦农业又必定伴有畜牧业，所以，小麦农业加畜牧业的经济形式是创造人类文明的基础，在这种经济形态的基础上，最终发展起城市文明。世界四大古代文明都是建立在小麦农业以及畜牧业基础之上的。相反，稻作农业就微不足道了。如果按照过去了解的，稻作产生于距今5000年前，而从小麦农业产生在12000年前的情况看，稻作只是发展得还十分浅显弱小的农业。但是，若像先生所说，早在14000年前稻作农业就已经开始了的话，其起源就比欧洲学者主张的麦作农业起源在12000年前更古老。即便苛求一点的话，它们也是同一时间起源的。同时乃至更早，这也许是认识世界文明史时的一个重要观察角度。

过去把黄河流域视为中国文明的发祥地，也即世界四大古代文明——美索不达米亚文明、埃及文明、印度河文明和中国北方黄河文明，都是干旱地区的文明。这种认识也导致了人类最早的文明产生自西亚麦作农业及畜牧业经济基础上以来，向世界各地传播的观点。然而，听了先生的介绍，我感到这种传统认识破产了。文明的产生，不仅只建立在麦作加畜牧业这样一种经济形态之上，同样也可以产生于稻作农业或者稻作农业加养蚕业的经济基础上。覆盖东亚的古文明就是这样产生的。

先生是看了河姆渡遗址后开始提出您的假说。我参观河姆渡后也感到，这是一个相当发展了的稻作文明，在它之前也肯定有其发展的基础。先生通过仙人洞和玉蟾岩遗址的发掘找到了这个基础。我想，这些考古发现将要改变世界文明史的看法，同时也不得不从根本上改变过去有关中国文明史的看法了。

有关世界文明史和中国文明史的传统认识都将发生重大变化。我在就中国文明史进行各种思考的时候，也感到中国文明是一种稻作农业和麦作农业共存的，因而在世界范围看非常罕见的文明。在一国之中，截然分成南北两种农业经济形态的国家恐怕还不曾有过。印度东西部的情况多少有些近似，日本则几乎全部经营稻作，不具备这种二元性。像中国这样南北两种农业并存的现象，也许是我们首先要注意的问题。

过去有关中国文明发生在黄河流域的黄河流域一元说，几乎是中国史上的定论，甚至也是亚洲史的定论。这个说法首先出自司马迁的《史记》①。《史记》把吴越称为野蛮人的国度，说吴太伯穿的是野蛮人的服装。这样说来，先生的故乡楚国也是野蛮人了。按《史记》的说法，凡是种稻子的地方都是野蛮人，从事麦作的才是文明人。这和我们的认识稍有不同。《史记》是二十四史之首，于是，《史记》提出的历史观没有受到过任何怀疑，被继承到现在。照这样看，日本人毫无疑问是野蛮人，先生也是野蛮人了（笑）。

再看孔子的《春秋》②。《春秋》也是一部历史著作，但孔子在《春秋》中对楚国也好、鲁国也好、齐国也好，都一视同仁，全然看不出他有根据农业经济形态不同来划分文明、野蛮的想法。相反，孔子却怀着将国家统一起来的期待，而拜会过楚王，反映出他的思想里毫无差别意识。我想，较之司马迁，也许我们更应当赞同孔子的立场。我私下揣度，也许是因为

---

① 司马迁和《史记》。司马迁，西汉历史学家，夏阳县人（今陕西省韩城县）。父司马谈。司马迁承父志，修史《本纪》十二卷、《表》十卷、《书》八卷、《世家》三十卷、《列传》七十卷，合为《史记》百三十卷（正式名称为《太史公书》）。其中，《本纪》以黄帝为首，为五帝至西汉各帝王的编年体记录；《表》为历史事件的简表；《书》为政治经济政策的记事汇编；《世家》为封建诸侯兴衰史；《列传》为历史人物的个人传记。

② 《春秋》和《春秋三传》。公元前8～前3世纪，史官著鲁国史《鲁春秋》，经孔子加工编纂，名为《春秋》，是记载周王室和诸侯国的政治、经济、军事、天文、自然灾害等的重要历史文献。该书所涉及的时代，也被称为春秋时期。后世多有人为《春秋》做注释，著名的有《左传》《公羊传》《谷梁传》，合称“春秋三传”。

司马迁在写《史记》的时候，正值楚汉相争，最终，占据了中原的刘邦①战胜了以楚国为根据地的项羽②。对于这场战争，司马迁对汉的意识过于强烈，而对楚国持有偏见，终于导致了他的“差别史观”。

因此，先生的学说不仅仅是对中国文明看法的重大改变，而正如先生所说，中国文明从来就不是一元的，必须采用多元的观察角度。

这样一来，先生不仅推翻了曾经几乎被视为真理的中国文明史之传统观点，有关稻作农业较之麦作农业更古老的发现，对于世界文明史传统观点也是一个极为重要的事情。在中国，对富庶的乡村有“鱼米之乡”的称呼。从事稻作农业的地方比麦作地区更富庶吧。正如通常所说，“种麦子的人羡慕种稻子的人”，大米比小麦的营养更高，产量也更高，如是，则我们有充分把握推测，富庶的农业肯定会产生出富庶的文明来。姑且不论以大米为食的人的素质如何，对于素质相同的人而言，从事富庶农业者必定会创造出富庶的文明。所以我们不得不认为，正是在这种富庶农业中，产生了中国或亚洲文明。

如此说来，这种认识就和过去有关文明只能产生于麦作农业的观点有根本的不同了。对于人类而言，有很多种农业，在这些农业基础上，会产生各种各样的文明。如先生所说，有三种农业：麦作农业、稻作农业和粟黍农业。在这些农业积蓄的财富基础上，将产生出各自的文明，对于世界文明史，应如是观。但是，从时间角度看，稻作和麦作农业起源非常古老，而且分别位于欧亚大陆的东西部，所以对这些农业进行研究，它们的具体形态、从中产生的是何种文明、什么样的思想等，就是世界文明史上极其重大的问题了。在这个意义上，我以为，对世界文明的认识已经发生了全面的变化。

若从日本的哲学家角度而言，我从学生时代就一直在考虑东方文明究

---

①　刘邦，西汉第一位皇帝・高祖（公元前 202～前 195 年在位）。今江苏省沛县人，农民出身。秦末，追随陈胜起义，于公元前 206 年攻克秦都咸阳。公元前 202 年战胜项羽，统一天下，即皇帝位，建立汉帝国。

②　项羽，楚国人，公元前 209 年，秦末陈胜起义，项羽乘机与叔父项梁起兵反秦。入咸阳，杀秦始皇秦王孙子婴，烧阿房宫，自号西楚霸王，号令诸侯。五年后，败于刘邦而自杀。

竟是一种怎样的文明的问题。我的老师西田几多郎①是非常著名的哲学家。日本的哲学大体上是模仿西方哲学的。但西田几多郎可谓是最早创建了独特日本哲学体系的人。他在对东西方哲学做比较的时候，把西方哲学称为“有”的哲学，东方哲学是“无”的哲学，并将后者和前者对立起来。这是站在佛教，尤其是禅宗的立场上，对东方哲学本质的揭示。我对西田先生十分尊敬，先生的哲学是通过自己思考，并且是在东方思想传统基础上建立起来的。但是，我从学生时代起，就对为何把西方称为“有”，而东方称为“无”的处理方式感到不满。

还有一位做东西方哲学比较研究的日本哲学家，叫和辻哲郎②。他就是原来住在我现在住的房子里的。和辻写过一本书，书名《风土》。他把气候、地理等条件称为风土。认为由于风土不同，会造就不同的思想。因此，他不同意恩格斯和马克思的人类文明的一元论观点，主张不同的风土条件下人类文化也有所不同。和辻比西田更重视现实世界的人类社会和事物。他分别把东亚、欧亚大陆中部和欧洲划分为季风气候区、沙漠地区和牧区，通过比较这些地区的气候和地理条件，来解释文化的差异。和辻哲郎是一位优秀的哲学家。但对于他只是把文化和气候联系起来进行解释，我认为是不充分的。在文化和气候之间，还间隔着人的生产活动，然后才有人的生活。不引入“生产”的概念，和辻的理论就是不完整的。季风区气候潮湿，就像是先生所说的沼泽地带。在这种沼泽地带上产生的稻作农业，以

---

① 西田几多郎，1870（明治三年）~1945年（昭和二十年），日本石川县人，哲学家。在京都大学任教期间，发表《善の研究》等论文，和西方哲学进行激烈交锋，创建出被称为西田哲学的独特思想体系，对年轻知识阶层产生过重大影响。

② 和辻哲郎和《风土——人间学的考察》，所谓风土，按和辻的解释，即“某个地区的气候、气象、地质、地况、地形、景观等的总和”。《风土》（1935年出版）一书从各地风土条件开始，考察东亚、南亚、印度、中近东（和辻作阿拉伯）、非洲、欧洲各地的文化史和历史特征。和辻认为，上述各地，可以归纳成三个类型：东亚、南亚和印度是具有湿润特征文化的季风类型；中近东和非洲为干旱文化占支配地位的沙漠类型；欧洲的风土特征是（绿色的）牧场类型。包括中国和日本在内的湿润、自然资源和食物资源丰富的季风地区，形成的是宽容和柔顺的人类文化类型；面对沙漠地区贫瘠严酷的自然环境，人类社会形成的是强调绝对服从的一神宗教文化；在牧场式的自然条件温和的欧洲，形成的是理性主义精神。该书在1929年左右，因其和马克思主义观点的对立，被指责为主观的、反动的，受到许多批判。

及在稻作农业基础上形成各种人类思想。这样，有气候、地理的条件，然后是人的生产，再后是人的文化。我们应当从这三个层次考虑问题。

因此，先生所说的沼泽，例如黄河流域的河南省虽然以旱作农业为主，但也有沼泽地，那里的沼泽地带也可以种植稻子，这一点，与和辻哲郎的风土论联系起来，显得非常有意思。我想，和辻的风土理论里若能补充进生产的观点，就可以得到进一步的展开，并且可以用来论证先生的观点。

严：诚如先生指出的，风土论确实忽视了人的作用和人们的生产活动。人是在一定风土条件下开展起生产活动的，同时在一定经济基础上创造文化。从这个意义上，我们不能不说，和辻哲郎的风土论正如梅原先生注意到的，存在重大缺陷。

梅原：和辻对马克思主义心存反感，他或许是故意从自己的理论中抽取出了生产方面的内容。我对马克思主义也有各种批评意见，但我想，以生产为中心来考察人类生活这一马克思的发现，也许是不灭的真理。马克思的时代，人们尚不知道有两种农业，也不知道狩猎采集民族是什么样的世界观，在强调从生产的角度进行东西方文明理论研究时，未能首先注意到农业经济形态方面存在着差异的问题，所以，得到的只能是一种没有根基的文明理论。

因此，先生提出的问题，确实为稻作农业起源研究提供了一个全新的观察角度。麦作农业固然给人类生活带来巨大变化，而猛然间，我们又发现稻作文明的年代更加久远。人类最早的农业是怎样起源的，当时的社会又究竟是怎样的，都是非常复杂、然而意味深长的问题。

听了先生的介绍，我得以了解到，那个时代或许可看作是旧石器时代向新石器时代的过渡，陶器的产生也在这个时期。先生结合石器和陶器，介绍了农业文明起源的研究，使我充分了解到先生从事的工作。然而大多数日本人尚不知道稻作文明的年代如此古老，也不理解为什么说稻作的起源相对世界文明是革命性的事件。我亦无知，现在也无非只是刚刚知道了一些情况，因此，能否请先生再稍微详细和通俗地就此做些进一步的说明？

稻作为何开始于长江中游地区

梅原：先生刚才所说的内容中，还有一点我特别感兴趣，即稻作农业起源于边缘地区，而在食物资源丰富的场所很难产生出文明，不如说，文明是发生在资源匮乏地区的。先生以此论证稻作农业的起源，我想，即便是用于论证文明的起源问题，也是成立的。

这里，有一个稍许不同的例子。《日本书纪》和《古事记》中记载的“日向之国”条中说到，天皇祖先从日本宫崎县边境地带迁徙到大和地区，在那里成了日本的统治者。战后，为美化日本国家的成立，《古事记》和《日本书纪》的叙述被法律化了，成为历史学家的定论。但是，最近的考古发现表明，古坟时代初期，日向之国建造了规模巨大的古坟，与此同时，边境地区的居民也出于某种原因向中央集中，从而形成了一个崭新的国家。我想，在边疆地带产生出新的文化是十分可能的。因此，对先生所谓麦作农业也好、稻作农业也好，它们的出现毋宁说是边缘地区对传统落后的生产方式、低生产力水平加以变革的结果的观点，我非常赞同。

那么，我想再请教先生的是，您是否认为稻作农业起源于长江中游地区？这是为什么？对于旧石器向新石器时代的过渡期的问题，您又是怎样考虑的？还有陶器的产生和过渡期的关系问题。如果陶器产生于这期间，有关日本的绳文陶器和弥生陶器的看法就必须加以改变了。以上三个问题，即首先稻作农业为何产生于长江中游；第二，有关石器文明，旧石器时代和新石器时代的关系；第三，陶器的产生，是想请教先生的。

严：对于先生提出的三个问题，我的能力有限，也许答不完整，就自己平日研究心得，试做回答。

首先，关于稻作农业起源问题。在已有的发现中，长江中游地区是稻作农业最早起源地的可能性，可以说最大。这是根据目前考古发现提供的证据得到的认识。但是，至于中游地区是否为长江流域唯一的稻作起源地问题，目前下结论还为时尚早。因为从位于长江下游的河姆渡、马家浜遗址的稻作情况看，我们注意到，从中看不出它们是从中游传播而来的证据，反而让人强烈感觉到它们是在当地发展起来的。因此，随着将来有关下游地区研究的进展，说不定会发现河姆渡或马家浜文化前一阶段的稻作资料。假如到那个时候真的有所发现，它与长江中游地区孰早孰晚的问题，也未必能一概而论。所以，说中游地区最早，只是就眼下的资料而言。

旧石器时代和新石器时代的差别

严：再谈第二个问题。旧石器时代向新石器时代的过渡，确实是一个非常有意思的问题。我一直怀着极大兴趣，追寻这个变化的过程。有趣的是，这一革命性转变的开始，正巧是地质学所说的更新世向全新世①变化期间，简单地说，在距今2万~1.2万年。正如法国拉斯考克斯和西班牙阿尔塔米拉等洞穴壁画表现的，旧石器时代晚期的人类文化已经达到相当的高度。但是，当时的气候没有大的变化，依然十分寒冷，人类仍旧不得不居住在洞穴里，他们的活动范围也极其有限。

然而，随着越来越接近全新世，气候逐渐温暖起来。在这个过程中，人类也稍稍离开了洞穴，到比较平坦的旷野生活，他们的活动范围扩大了，和植物接触的机会也多了起来，进而其狩猎为主的取食生计方式开始朝植物采集方面倾斜，生活内容发生变化。但在北回归线以南地区气候温暖，总的气候变化不大，人类文化几乎没有什么变化。因此，在这些地区寻找旧石器时代向新石器时代过渡的痕迹极其困难。然而，在北回归线以北，特别是埃及、美索不达米亚、印度河流域直至长江流域的广大地区，气候的变化十分明显。我想，气候条件的变化对人类文化的发展产生了重大影响。

梅原：我对石器所知不多，旧石器和新石器的主要差别是什么？

严：您问得非常好。旧石器和新石器的区别，在过去也被看作是旧石器时代和新石器时代两个时代的区别。划分这两个时代，有三个主要标准，即打制石器和磨制石器②、有无陶器以及有无农业。但是，用这些标准衡量全世界的情况则非常困难。例如，西亚地区进入新石器时代后，很长时间

---

① 更新世和全新世，今天，一般把距今180万至1万年期间称为更新世（过去曾叫作洪积世，现在停用）。更新世期间，冰期和间冰期交替出现。相当于考古学上的旧石器时代。1万年前，最后冰期结束以来至今，为全新世（曾叫作冲积世，现已不再使用这个名称），相当于日本绳文时代及其以后的时代。

② 打制石器和磨制石器，旧石器时代的石器几乎全部为打制石器，也有一些仅对刃部进行研磨加工的石斧，算是例外。新石器时代的石器制作以研磨和穿孔技术为特征，也有不少是打制的，石器的种类和用途的分化极其发达。

里并没有陶器，是所谓的无陶器时代或者前陶新石器时代。再以日本的情况为例，绳文文化的陶器有1万多年的历史，但没有农业。因此，我曾经提出，从旧石器时代到新石器时代的过渡至少有三条以上不同的道路：西亚一带是首先出现农业和养畜业，有少量磨制石器，最后出现陶器，那里的新石器时代早期被称为前陶新石器；北亚和东北亚先有陶器，长期以打制石器为主，只有很少的磨制石器，农业出现很晚，甚至根本没有农业；东亚农业和陶器都出现得很早，磨制石器也比较发达。其他如非洲、美洲和澳大利亚等情况又各不相同，应当根据世界各地的不同情况分别来设定相应的分期标准，以适应不同地区的环境、风土、生产样式的情况。而不宜像过去那样，一概用是否使用磨制石器来作为划分旧石器时代和新石器时代的唯一标准，或者用是否有农业、陶器和磨制石器来作为划分旧石器时代和新石器时代的统一标准。

旧石器时代和新石器时代的概念，是1865年英国学者鲁伯克（John Lubbock）首次提出来的。从那以后，已经过去了130多年，史前历史的研究水平也大大提高了。考古学产生以来，随着对历史上各种现象的了解越来越清楚，也许已经到了需要重新考虑我们观点的时候了。

梅原： 看来在划分旧石器和新石器时代的打制石器和磨制石器、陶器、农业这几个条件中，陶器和农业大致是同时出现的。请您就陶器的情况作些说明。这对认识日本文化意义重大。因为日本的陶器出现于绳文时代初期，绳文时代的定义也就是根据陶器的出现制订的。最早的陶器年代为1.3万年前，但是，稻子传到日本的时间最早不过是3000年前左右，大体上是距今2000多年前的事情，我们的绳文陶器无法和稻作的传统联系起来。绳文时代没有稻作农业，因此，陶器何时起源，其与农业的关系究竟如何，就是一个重要问题了。

陶器的产生与稻作农业的关系

严： 我们首先就陶器的起源、早期陶器的样子、它的发展过程等问题做些考察。

刚才梅原先生也指出，绳文陶器的年代非常古老，这些绳文草创期的陶器形态古拙，年代达到距今1万多年。但是，当时没有农业，后来很长时间也没有农业。这样，就给考古学家提出一个非常困难的问题。简单地说，按照过去的理解，陶器是农业产生后，人们出于烹调或贮存食物的需要而发明的。这种解释可以适用于世界上很大一片地区的情况。但至少就日本以及西亚的情况而言，未必就是如此。

陶器为什么出现，人们为什么发明陶器？对这个问题，过去有许多种说法。我的看法是，它的出现应当和烹饪小粒性食物的需要有关。进入新石器时代，食物来源多样化，靠采集也好，靠农业也好，大体上小粒的食物为多，需要有容器盛放，烹饪这类食物就需要有炊器。这种必要性，恐怕就是最初导致陶器产生的原因。

因此，总的说来，陶器的出现是和人类经济发展到采集经济较高阶段，如和集约性采集经济以及农业的发生有关的说法，也许比较接近事实。从世界范围看，俄罗斯的西伯利亚、日本、蒙古以及中国的长江流域和印度的恒河流域，在相当早的时候就出现了陶器。但是，粗粗划分的话（不能说绝对如此），黄河、长江以及恒河流域陶器的产生可能和农业有关，至于西伯利亚、蒙古和日本的陶器起源，恐怕就是与集约采集经济有关。有些小贝也需要用炊器煮熟，所以有些早期的贝丘遗址中也发现有陶器。早些年在日本、西伯利亚和蒙古不断有早期陶器的发现，然而在农业发生比较早的西亚和中国却一直没有发现时代相当的陶器。是不是陶器的起源和农业一点关系都没有呢？当时我想恐怕不能那么绝对化，我推测中国并非不存在早期陶器，而是考古学上还没有找到它。以后的情况正如所料。

梅原：中国的早期陶器是什么时候发现的，形制如何？

严：刚才我们已经说到，20 世纪 90 年代以来，在江西仙人洞、吊桶环和湖南道县玉蟾岩遗址相继发现了 1 万数千年前的陶器。玉蟾岩的陶器还能复原起来，可以明确知道这些早期陶器的形制为圜底或尖圜底器①，年代皆在公元前 12000 年左右。另外，在广西桂林庙岩遗址发现了公元前 14000 年的陶器，广西柳州大龙潭公园内的鲤鱼嘴遗址也出土过 1 万几千年前的陶器。但广西的这两个遗址都没有农业的迹象，相反出土了大量贝壳和植物种子，恐怕这里的陶器是与采集经济有关的。

① 尖底陶器，陶器底部呈尖形，多见于中石器时代至新石器时代早期。

最近，在河北徐水南庄头遗址发现了1万年前的陶器，从其伴出遗物中有可用作脱谷的石磨盘、石磨棒以及猪骨等也许表明已经有了初步的农业和养畜业。从这个意义上讲，中国北方的农业和陶器很早就同时出现了。

再举一个例子，也是在河北省的阳原泥河湾虎头梁地点，从过去认为属旧石器时代的地层中出土了陶器，令人非常惊讶。和陶器共存的是细石器①一类遗存，明显没有农业。其年代最近做了测定，尚未公布结果。据我所知，为公元前1万年左右。把这些发现在地图上标示出来，可以划分成两个大区。在中国的华北地区，例如河北，陶器伴随农业同时出现，而更北方的蒙古、西伯利亚以及日本等地区，陶器则是伴随集约型采集经济的出现而出现的。

梅原：这是否可以认为陶器不是从单一的起源地向其他地区传播，而是在两个地区被分别发明的呢？

严：大体上看，早期陶器不是从一个中心逐渐向周围传播的。从陶器的形态和纹饰上都反映出这一点。南北方陶器的器形不同，南方底是尖圜形的，以尖圜底陶器为主；北方相反，是平底器。

梅原：日本最早的陶器确实是尖底的。

严：日本最早的陶器和中国南方的相似，器底非常尖。也许这只是个巧合。因为它们的纹饰和制作技术不大相同。从这个意义上看，我倾向于日本的陶器是本土产生的。

梅原：我想有两种可能性。一种为完全是在两个地区的分别发明，一种为其中一方受到过它方的影响。考古工作没有进展到这个程度，故有些不清楚。

关于日本的陶器，绳文草创期陶器的碳－14年代测定为距今12000、13000年。这个结果引起日本考古学界或历史学界极大轰动。过去，按山内清男先生对绳文陶器仔细分期编年的观点，最早的陶器大约距今5000年。这个编年观没有多大依据，是推测如果西亚的陶器起源以距今8000年前计

① 细石器指从石料上打剥下来的长几厘米，宽1厘米以内的小型石叶。用法是将小石叶并排镶嵌在骨、角及木质棒状柄侧开挖的槽中，制成矛枪、箭矢、刀一类工具。流行于旧石器时代晚期至中石器时代，北方的新石器时代文化中也有广泛的分布。

算的话，传播到日本大约需要3000年的时间，如是，则日本最早的陶器当为距今5000年。这个观点为大多数日本学者采纳，而对于刚刚出来的碳－14测定结果，大家都不相信。对这个数据，山内清男先生的心情很不好。结果，还是山内先生的影响大，直到他逝世，碳－14测定的年代数据也没有得到普遍认同。这是日本考古学乃至整个日本学术界都需要认真反省的。按照碳－14测定。距今13000～12000年的年代毕竟出乎意料地早，因此，不得不认为陶器是在东亚起源的。但是，日本是否为陶器的起源地，还是别有它所，还是一个问题。俄罗斯沿海州地区发现了同样的陶器，所以，陶器是日本的发明，还是起源于沿海州地区，这一点尚未落实。

长江流域地区发现了年代大体相同，或者更早的陶器。确如先生所言，尽管存在南北差异，但有关两者的关系或许以后会逐渐明了起来。又如先生所言，陶器这种东西还是和炊煮食物、作为食物的烹饪工具而被发明的。如是，日本最早的绳纹尖底陶器的用法就是直接在火上炖，里面放上野菜、鱼、肉之类，可称为火锅了。今天，火锅料理在日本从东北地区直到九州都非常流行，或许是绳文文化的强烈传统吧。因此，陶器的出现可以称为是某种生产革命和消费革命了。过去，鱼、肉之类或者生食，或者烤着吃，再没有其他做法了，现在能够煮食了，我想，这是一次非常重要的消费革命。

严：完全同意梅原先生的看法，这是一场烹饪革命。然而了解到这一点，就必须依赖自然科学的作用。例如通过对陶片中残留的氨基酸分析食物成分。靠这种方法，可以判断其是否为炊器，还可以进一步判断它究竟烹调的是什么食物。这已经超出了考古学家的研究能力，而成为不得不借助自然科学分析手段才能解决的问题。

那么，刚才我们谈到了东亚的陶器。再看印度的情况，据我所知，现在印度的恒河流域发现了距今9000年的陶器。但恒河流域的稻作从现有的材料看，开始于距今7000年前。

梅原：也是陶器的产生在前。

严：是的。我们再把目光转向巴基斯坦的印度河流域。这个地区是今天担任我们对谈翻译的徐朝龙先生多次去过的。已知这个地区陶器的出现年代非常晚，在陶器出现之前就有了农业，即有过一段所谓前陶新石器时代。因此，我们恰好可以在恒河流域和印度河流域之间清楚地划分出一条分界线，其东西两侧的农业和陶器有着完全不同的起源和发展道路。

梅原：世界文化史的研究中，一直存在着西方中心主义。把世界史划分为石器时代、金属器时代，进而把金属器时代又划分成铜器时代和铁器时代，但还没有将陶器作为分期标准的。然而从人的生活角度考虑的话，陶器的出现具有重大意义。上述分期方案几乎没有涉及这方面的内容。我认为，陶器肯定是东亚的发明，由此引发了一场生活革命或消费革命。陶器文化究竟是农业之前的文化还是农业出现之后的文化，这个问题尚需要拜托严先生解决。但陶器代表的生活革命或消费革命这一点，必须写进人类的文化史中去。目前，我们也许可以明确地说，陶器的发明是人类历史上一次重大生活革命，而且这场革命开始于东亚。

严：正如梅原先生注意到的，若划一条分界线的话，东方陶器的发明断然古老得多。相反，西方出现陶器的年代相当晚。这是一个非常有意思的现象。在考察东西方文明的特点和发展道路时，陶器应当是个关键。

梅原：如此一来，我似乎觉得，陶器的起源恐怕和稻作农业与麦作农业的不同有关了。

严：这并不意味着西方全然没有对烹饪器具进行开发。典型的例子是，在埃及和美索不达米亚都发现过石制的容器。但是，制作石头容器用作烹饪器具的成本是很高的，制作起来也十分困难，其结果，这种方式就不能维持很久，必然被陶器所替代。无论埃及文明还是美索不达米亚文明，或者印度河文明，都是在栽培小麦、大麦的农业基础上产生的文明。与此相反，东亚文明则是在种植粟或水稻的农业基础上发展起来的。而且应当注意到的是，粟黍类作物没有能够长期延续下来成为主要作物，反之，稻米不但延续下来，其种植范围还不断扩大。因此，我认为东亚农业的主体不单是粟作农业，至少还应该包括稻作农业。

粟、黍和小麦的传播

梅原：那么，粟、黍农业在中国是什么时候开始的，延续到什么时候？

严：这首先是一个生产能力的问题，粟和黍的生产能力的极限的问题。干旱地带的农业，受到气候条件的制约，要提高作物的产量比较困难。作物本身的特点也限制了产量的提高。但是，稻作的限制则比较小，增加稻作农业产量的潜力相对来说要大得多。我想，这是问题的关键所在。因此可以说，粟黍必然要走向衰退之路，这主要是它们受到气候条件的制约，只能在干旱或半干旱地区进行栽培，养成了适宜于粗放耕种的特性。如果要通过精耕细作来提高产量，势必要寻求其他的途径。因此，是否引进小麦替换它们的问题也就自然提到日程上来了。

梅原：粟、黍农业的全盛大体在什么时期？

严：这和小麦何时传进中国有关。最近，可靠的证据表明，最早的小麦发现于二里头文化①，即小麦是在距今4000年前传到黄河流域的。

梅原：另外，日本有关粟、黍农业的研究始终进展不大。在稻作农业传到日本之前，日本的粟、黍、稗农业多半也是从中国传来的。我想肯定是传入的。吉备国（今冈山县一带）和阿波国（今德岛县）发现了很多也许从事过粟、黍、稗栽培的遗址。稻作传入日本是很晚的事情了，在此之前，也许粟、黍农业曾经传到过日本。

严：兹举一个数据帮助说明问题。根据对最近十几年的统计，在世界范围内，绝大多数人以小麦和大米为主食。据统计，全世界小麦的播种面积比水稻的播种面积至少多50%，而产量几乎相等，大约是51∶49。在中国，小麦和水稻的种植面积各约一半，但水稻的产量则几乎是小麦的一倍，大约是18∶10，水稻的单位面积产量明显高于小麦。

梅原：这便是所谓的鱼米之乡吧。

严：正是如此。水稻的产量甚高，但是，种植水稻要花费大量时间。即是说人们为此要成倍地付出自己的体力和心血，也不过分。在这些心智和体力的创意劳动中，便包含着大量产生文明的因素。而且在稻米的生产过程中，必须要完成一系列复杂的工序。所以我想，从事这一复杂精密的生产体系，也必定极大地影响着人们的思维模式、行为模式和生

---

①　二里头文化，以首次发现于洛阳以东约30千米的偃师县境内二里头遗址为典型遗址的文化，1959年发掘，出土夏王朝时期的文化遗存。遗址东西长2.5、南北宽1.5千米，遗迹有大型宫殿基址、房子、墓葬，出土有早期青铜器、玉器、漆器、骨器等大量精美遗物。已经明确二里头文化分布在土地肥沃地带，以粟黍农业为主，并开始有了小麦的栽培。

活方式。

我们再回到刚才分界线的话题。分界线的东方与西方不仅陶器和农业大不相同，而且人种也有明显的区别。东方是蒙古人种，西方是欧罗巴人种。在南亚，巴基斯坦和北印度主要是欧罗巴人种，中南印度则主要是尼格罗人种或尼格罗—澳大利亚人种，北印度还有少量蒙古人种，分界线也还是清楚的。

梅原：西亚、欧洲是不是没有粟、黍农业？

严：有倒是有，粟、黍对中亚和地中海地区有些传播，但不成为当地农作物的主要成分。

梅原：此情属实？

严：当然。

梅原：果然是非常有亚洲特色的农业呀。

严：正是。

梅原：那么，先生也是认为小麦是从西亚传来的了？

严：很多学者主张小麦是外来的，汉字的写法也反映出这一点。今天的麦字是“麥”字的简写，但更早的麦字不是这样，而是写作“來”。意思是外来的。

梅原：这样看来，对中国人来说，所谓农业，其本意多半是指稻作农业了。那么，“田”字也就是为种植水稻整备得齐整的田块了吧。我就是这样认为的。中国人在创造汉字的时候，一涉及农业，恐怕首先想到的就是稻作农业的印象吧。

严：是的。

梅原：汉字体现了古人的思想方法。

严：也许是这样。

梅原：先生有关“来”字的解释，我还是第一次听到，我赞同先生的说法。

严：中国文字的一个十分有意思的现象是，凡是由两个以上汉字组成的食物名词，基本都是外来语。如萝卜、葡萄、蔓菁、茉莉等都是外来的。这些名词和中国汉字的特征不相吻合。汉字的特点是尽可能简练，都是一个音节一个单字，同时又基本上是一个单字为一个独立的词。由此看来，两个字组成的词一般就是外来语。有些东西的名字前面加一个表示外来的字如胡，有胡桃、胡瓜、胡豆、胡椒等，种类很多。有用番字打头的，如番瓜、番茄、番薯等。近来又有用洋或西字打头的，如洋白菜、洋葱、西红柿、西兰花等，更加明显表示是外来的。这反映出中国人对待外来事物的一种态度，只要是有用的就欢迎而不会排斥的。

梅原：我的根本观点是，小麦农业也许会给环境造成巨大破坏。正像先生说的，小麦农业种植面积大，收获小。这便破坏了土地。畜牧业这类将大规模土地作为牧场，也破坏了环境。麦作是对大自然带来巨大破坏的农业。因此，我感到，西方文明可称为面包和奶油的文明，而过去日本的大米和豆酱文明则或许是一种对自然较少破坏的文明。

文化传播的路线——海路和朝鲜半岛的陆路

梅原：还有许多问题想请教先生的。其中一个问题是有关陶器的，即最早的陶器是什么样子的，或者说中国长江流域的陶器和日本绳文陶器等比较起来有无相似的地方？绳文中期，陶器已经非常发达，或许和长江流域的陶器没有多少相似性。但绳文草创期的陶器是从中国传播而来的，还是日本独自产生的？我想，要回答这个问题，需要将中国的陶器与日本陶器或者西伯利亚陶器进行比较才行。

严：关于陶器的产生，例如日本旧石器时代晚期，即地质学上的更新世晚期，日本和大陆是连接在一起的。也许当时大陆的人类和文化曾经来到过日本，但是到了全新世，也就是新石器时代开始的时候，日本和大陆的陆路联系切断后，渡海到日本在当时则是非常困难的。当然，这个问题还需要通过进一步的考古发掘和比较研究来落实。因此，大陆对日本的文化传播，自新石器时代开始，有一段时期中断了，以后再度恢复。此后，大陆文化或者经由朝鲜半岛的陆路或者通过海路再度来到日本。从语言上看，日语有唐音和吴音，明确表明日本文化两个方向的来源。但是，这是很晚的事情了，和陶器起源问题没有关系。

梅原先生一开始谈到了参加遣唐使之旅从日本到达宁波，想问一下，你们是从哪条路线走的呢？

梅原：从神户出发向九州，经博多（今福冈）的路线。如果天气好，一路风平浪静。

严： 这是差不多所有遣唐使的旅行路线吗?

梅原： 是的。因此，若到中国北方，几乎感受不到日本的气氛，但在中国南方，就像到了日本。用木材建造的房屋、稻米、细竹工以及茶等，几乎涉及所有方面，只有蚕在今天的日本没有了，但是，蚕也就意味着是丝绸，日本有丝绸。20 年前，我乘坐火车从西安到上海，就像回到了日本。中国南北方的风景完全不同。

严： 所以，在这里我想说的是，把从北方经朝鲜传播到日本的中国文化叫作北方文化，但是，正如先生所知，北方文化的一部分因素，例如稻作农业、丝绸和漆器等，是从南方传到北方才在北方发展起来的，本质上是南方文化。真正的北方文化因素也传到过日本，例如半地穴式房屋和窖穴等，因为与日本的气候和生态环境不相适应，后来有相当一部分被淘汰了。另一方面，南方文化也大量来到过日本。我想，面对这些文化，当时的日本人是经过选择取舍的。由于日本人的生活环境接近中国南方，故他们主要吸取了南方文化的因素，以后，这些文化因素融进了今天以稻作农业为中心的日本文化。

梅原： 我在中国参观过禅寺。佛教里有曹洞宗和临济宗。两者在日本是有区别的，在中国也有些区别。曹洞宗重视努力坐禅，道元居住过的天童山①今天也还讲究坐禅。因此我切身感到，日本的佛教来源于中国南方的佛教。

仔细分析先生的观点，即陶器肯定是在东亚大陆起源的，也许因为中国和日本曾经地域相连，陶器也就传入了日本。其后，和大陆的联系中断了，陶器便在日本独自发展起来了。日本绳文陶器上有世界上绝无仅有的奇妙纹饰，大致以龙蛇为主，却又不同于中国殷周时期的纹饰，这类陶器也应当是在日本独自发展起来的结果。我非常爱好绳文文化。这个文化很早就具备了明显脱离大陆文化的形态，独自发展起来。绳文文化中，陶器的输入很早，但农业的传入相当晚近。对于狩猎采集的社会来说，日本也

---

① 天童山位于浙江宁波以东 30 千米的太白山脉。732 年（唐玄宗在位期间）创建的禅宗名刹。

许是资源非常丰富的地方。人们靠狩猎就可以满足生活，由于没有从事农业的需求，从而绳文文化拒绝了农业。

人们的生活一定要采取某种方式。仅靠狩猎采集会遇到灾荒。饥馑发生时，就如同阿伊努人的。原本……或者采集橡子，或者猎取鱼和野兽，或者采集野菜等等。如果饥馑五十年一遇，人们为了长期生存下去，就一定要选择诸如稻作农业那样的可以贮存粮食以备荒年的生产方式。我虽然不是先生的农业起源边缘说，但日本列岛四面环海，对于狩猎采集的社会而言，是物产丰富的地方，因此，稻作在中国大陆产生了一万几千年，而传到日本才不过是两千多年前的事。这是因为没有进行稻作的需要。如果把边缘理论反其道而论之，日本或许是一个对采集狩猎社会而言的丰裕国度。

严：日本人非常喜欢陶瓷器。世界各国的文化中也都不乏陶器。但意外的是，我们一直强调青铜器、石器等生产工具的发明，而没有对陶器的发明给予充分的重视。陶器是黏土制作的。黏土可以制成任意的形状，经过600℃以上高温焙烧后成器，既耐火，也耐水，是一项卓越的发明。人们制作器物时首先要考虑制品的形状，因此这项发明促进了人类智力的提高。进而，陶器大大改变了人们的饮食生活方式。关于这一点，梅原先生刚才有出色的议论。陶器在人类文明史上发挥过重大作用，但到目前为止，我们对它的了解远没有我们想象得那么多。

进入青铜时代，中国的青铜器形态之复杂多样，在世界古代文明中无出其右。我想，这和东亚的陶器传统历史久远有很大关系。

梅原：我也这么认为。

严：因此，我们强调陶器，认为它是东西方文化差别的一个重要方面。应当站在这个高度上来认识问题。仅仅比较石器、青铜器、铁器等这些东西，是不够的。

玉器文化——作为仪礼之核心的玉器、青铜器组合

梅原：古代中国的瓷器输出欧洲。欧洲人对中国瓷器有高度评价，中国也因为丝绸和瓷器而闻名。欧洲人渴望得到丝绸和瓷器，它们成为中国的主要贸易商品。这在研究东方文明时是一个重大事件。陶器技术发展为

釉陶和瓷器生产技术，这也是人类的重大发明，而且是与战争无关的发明。因而陶瓷文明在人类生活史、消费史上具有重要意义。而迄今为止，人们书写的文明史都是生产中心主义和战争中心主义的文明史。

殷周①青铜器好像和西方的青铜文化全然不一样。殷周青铜器的形态大体上是模仿陶器的，我去良渚时看到，良渚文化的陶器和青铜器很相似，只是质地不同。青铜器的造型似乎是整个仿照陶器的。

另外还有玉器文化，也许是中国乃至东亚文化的一个重要特征。例如，西方是金属文化，特别推崇金银，连人也被描绘成像金银那样闪闪发光才好。但是，在东亚，无论中国还是日本，却格外珍重玉器，玉器的地位比金银器还高。中国的史书中，有关为了求购玉器而倾家荡产的记载不胜枚举。玉并非熠熠生辉，但有其清澈透明之美。不知玉何时和为何为人们所珍重的。日语中，玉的读音和灵魂的魂字相同，被认为和灵魂有某种关联。玉在日本的绳文文化中就已经被人们钟爱了，我想，这也一定是和中国的玉文化传统有密切关系。在此，我想就中国的玉器出现年代以及原因，请教严先生。

严：诚如梅原先生所说，中国古代文献中，用各种美好辞藻来形容玉，几乎用尽了所有最高的赞美之辞。先生提出的问题意味深长。我过去也曾经考虑过这个问题，但一直没有明确的结论。为什么中国人如此痴迷玉器，这实质上是一个非常值得研究的中国文化的问题。

就我的知识而言，在距今数千年前中国就已经非常流行玉器了。最早的玉器出自河北、辽宁和内蒙古交界地带的兴隆洼文化，年代大约为公元前6000~前5000年，以后经过赵宝沟文化，到红山文化而发展到很高的程

---

① 夏、商、周：夏，在黄河中游，也即所谓中原地区建立的中国历史上第一个王朝（约公元前2000~前1600年），由传说人物禹所建，最后一代王夏桀政治上暴虐无道，夏朝遂为殷王成汤所灭。

商（殷），约在公元前1600年，成汤灭夏，建立商朝。公元前1027年左右，商纣王为周武王所灭。20世纪初，于河南省安阳县殷墟遗址发现甲骨文，其后，在河南、河北和山东等省陆续发现了商代遗址。

周，系夏商之后中国的第三个王朝。公元前1027年，周武王灭商，于黄河上游西安附近建都；至公元前770年周平王迁都今河南省洛阳之前为西周，其后为东周。通常将东周的前期称为春秋时代，把公元前403年至秦始皇统一称为战国时代。

度，这是中国史前玉器的东北系统；第二个中心在江苏、浙江一带，那里的玉器最早出自河姆渡文化，年代大约为公元前 5000 ~ 前 4500 年。其后经过马家浜文化和崧泽文化，到良渚文化达到高峰，而且对周邻地区造成很大影响。其他如长江中游、山东地区和西北地区也可能有别的系统，但都没有良渚文化玉器的影响那么大。继良渚文化之后的中心似乎转移到了长江中游的石家河文化①，情况还不大清楚。主要位于黄河流域的夏商周三代所继承的玉器几乎全部来自长江流域的玉器传统。例如三代所见之玉琮、玉璧、玉璜、玉钺之类的器物，就像是直接取自长江流域的新石器文化。玉器在夏商周三代的礼仪制度中占核心地位。这是一个非常有意思的现象，是研究古代文明形成时一个十分值得注意的问题。

在此还想再度回到陶器的话题上。从夏商时期，直到战国时代的将近两千年时间里，作为国家最高的重型礼器是青铜鼎，贵族死后要按照等级随葬不同数目的鼎。在史前时代，中原地区很少有鼎，用鼎最多的地区在山东和长江流域。鼎和其他器物配伍形成一定的组合，战国时代盛行鼎、豆、壶的组合，而这种组合形式的最早原型，是在江浙地区的崧泽文化，到良渚文化为之大备。从考古发现来看，良渚文化之后很不清楚，然而良渚文化同夏商周文化的联系反倒比较清楚，这是非常耐人寻味的。刚才还谈到了玉器，梅原先生的着眼点很有意思。我感到，我们已经开始接近中国古代文明形成问题的真相了。

历史上，中国的南方和北方一直是有密切关系又有所不同的。北方的政治、军事力量比较强，发生战争，往往以南方的失败而告结束。然而在经济和文化方面，南方往往有许多优势。两者明显地存在着互补的关系。

梅原：我实际上也是这么考虑的。因此，听到先生有关三种器物组合的说法，大有同感。我还想下一次接着良渚的话题，就稻作文明之后的都市文明问题，请先生做详细说明。不过，说到玉器崇拜，究竟是起源于何时呢？这个问题落实了，日本的玉器崇拜是否从中国传来的问题也就迎刃

---

①　石家河遗址位于长江中游的湖北省天门市。于此发现了公元前 3000 ~ 前 2000 年的长江中游地区规模最大的城址。城址边长南北长 1.3、东西宽 1.2 千米，以堆筑城垣环绕，城垣以外有宽大的壕沟。城址的中心部位发现了状似宫殿的大型建筑，遗址出土过大量红陶杯、小型动物陶塑、陶纺轮、精美玉器和铜片、铜矿石等遗物。

而解了。

严：玉器究竟是什么时候起源的，现在还不十分清楚。有人说起源于旧石器时代晚期，那恐怕靠不住。根据目前所知的情况，在内蒙古东南敖汉旗的兴隆洼遗址和辽宁西部的阜新查海遗址都发现了早期的玉器，年代大约距今七八千年。长江流域的玉器似乎出现得稍晚。河姆渡文化的“玉器”实际上是萤石做的，真正的玉器要到马家浜文化和大溪文化时期，距今大约五六千年，个别的可能达到六七千年。年代虽然稍晚，但玉器的普及率比内蒙古和辽宁同时期要高。

中国史前玉器比较发达的期间在铜石并用时代，距今约5500~4000年。不过在所有出玉器的文化中，没有一个达到良渚文化那样发达的程度。然而具有讽刺意味的是，良渚文化往后的发展不大清楚，以后的继承者是谁当然也不清楚。夏商周三代似乎继承了良渚文化的玉器传统，但中间有很大的缺环，具体过程很不清楚。这其中隐藏着中国文明如何形成的一个重大谜底。

梅原：河姆渡的稻作文化曾给了我极大冲击。另一次冲击就是良渚文化。初次看到良渚文化的玉器时，我不禁为之屏住气息，深深为良渚玉器的精美绝伦所感动。这是玉器文化的顶峰。能够制作如此精美玉器的，肯定也是创造了极高文化的国家。

日本的玉器文化和中国文化的关系如何？例如日本新潟县一带出产翡翠①。过去认为日本没有翡翠，后来在系鱼川市的姬川支流小泷川、青海川发现了翡翠。今天，那一带一下雨，翡翠就会被河水从上游带到海岸附近。“下雨了，捡翡翠去”是当地小学生们的活动。我也索要了一块。

---

① 翡翠，日本新潟县系鱼川市的姬川支流小泷川以及和其平行注入日本海的青海川出产翡翠（硬玉）。姬川古称沼明河、渟名川，为《古事记》所载大国主命向奴奈川姬问妻的地方。该记事反映了过去在小泷川开采翡翠的事实。《万叶集》中也有在渟名川寻玉的歌词。系鱼川市的西邻、新潟县最西端的青海町绳文时代遗址和其西部富山县朝日町古坟时代遗址，都出土过用翡翠加工勾玉等玉器的遗迹。

小泷川溪谷出产翡翠是在昭和20年代中期前后确认的，1955年，被指定为国家的重要文化财（天然纪念物），翌年，青海川流域翡翠产地也被同样指定为国家重要文化财。根据这个背景，著名小说家松本清张以《渟名川》之歌为题材，写下了名为《万叶翡翠》的推理小说。

严：是矿石料吗？

梅原：是翡翠石料，颜色为青色。这种尊重翡翠的文化和中国大陆文化有什么关系，是我非常关心的问题。

此外，刚才还说到了瓷器。白瓷也好，青瓷也好，这种在陶瓷器中特殊的瓷器无论在日本还是中国，都被视为瓷器制品的顶峰。观察这些瓷器，总是感到它们是在某些方面以瓷器的形式来表现玉的。我想，或许应当把玉文化看作是东亚文化中的另一个基本方面。

丝绸、蚕和稻作——丝绸之路的起点

梅原：最后一个问题，即稻作农业文化复合体的问题。我以为，稻作农业文化加上陶器文化、玉器文化，构成一个文化复合体。一方面，这个复合体是什么时候产生的，尚不明了。但稻作文化中包括了养蚕和丝绸制作，它们和稻作农业有密切关系。关于河姆渡遗址发现的蚕，有各种各样的说法，然而至少表明蚕丝的纺织品在当时已经产生了。到了良渚文化时期，发现了明确的蚕丝证据，故不得不说当时肯定有了丝绸。丝绸是代表中国的高级物品，西亚及欧洲人非常看重中国的丝绸。日本也十分珍重丝绸。四川出产的“蜀锦”① 这一名称曾见于《万叶集》，奈良时代的人们将蜀锦视为最高级的纺织品。去了四川就会明白，四川既是稻作的国度，也是蜀锦的国度。因此，稻作农业和养蚕及丝织业有密切的关系。两者的关系从何时开始，是个非常有意思的问题。也就是说，麦作农业是和畜牧业为组合的，而稻作农业不从事畜牧业。有人认为稻作农业是和养猪结合的，但我认为稻作农业的特征是与养蚕业有密切关系。所以我觉得，东亚文化是稻作农业和养蚕业以及陶器、玉器文化构成的文化复合体。但养蚕业究竟是从什么时候开始的呢？

严：看来梅原先生曾经看过河姆渡陶器上描绘的蚕的图案了。良渚文

---

① 蜀锦（蜀江锦），生丝产地之一的四川省生产的锦。以流经成都市郊的长江支流蜀江流域出产的生丝为原料，其织物的图案以在四角形或八角形内填配花叶纹为特点。蜀锦向日本的传播自奈良时代开始，持续到室町时代。从中国直接输入的一般叫唐锦，经朝鲜输入的叫作狛锦或高丽锦。《万叶集》中，有好几首赞美锦的歌。《平家物语》也有称赞丝绸制品的语言。

化中的丝织品质量高，密度已接近现代丝绸的水平。由此而论，养蚕业和稻作农业相结合的时代会非常早。湖州钱山漾良渚文化遗址曾经出土过许多丝绸残片和丝带等，可以看出当时的丝绸达到了相当高的水平。

但是，目前还不清楚良渚文化养蚕和丝织业的实际情况。良渚遗址群中的反山墓地发掘时，我到过现场。在现场令我十分吃惊的是，墓主的遗骸和随葬玉器上都有丝绸的痕迹，可惜全部腐朽，只剩下痕迹，无法提取起来。将来，如果中日合作研究出先进的方法，用在发掘中，把出土的丝绸全部回收，再进行分析研究，也不是不可能的事情。

良渚博物馆陈列着战国时代楚国的丝绸。这些丝绸水平之高，即便用现代技术也无法全部仿造出来。因此，理所当然的是，将来将稻作农业中养蚕和丝绸纺织技术的出现追溯到良渚文化之前，追溯到河姆渡，乃至比河姆渡更早，也绝不是奇怪的事。长沙马王堆汉墓埋葬的老太太身上穿了50件丝绸衣服，其中最里面的一件号称“蝉衣”，非常轻薄，重量仅50克。即使是用现代技术，也很难仿造。

梅原：玉器的制作技术也相当高。稻盛和夫（日本京瓷会社名誉会长）看到良渚文化的玉器后认为，玉器的平面研磨技术非常高超，特别令稻盛吃惊的是玉器的浮雕和浮雕上的花纹。所谓浮雕，是将周围的材质腐蚀低下去之后才能得到的效果。良渚人已经掌握利用化学药品进行腐蚀的技术了吗？稻盛惊叹不已。一再说若是再有发掘，希望让他作为一名技术人员参加工作。

“南蛮”的蛮字写出来是条虫，蚩尤也是虫，蚕也是虫。虫字的形象本质上就是蚕。我觉得，在某一时刻，蚕和稻作农民结成了关系。蚕又被称为天之虫。总之，是一种十分神秘的虫子。

稻作文明的能量

严：这是真正触及下次对谈内容的话题了。梅原先生先前说到稻作农业的生产率高。生产率高与剩余产品的自然积累相关。剩余的粮食被提前生产出来，也就由此产生了有赖于这些剩余粮食的各种制造业及其专职工匠。这些工匠全都靠剩余粮食的支持制作玉器、精制陶器、养蚕和生产丝绸。从较高的生产率产生出来的能量显然比同时期在黄河流域的粟作农业为高。良渚文化的发展水平在中国同时期诸考古学文化中可能是最高的。

梅原：也是在这个基础上产生了长江文明以及城市文明。

严：应该是这样。

梅原：欧洲人过去不吃米，现在也开始吃米了。他们向往东方的丝绸，于是有了丝绸之路。我认为，东方文明是由丝绸、瓷器以及稻作组合而成的。搞清楚这个文明的发生及其本质，是东亚民族的义务，或许也是世界范围的义务。“我的文化先进，你们的文化虽然不是野蛮，也是低劣。”这种对高度发达的东方文明之价值视而不见的人是大错特错了。世界上存在着多种文明。研究这些文明，也就是研究世界的存在方式。东方文明的存在绝非东亚民族的自我吹嘘，而是客观事实，因此，我们有责任让世界了解它。

严：我完全同意先生的看法。世界许多地区，都有自己的文明。人们世世代代积累创造，产生出许多优秀的文明。东方文明自然也是优秀的文明之一。

梅原：稻作农业起源非常早，产量也高。而且从某种意义上说，稻作农业是一种非常花费工时的生产体系。据前面说到过的和辻哲郎的著作《风土》的描述，欧洲没有杂草。那里的杂草全都成了家畜的饲料。但是，日本的稻作农业最让农民辛苦的就是农田锄草了。锄草，在今天使用机械，轻松许多，但仍然是日本农民最重的工作。从这一点看，稻作农民远比麦作农民辛苦。他们必须调动起全部身心能力，进行细致缜密的劳作，才能创造剩余财富，建设文明。

我初次见到良渚文明，立即被这一优秀的文明深深吸引。我还设想，为什么我们不能组织一支日中联合考古队，对其进行发掘调查和研究呢？经过一些周折，这次拜赐严文明先生之力，我们得以在长江中游的湖南省进行调查研究。我们已经达成共识，如果这项工作获得成功，再到长江下游的浙江省良渚文化遗址，或者上游地区的四川省开展工作。尽管还有许多困难，但是，我深深感到，探明长江文明是我们东亚人的义务和责任。通过四五年的工作，我们建立起一个研究起点。我们已经大体商定，请严先生出任这项工作的领导，田野考古发掘由中国方面进行，环境考古所需要的技术和经费由日本方面支持。

蒙在长江流域稻作文明上的面纱还仅只被揭露开一角，即便如此，其内涵之丰富和发展程度之高，也令人惊叹。今后若能将其全貌揭露出来，定会引起全世界的震惊。

今天，一直在向严先生请教发掘的情况，下一次，我希望就今天涉及的长江流域的范围里，围绕产生于稻作农业基础上的城市文明问题，再向严先生请教。

严：我在有生之年，也要像梅原先生一样，以旺盛的好奇心和挑战精神，致力于长江流域文明起源和发展的研究。为了达到这个目的，希望我们通力合作。

梅原：我们来为此事摇旗呐喊。

严：目前，还不能肯定在我们的有生之年，这个问题的研究能够达到何种程度，然而，经过我们的努力，会给后人建造一个继续前进的基础。在这个共同认识的前提下，我们携手努力吧。

梅原：梅原猛死后的三十年里，这个问题的研究状况或许会有全面改观。那将是多么好啊。

今天从先生这里学到了很多东西。谢谢！

二 城市文明的曙光

（梅原猛和严文明对谈，1998 年 6 月 20 日）

稻作的普及——城市产生的基础

梅原：上次对谈的话题是稻作农业、陶器的起源。今天我们想谈谈在稻作农业的基础上城市文明的形成，最早的城市在什么地方出现的，以及是怎样发展的问题。

上次，严先生谈到，农业不是在狩猎采集经济时期最富庶的地区产生的，而是首先出现在野生稻数量不多的长江流域，即在当时主要经济区的边缘地区产生的。这是非常有意思的看法，而且也多半是正确的学说。新的文明为此前生活在边缘地带的人们所创造。我想，这种情况无论在日本历史上，还是中国历史上都是如此。

试以日本历史为例，弥生时代结束，进入古坟时代，这是在政治上将日本统一起来的时代。根据《古事记》和《日本书纪》，完成统一日本的人是居住在九州南部的边境地区的民族，他们入主中央，统一了日本。再者，推翻江户幕府，实行近代化，成为明治维新中坚力量的萨摩和长州，从中央的角度看，也都是边民。

中国历史上，蒙古民族和满族先后开创了一代王朝。近代中国，孙文起自广东，毛泽东起自湖南，也都是边民。对照这些历史看，严先生的学说有充分的根据。按照先生的观点，也可以解释为什么绳文时代的日本没有农业。日本四面环海，林木茂盛，对狩猎采集经济来说，是非常丰饶的地方。这种地方，没有采用农业这种新的生产方式的必要。

严：讲到这儿，我插一句话。在绳文时代初期那种适合采集经济的富饶环境里，自然没有从事稻作农业的必要。当时，稻作农业也还没有成熟起来。但是，我想，到了弥生时代，当稻作农业以十分成熟形态传入日本时，其优越性远远超出旧有的采集经济，以致很快被大规模地接纳。

梅原：正是如此。因此，日本大致与稻作农业出现的同时，也出现了弥生陶器。最近考古学揭示的情况十分有意思。绳文时代，日本输入过陶器，也输入过玉器，但没有接受稻作农业。这对于研究日本文化是一个非常重要的角度。福井县鸟浜贝丘①的出土品很像5000年前的稻作文化的东西，唯独没有稻作。安田喜宪等人一直对此有疑问，我注意到，严先生的学说正好可以对其进行说明。

今天，我想在先生学说的基础上提几个问题。稻作农业起源于长江流域的话，它大致上是以怎样的形式向外扩散的？是何时抵达长江下游地区的，以及何时传播到长江上游的四川、云南省的？这些地区的情况是否已经明了了？

严：请允许我稍微解释一下。我提出的稻作农业边缘起源的理论，是指野生稻分布的北部边缘，不是文化发展的边缘。因为文化发达、人口众

① 鸟浜贝丘位于福井县三方町鸟浜，为绳文时代草创期——前期的遗址，1961年被发现。遗址上除绳文时代陶器之外，还出土了独木舟、筐、绳子等遗物，以及可供复原绳文人饮食生活的葫芦等栽培植物。遗址有多层文化堆积，是西日本最重要的绳文遗址之一。

多，天然食物资源有所不足。到了冬季这种矛盾会更加突出，促使人们开辟新的食物资源。稻谷是一种容易繁殖又可以长时间储藏的颗粒性食物。在野生稻分布的北部边缘，人们会知道它的使用价值和耐储藏的特性。如果文化不发达，人口压力不大，自然没有必要去进行栽培。反之，在文化发展到一定阶段，人口相应地增长到一定程度，就会出现普遍的社会需求。而社会需求是发明之母。我想，稻作农业就是这样首先在边缘地区发生的。

说到稻作农业的扩散问题，我是考古学者，必须根据考古资料的事实说话。从现有的资料看，稻作农业在中国的扩大，大体上可以分为几个阶段。稻作农业从产生到距今 1 万年前后，主要是以长江中游地区为中心扩大的。之后，公元前 7000 ~ 前 5000 年，即中国考古学上的新石器时代中期，主要是朝北、东扩展。

梅原：东方也就是长江下游地区吧。

严：是的。稻作是向长江下游和北面的黄河流域扩展。为什么还会向北方扩展呢？因为北方早已经是旱作农业地区了，似乎没有种稻的必要性。其实不然。我看关键是文化的发展和人口的增长，人们需要不断增加粮食生产，改善食物结构。因此，对于旱作农业区的人民来说，只要有水，就不能拒绝新的农业方式。因此，稻作农业得以部分地进入旱作农业的地区。

东方的长江下游地域广大，气候条件和中游相同，稻作农业也可能和中游地区同时发生；即使是中游发生得稍微早一点，那么首先扩展到这里也并不意外。

我先前谈到边缘理论时，几乎没有涉及南面的华南地区。当时的华南恐怕还是热带雨林地带，食物资源丰富，适合采集经济，没有发展农业的迫切需要，这可能是那里要到很晚时期才出现稻作农业的根本原因。

梅原：稻作向北分布的边界在哪里？

严：中国淮河以北主要是旱地农业区，稻作农业的出现应该比粟作农业晚，而且数量有限。稻作农业向北部的扩展是像波浪一样推进的。早在新石器时代中期，即大约公元前 7000 ~ 前 5000 年的时期就到达了淮河流域，河南舞阳贾湖遗址中水稻遗存的发现就是有力的证明。到新石器时代晚期，即相当于约公元前 5000 ~ 前 3000 年，稻作进一步渗透到黄河流域。山东、河南、陕西这些黄河流域的主要省份，在水源比较充足的地方种植了少量稻谷。当时稻作的比例虽然不大，但确实渗透进来了。

公元前3000～前2000年，是中国历史上的铜石并用时代。概言之，这是一个开始发现零星铜器，石器工具仍被继续使用的时代。进入这个时代，稻作渐渐开始向南方扩展，广东省一带出现了稻作；黄河流域的情况如旧，稻作农业暂时停滞在这个地区。

进入青铜时代，稻作农业扩大到了今天的云南、东南沿海以及台湾等地，并且或者经由辽东半岛，或者经由海路到达朝鲜半岛，最后在绳文时代晚期到弥生时代初期抵达日本。

梅原：刚才先生所说稻作农业在很早阶段就已经深入到旱作农业地区，对我而言，这一点非常重要。最近日本发现了一些迹象，表明在稻作农业之前，旱作农业或已到日本。就在两三天前，报纸报道发现了弥生时代初期年代很早的米，看上去像是旱稻。因此有人推测，是否先是旱作农业到了日本，然后在这个基础上水田稻作才传进日本的。日本有种植稗、粟的农业，然后在某个时期，才一变改为种稻子的。许多日本神话传说的内容，也许描写的正是这段历史。因此，旱作农业地带中较早期间便出现稻作这个情况十分重要。

还有一个极有意思的问题，就是稻作很早就进入了山东。在讨论稻作东渡日本的时候，山东是不可忽视的地区。徐福①也是从山东乘船渡海到日本的。山东很早就在旱作农业的基础上发展起了稻作农业，这在考古学上已经比较清楚。先生是严谨的考古学家，我则是哲学家，想法自由。因此，我觉得在研究孔子这个人的思想的时候，需要注意其出生地是在山东这一点是非常紧要的。我曾经认为，孔子的思想不只是种植粟、黍的农业，或

---

① 徐福，司马迁《史记·秦始皇本纪》记载，秦始皇迷信神仙方术，徐福（又作徐市）上书，言“海中有三神山，曰蓬莱、方丈、瀛州。仙人居之。请得斋戒，与童男女求之”。于是派童男女千人，随徐福出海求神药。徐福求药耗费巨资，数岁不得。激怒秦始皇。故诈言海中有大鲛鱼作怪，请善射者与俱，再入海求药。

1982年，江苏连云港市发现一村名徐福村。当地政府将徐福视为实在人物，显彰其人，以推动中日文化交流。此外，日本伊纪半岛的熊野、佐贺，丹后半岛、男鹿半岛等二十多个地方也广泛流传着徐福的传说。佐贺市还有祭奉徐福的金立神社，熊野县在江户时代建造了“徐福之墓”。

有人认为，徐福一行是携有金、银、铜、水银等物资和稻作、养蚕、纺织工匠的集团。

者麦作农业的思想，而是综合了粟、黍农业文明和稻作农业文明之后形成的思想体系。若是如先生刚才所说，稻作很早就进入了山东，这也为给孔子这位思想家的定位提供了一个注脚。

南方的情况也很有意思。1996 年我到过长江上游的四川省，发现当地保留着许多稻作神话的孑遗。那么，稻作从四川传播到云南是在什么时候呢？

严：孔子的时代，中国很多地方都已经种稻，山东也早已种稻。例如《诗经》中的《鲁颂·閟宫》中就说“有稷有黍，有稻有秬”，说的就是山东的情况。孔子周游列国时到过楚国，所以他对长江流域的情况是清楚的。

至于四川省的新石器文化发现较晚，考古研究还不充分，有关当地的稻作农业起源和发展过程尚不清楚。但是，当地城址的出现年代甚早。不容忽视，当地文化受到过来自长江中游地区的稻作文化——强大的屈家岭文化和石家河文化的影响。通过三峡，当地文化和长江中游地区文化连接起来，稻作传入四川的年代当不会很晚。即便从现有考古资料推测，三星堆无疑是一座规模宏大的城市，三星堆之前的新津宝墩古城、郫县古城和芒城等则是更早一些的相当于龙山时代的城址，它们构成一个城址群。我想，这一现象产生的基础，当是在很早时候稻作就已经传入四川的结果。

5000 年前：长江流域城市文明的前夜

梅原：下面，我们就要进入有关城市文明的话题了。我想首先就在世界文明史上，长江文明占有一个什么样的地位的问题做些讨论。

稻作农业产生于东亚，按严先生的说法，大约起源于 14000 年前。西亚是小麦农业的产地，开始于 12000 年前，比稻作晚了 2000 年左右。这两个地区都有高度发达的古代文明，在距今 5000 年前后，在各自不同的气候条件下，都产生了城市文明。西亚最早的城市文明是美索不达米亚，年代距今 5000 年。约 150 年后，出现了古埃及文明和古印度文明。再以后，约距今 3500 年前，诞生了黄河文明。距今 3500 年，恰好相当于西亚文明和希腊文明鼎盛期间。如此说来，和此前的美索不达米亚、埃及文明相当的则是长江文明了。然而问题在于，和美索不达米亚或埃及文明相当的长江文明，至今还不被人十分了解。

严：确实，大多数中外学者都把商王朝作为中国文明的开始。根据历史记载，商代之前还存在过一个叫作夏的王朝。商有发达的青铜器，规模巨大的都城，持有大量豪华绚丽的随葬品的王墓，并且有甲骨文，无疑是个古代文明。但是，从考古学的角度看，在商代以前曾经有过一个夏代这一点上，还没有达成一致意见。然而，并不能由此而得出结论，说商代以前的中国或许还没有达到文明的阶段。在黄河流域，以及最近在长江流域陆续发现的一些形态上明显达到文明阶段的古代遗迹就是证明。

刚才梅原先生谈到距今5000年前的情况，这在探讨东西方文明时是一个非常重要的时期。从中国的现状看，公元前3500～前3000年，即距今5000年或稍微提前一点的时间，和美索不达米亚以及埃及等情况一样，在一些文化最发达的地区，刚刚有一点社会分化并出现贫富差距。然而一旦过了这个时期，这些情况在各地都出现并且有所发展，社会以大型聚落或城址为中心，相反，周边地带逐渐衰落；墓葬的情况也反映出，一小部分人似乎非常富有，形成一个垄断社会财富的阶层；社会的手工业、贸易有显著的发展；整个社会发生很大变化。也就是说，无论在东方还是西方，距今5000年前后都是人类文化、社会文明发生重大变化的一个时期，这是一个非常有意思的现象。

梅原：这里面有没有气候变化方面的原因？考古学上有无证据？

严：当然会有来自气候、环境方面的原因。不过，我们考古学者需要从各方面的证据来分析问题。中国和美索不达米亚都是一万几千年前产生了农业；到距今5000年，农业已经发展到相当高的程度，过去一直是量的积累，至此造成了质的飞跃。具体而言，由于农业的发展，生产出许多剩余产品。这些剩余，改变了过去所有社会成员都必须同样地从事农业生产的条件。部分人进入了专门的手工业领域，如玉器、铜器、丝绸、漆器和高档陶器等的制作。这些人依赖农业所提供的剩余粮食生活，从事专业生产以及产品交换。这些剩余物最终变成了社会财富，而且围绕这些财富的分配，社会变得复杂起来了。把持着社会权力、军事力量和宗教权力的人希望独自占有这些财富。如此一来，一部分人逐渐富裕起来，一部分人贫困下去，有的人甚至被降为任人剥削压迫的奴隶。我想，这个过程，大约就是文明产生的背景。这在考古学上是可以看出来的。

围绕财富的分配，当然会有冲突，甚至是流血的冲突。各地发现的墓葬提供了这方面的证据。这个时期的墓葬中出土了大量制作精良、锋刃锐利的石钺，同时也发现了大量改造得看上去杀伤力很大的石箭头，有的地方还有石矛。除正常埋葬的墓葬以外，各地还发现了不少乱葬坑，坑中的人骨横七竖八，有的甚至身首异处。估计其中有相当一部分是战争的牺牲者。这些情况都表明当时武装冲突不断，战争成了人们日常生活的一部分了。

梅原：这些现象是从什么时候开始的?

严：在距今5500~5000年之间，这正好是一个过渡期，正处在文明的前夜。当战争经常化起来，世界也就自然而然地变成了凭借武力弱肉强食的世界。在频繁的战争中，要战胜敌人，首先要保护好自己。因此人们开始营造城垣这类大型防御工事。代表社会中枢的军事集团靠这种城垣保护自己，抵抗敌人，最终战胜敌人。我想这便是城垣聚落、城市文明形成的背景。

梅原：刚才聆听了先生有关阶级产生过程的描述。谈到这个问题时，一般认为，日本的绳文时代大致已经有了家庭这样的组织，但还没有出现阶级。在大量有关阿伊努人的记载中，也看不出出现了阶级。因此，狩猎采集时代是没有阶级的。伴随进入弥生时代的同时，阶级也出现了。弥生时代在日本历史上绝不是一个平和宁静的农业时代。弥生时代中，矛枪、被弓矢射杀的遗体这类反映社会动荡的遗存数量甚多。日本的弥生时代虽然比先生所说大陆的那个时代晚了3000年，但发生的事情内容是一样的。

严：确实如此。

瓮棺的分布和阶级的产生

梅原：下面想向先生请教的是有关瓮棺葬的问题。吉野里遗址①出土过大量瓮棺②。我对瓮棺很感兴趣。这种葬俗是何时何地开始的，以及是怎么

① 吉野里遗址位于佐贺县神崎郡三田川町境内的丘陵上，是1986年以来发掘的日本最大的弥生时代环壕聚落遗址。遗址上发现了宫室、楼观、城栅等遗迹，以及推测达一万数千座瓮棺墓。瓮棺中有的人骨头盖骨被切断，有的人骨上射入箭头。遗址的发现印证了《魏书·倭人传》的记载。

② 瓮棺，日本自绳文时代开始，出现利用日常生活用瓮、壶等容器埋葬幼儿的习俗。这种习俗普遍见于世界各地。但日本从弥生时代开始，北九州地区制作专用瓮棺，埋葬成人的情况并不多见。

出现的？它与城市文明有无关联？

严：这是一个很有意思的问题。瓮棺这种葬俗在黄河流域和长江流域都普遍存在。从年代上看，早期瓮棺大体上埋葬的都是幼儿或婴儿。埋葬婴儿的瓮棺大量被发现，说明当时的人口死亡率非常高。

另外，当时的婴儿瓮棺并非埋葬在成年人的墓地里，而是习惯上埋葬在自己住家的旁边，这反映了当时对婴儿的特殊关怀。埋在近便的地方，寄托父母的思念之情。在漫长的史前时期，婴儿的死亡率居高不下，这种埋葬习俗也就持续下来。

梅原：成人也实行瓮棺葬吗？

严：成人最初不用瓮棺埋葬，几乎全部是土坑埋葬。

梅原：后来……

严：后来，成年人死后仍然以土坑埋葬为主，只有少数地区实行瓮棺葬。

梅原：哪些地区呢？

严：主要在黄河中游的支流洛水、伊水流域。这里的瓮棺形制统一，大致高 50 ~ 70 厘米，有盖。因为首先在伊川县发现，所以起名叫“伊川缸”。瓮棺埋葬成人，埋葬方式是二次葬，或者称为洗骨葬。因为人死了，体量大，没法子装进瓮棺里，故待软组织腐烂后，把骨骼回收，再放进瓮棺里。这是一个非常有意思的现象。像日本弥生时代那种把死人整个屈肢安放进瓮棺的情况，当时的中国还没有见到过。刚才说到的瓮棺葬风俗，在中国许多地方都可以见到，而流行最广的是黄河流域的仰韶文化①。

梅原：是成人瓮棺吗？

严：成人瓮棺比较少，主要是婴儿瓮棺。具体地说，成人死者用的是

---

① 仰韶文化以 1921 年发掘的黄河中游河南省渑池县仰韶村遗址为典型遗址，为公元前 5000 ~ 前 3000 年的新石器时代文化。仰韶文化的石器以磨制石器为主，从事以粟类作物为主的农业，渔猎经济发达，同时经营猪、山羊、牛等的家畜饲养业。仰韶文化的遗址多见于自陕西省中部到河南省西部、山西省南部的广大地区。1954 ~ 1957 年发掘的陕西省西安市半坡是其中最著名的一处遗址。遗址上出土了大量各种彩陶、窖穴、房子、公共墓地等。现建有半坡博物馆，展示发掘成果。一般将仰韶文化划分为以半坡遗址为代表的半坡类型和以河南省三门峡市庙底沟遗址为代表的庙底沟类型。二者彩陶花纹、房子等都各有特色。但也有些遗址上，两个类型遗存都有发现。

特地制作的陶瓮或陶缸形状的葬具。婴儿死者多半利用日常生活用陶器转作葬具，通常是原来用作炊器的罐和用作盛储器的瓮等，有的是两个相互套接，多数是用盆、钵或豆等做盖。最极端的例子是仰韶文化代表性器物之一的小口尖底瓶。这种器物原本是水器，炮弹形的尖底，器口直径只有5厘米上下。后来也被用作了瓮棺葬具。那么，这种器物是怎么使用的呢。它的口太小，显然不能装进哪怕是最小的婴儿，所以把器物从当中锯开，放入人骨后再合起来埋葬。这和弥生文化用两个瓮棺合成一个葬具的情况相似。总之，瓮棺的情况千差万别、各种各样，但成人死者所用的瓮棺都是专门制造的葬具。

梅原：刚才讲的非常有趣。日本绳文时代中，儿童死后要装进瓮里，埋葬在房子的入口处。我不太明白其中的道理，考古学家们也解释不清楚。但我为此问过几位阿伊努老奶奶。她们说，阿伊努人小孩死后，也是装在瓮棺里，埋葬在人最常走动的房子入口处。至于为什么埋在这样的地方，阿伊努人认为，人都是祖先的灵魂转世。男女交合，形成生命的同时，祖先的灵魂也就寄宿在女人的胎儿里边了，然后生下小孩。所有的人都是祖先灵魂转世。但是，幼年夭折，寄宿在内的祖先灵魂很是可怜的。它特地不远万里地赶了回来，却无法得到妥善安置。若死的是成人，灵魂还可以被送还给那一辈分的世界。但若死的是小孩子，灵魂刚刚来到，却不知道应该被送还给哪个地方，因此，只好快点再次投胎，作为那位母亲的次子降生出来。我认为，之所以要埋在房子入口这种经常被人踩踏的地方，也许有性交的意味，希望通过频繁的性交，尽快产下次子来。

严：民俗学的资料非常重要。在一些场合下，民俗学资料以及古代传说对考古资料的解释上有重要作用。考古资料说到底是一些实物，实物本身什么都不会说。我们要想让这些实物说话，说明其意义，就必须借助民族学和民俗学等方面的资料。

梅原：有一次，我曾经对一个朋友谈到过阿伊努人灵魂转世的问题。这个朋友出生在东京新桥。谁知他竟回答说：“梅原，我也是转世的。”令我大吃一惊。“怎么说是转世的?”他解释说，自己的前面有个哥哥早死，母亲非常悲伤，埋葬时，在他的眉间涂上红色，祈祷尽快转世投胎。待以后这位朋友生下来，眉间果然发红，一直到今天也是如此。可见即便在东京这样的现代化大城市，仍然保留着绳文人或阿伊努人的信仰。

吉野里遗址发现的瓮棺埋葬的不是儿童，全部是成人。瓮棺个体甚大，制造得十分结实，密封也好，似乎是希望墓主人不要腐烂。墓地的安排有点像基督教的地下坟窟，瓮棺排成整齐的两列。我认为，这些情况皆反映出弥生人有关死的认识和绳文人不同，与日本土著思想不同。这种思想若是来自仰韶文化，就很有意思了。

严：中国大陆方面使用瓮棺的葬俗延续时间很长，一直到汉代都有发现。北京地区经常发现战国时代燕文化的瓮棺，俗称“鱼骨盆”，是一种红褐色的夹砂陶器，样子有点像日本弥生时代的瓮棺，年代也大致相当。只是燕文化的瓮棺小得多，是埋葬婴儿的，不知道和日本弥生时代的瓮棺葬有没有一点关系。

梅原：我认为，绳文时代中，人的转世投胎，由祖先转变为子孙的认识，并非意味着绳文人认为个人肉体不死。但是，从瓮棺反映的思想看，首先要妥善保存肉体，期待某个时刻灵魂返回肉体，死者从而复苏。看上去这也不是一种个人肉体不死的观念，总是感觉这和道教思想有某种关系。

严：考虑得非常深远。不过道教思想强调修炼今世，修炼成功便得道成仙。不知道这和瓮棺葬的风俗有没有关系。

梅原：在进入城市文明的话题之前，只剩下一个向先生请教的问题了，即今天人们有关死的观念、丧葬方式在南北方有无不同？或者是南方在稻作产生的前后有无不同？又，城市文明发展起来后有无变化？

严：目前，有关农业产生之前的情况还不十分清楚。但是，当稻作出现，特别是稻作文明产生后，埋葬风俗确实发生了很大变化。以前的社会没有那么富裕，社会成员地位平等，墓葬中只随葬一些工具和一点点陶器，墓葬大小也仅容死者而已。大家一视同仁，A 和 B 以及他人都是并肩排葬在墓地里。但是，稻作文明产生之后，情况就大不一样了，发生了很大变化。

作为平等表现的一个典型例子是合葬墓。当然，很多地方，流行的是每人一个墓坑的单人葬，但有些地方，特别是黄河流域和长江流域的一些地方，流行将许多人共同埋葬在一个墓坑里面的多人合葬。极端的场合下，一个墓里竟埋了 103 人。当然，这 103 人不可能是同时死亡的，所以合葬墓中的死者往往是实行二次葬的。刚才谈到过，所谓二次葬是在人死后，安置在某个地方，待尸体的软组织腐烂后，把骨骼回收，再一起下葬的。然后在墓里放上几套陶器、少量工具和装饰品等，就完成了。总之，当时同一个部落的成员之间是平等的，看不出谁的地位高，谁的地位低。这种情况一直持续到稻作文明的形成。但是，文明一出现，从墓地可以清楚地看出社会的变化。墓地中出现了随葬很多物品的墓葬，并且这些墓葬占据了墓地中心位置。良渚的情况最为典型，贵族埋葬在反山那样专门建造的规模巨大的坟山上，一般聚落附近则是一些地位较低和较为贫穷的墓葬。这种情况清楚地表明社会出现了两极分化。

再以良渚文化为例，不仅是反山，还有福泉山、草鞋山、张陵山、赵陵山等，这些墓地中，规模最小的也是用了 2 万立方米的土堆筑起来的大型墓坛，上面埋葬墓葬。我认为，这明确反映出社会的两极分化。在反山之后发现的瑶山和汇观山，起初是修建为神圣的祭坛，是祭祀神祇的场所，然后再改作贵族墓地。这又是一个社会为贵族统治的例证。

在葬具方面，贵族墓使用漆棺，有的棺外面有椁，不用说，还随葬大量精美贵重的随葬品。相反，一般民众墓，有的甚至连棺也没有，只是简单包裹一下就埋葬了。这些现象皆说明社会发生了剧烈变化。

天下大乱和城市的出现

梅原：由良渚的话题，我们逐渐进入了有关城市文明的讨论。已经知道，稻作文明最早开始于长江中游，那么，城市文明最早出现在什么地方呢？或者问，各地的城市文明是否是同时出现的呢？譬如长江中游的城头山①和下游的良渚是什么关系？

严：在聚落周围建造城墙，是为了防御敌人的侵犯。在新石器时代早

① 城头山遗址系位于长江中游湖南省澧县境内的史前城址。根据 1991 年考古调查，为大溪文化（公元前 4500 ~ 前 3500 年）至屈家岭文化（公元前 3500 年以后）的环壕聚落，聚落略作圆形，直径 325 米。聚落中发现有河卵石铺筑的道路、人工河道以及停泊船舶的遗迹。遗址上还发现瓮棺墓地。被认为是当时澧阳平原上占统治地位的政治中心。自 1998 年开始，中日有关单位组成联合考古队，共同继续遗址的考古发掘。

期没有城墙，新石器时代中晚期个别地方出现城墙，到铜石并用时代才开始大规模修筑城墙。即使是到了这个时候，也不是所有聚落周围都修筑城墙，有城墙的只是少数中心聚落，是为了保护在那里居住的贵族人身和财产的安全。所以城址的出现是社会分化和矛盾激化的产物。但是有城墙的聚落不一定是城市，个别城市也不一定有城墙。例如一般认为属于夏代都城的二里头遗址和商代晚期的都城安阳殷墟都没有发现城墙。一个聚落究竟是不是城市，要在比较充分的考古工作的基础上，对它的结构和功能进行仔细的分析才能基本确定。目前在中国发现的大批史前城址，多数只做过初步的考古勘察，只知道有环绕的城墙，里面的情况不大清楚。我们打算对某些城址做解剖性的考古发掘。目前，我们正和日本的国立日本文化研究中心合作在湖南澧县城头山进行考古工作。湖南省文物考古研究所负责考古发掘，日本文化研究中心负责环境的研究，希望能够解决一些问题。城头山有四个时期的筑城活动，大溪文化时期有两次，屈家岭文化时期也有两次，一次比一次规模大，但基本是在原来的基础上加高加宽。那是一个中心聚落，但似乎还够不上称为城市。

梅原：可否认为长江中游是城址出现最早的地区？

严：就目前的材料看，是最早的地区。长江中游地区在若干方面都是第一。这里的稻作出现时间最早，陶器的产生最早，城址的出现也最早。城址普及，成为社会的一般现象也是以这个地区最早。有鉴于此，这次和国际日本文化研究中心合作时，我极力主张首先要在有一定基础的湖南开展工作，并且首先要进行区域的调查，以便进一步从整体上把握长江中游地区社会的变迁情况。

梅原：如此说来，长江中游的文明和美索不达米亚文明的年代大致相同了。

严：我前面说过，有城墙的聚落不一定是城市。据说离城头山不远的澧县八十垱就已经有围壕和城墙了。那是属于新石器时代中期的，距今大概有 8000 多年。正如约旦的耶利哥年代在 1 万年前，比八十垱还要早得多。

只是出现了城墙，还不能马上断定就是城市。然而到了距今 5000 年前，黄河流域和长江流域各地普遍建造了城墙，可以认为这是城市的形成时期。

我们何以有信心说公元前3000年，也即距今5000年是城市文明的发生期呢？简而言之，我们的根据是各地考古发掘得来的资料，这些资料表明，这是一个战争频繁发生的时期。战争越激烈频仍，人们就越需要设法保护自己，因此普遍建筑城墙。各地还发现了很多所谓乱葬坑，其中的尸骨被很潦草地扔进坑里掩埋。这些各地常见的现象，显然都是一些异常死亡，应该就是战争中的死者。这个时期还出现了猎取敌人头颅的风俗。我可以举河北省邯郸市附近的龙山文化①遗址的材料。这是我亲自参加发掘过的遗址。遗址上发现了大量潦草掩埋的墓葬，还发现了两座房子。每座房子里面分别出土了三个人头骨，都是从头盖的地方砍下来的，明显是在人还活着的时候砍下来，然后埋在房子里的。

梅原：距今5500～5000年间，是个天下大乱的时代呀。

严：是个激烈动荡的时代。刚才说到的头盖骨正中尚留有用利器剥头皮时的伤痕。让人感到这个时代充满了凄惨悲哀。中国古代文献有记载用人的头盖骨作酒器，以夸耀英武。这些事情尽管年代已经久远，但保留在以后时代文献记载里的这些习俗，大约都是起源于那个时代的。

梅原：这些事情真令人毛骨悚然。

严：古希腊希罗多德所著《历史》一书中也记载，南俄草原的斯基泰人②战斗胜利后，把敌人的头盖骨揭下来做酒杯，把头皮剥下来做手帕。美洲的易洛魁印第安人也有类似的做法。这在东西方是一样的。

梅原：我读中国的历史时，读到杀死敌人后生啖其肉等的时候，真

---

① 龙山文化和大汶口文化：龙山文化以1928年发现的山东省历城县（今章丘县）龙山镇城子崖为典型遗址。属公元前2500～前2000年的新石器时代晚期或铜石并用时代的文化。文化面貌以黑陶为特征。主要分布在黄河中下游地区。代表了仰韶文化以后的一个时代。

大汶口文化因1959年发掘山东省宁阳县和泰安县交界处的大汶口遗址而首次确认，目前已经判明，大汶口文化是介于龙山文化和仰韶文化之间的文化（译者按：原注如此，误。大汶口文化年代早于龙山文化，主要分布在黄河下游、以今天的山东省为主的地区范围内，是年代上和主要分布在黄河中游地区的仰韶文化同时代的考古学文化）。

② 斯基泰人，公元前7～前4世纪，以北卡夫卡斯、黑海北岸为根据地的雅利安人骑马游牧民族。遗存有独特动物花纹的精美金属制品。斯基泰文化广泛分布在卡赞夫斯克、南西伯利亚、蒙古高原。

是大吃一惊。桑原武夫先生的父亲桑原隲藏先生写过一本书，书名是《中国的食肉习惯》，其中有这方面的记载。看起来，杀人吃肉的习俗从那个时候就开始了。听了先生的话，我还立即联想到，日本历史上也有过这样一个时代①，即弥生时代。弥生时代发现过很多无头尸骨，同时，在不方便生活生产的山地出现了所谓高地性聚落，也许是遇到危险时避难的场所。

严：所以说，弥生时代若有揭头盖骨或剥头皮的风俗也不奇怪。这种共见于东西方的现象，已经不单单是民族风俗，而是战争这种残酷行为导致的结果。大家都想当英雄，为此，就要采用最残忍的方式消灭敌人。

长江流域的详细情况还有待于将来进一步的考古发掘，但已经有了许多证据表明那里也存在战争。据说有的地方发现的头骨可能是猎头习俗的证据，详细情况还不大清楚。

梅原：日本弥生时代之后，从400年到日本的战国时代，人们也十分追求获得敌人的首级。人生最重要的事情是死后如何转世再生。然而如果没有了首级，也就谈不上再生了。因此，砍头实际上是不让敌人转世再生的杀人方法。

阿伊努人的传说文学《游卡拉》中有把死人分为有眼珠的和没有眼珠的两种，说有眼睛的死人可以再生，没有眼睛的死人不能得到再生，将眼珠和再生信仰联系起来了。因此，日本也有很多所谓的“首冢”（埋葬头颅的地方）。

长江中游最早的城址——城头山和良渚

梅原：刚才严先生谈到，城墙是伴随残酷的相互杀戮、战争出现的，在这种情况下，建造城墙，保护自己就显得十分重要了。这一点无论东西方都是一样的。

那么，城头山遗址的城墙规模很大，最早的城墙是否规模都很大？然

① 倭国大乱，《魏书·倭人传》载，东汉恒、灵帝间（2世纪末），倭国大乱，无王，共立邪马台女王卑弥呼为倭国国王，平息暴乱。此相当于弥生时代后期。

而像良渚①遗址那样没有城墙的情况又如何解释呢?

严: 我并不认为良渚遗址上完全没有城墙。只能说过去的研究还没有认识到这一点。现在大家都知道莫角山是良渚遗址群的中心，上面有规模巨大的建筑基址，但不能肯定是不是城址。在我看来，根据现有的证据就可以大体上推测那是一座城址。1987 年，由于扩建 104 国道，在其东南角进行了发掘。当时我到过现场，看到大片用红烧土坯夯筑的地基，一直延伸了 100 多米长。往西几百米又有约 30 米长的一段，筑法一样，两者连成一条直线。我推测这就是城墙的墙基。后来发现莫角山土台的四周都有类似的红烧土，那就更像是城墙基址了。

梅原: 莫角山的规模很大吗，有多少米?

严: 应该说相当大，东西长约 670 米，南北宽 450 米，面积约 30 万平方米，基本上呈正长方形。由于年代久远，城墙已经崩坏，地面上看不见了，但在当时应当是一周都围有城墙的。如果按照我们以前签订的协议，由中日双方进行良渚遗址的调查与发掘，这个问题肯定会弄清楚的。遗憾的是，合作进行良渚遗址考古工作的事情未能实现，这个问题也就成了悬案。

梅原: 再回到城头山的话题上，我还没有机会参观这个遗址，其规模究竟有多大呢?

严: 城头山遗址的规模不很大，面积约 7 万平方米，基本上呈圆形。

梅原: 严先生认为该遗址是否是最早的城市文明?

---

① 良渚文化以浙江省杭州市北余杭县良渚镇一带为中心。在南越钱塘江、北抵今江苏省北部地区、西至太湖湖畔的常州以西，面积约 5 万平方千米的范围内发现的文化遗存，总称为良渚文化。良渚文化的考古工作自 1936 年开始，至今已经发现了 400 多处遗址，主要有江苏省吴县草鞋山、张陵山、武进县寺墩，浙江省嘉兴市雀幕桥、杭州市水田畈及上海市马桥、青浦县福泉山等遗址以及浙江省余杭县反山、瑶山、莫角山等组成的大型遗址群。公元前 3300 ~ 前 2200 年，良渚文化在稻作农业基础上高度发达，形成中国最早的城市文明。尤其在良渚镇一带，规模东西长约 670 米、南北宽 450 米的莫角山上发现了规模巨大的建筑基址，推测其上的三个地点可能系宫殿、神庙之类建筑的台基。附近的反山、瑶山墓地出土的制作得精美绝伦的琮、璧、钺等玉器随葬品，集中体现出良渚文化的特点。此外，太湖南岸的湖州钱山漾遗址出土过丝、麻织品。但是，在公元前 3 千纪末期，黄河流域夏王朝出现的前夜，良渚文明突然崩溃了。

严：城头山城址的年代确实很早。正如我前面说过的，有城墙的聚落不等于城市，城头山恐怕也够不上城市的水平，只能算是个设防的中心聚落。

梅原：遗址的考古工作进行到何种程度了？

严：对该遗址的考古工作很早就开始了，连续进行了多次发掘。已经发现遗址上的城墙经过四次修筑，从大溪文化早期的城基只有10米宽，墙体2米高，到屈家岭文化时期城基加大到30米宽，墙体现存有5米高，一次比一次坚固。

梅原：四川省龙马古城①里有一处方形的高岗，上面似乎有一座墓葬，但方形高岗却像座祭坛。城头山遗址里面也有类似的岗地，抑或全都是平地，究竟情况如何？

严：据我所知，龙马古城里面的高土岗是一座汉墓，与古城没有关系。城头山没有汉墓，是不是有祭坛要经过考古发掘研究才能确定。迄今为止，城头山遗址内发掘了许多探方，有相当的面积。已经探明，在大溪文化时期就已经有较大的房子，墓葬有初步的分化。大墓随葬30多件陶器和少量玉器，小墓一无所有。屈家岭文化时期房子集中在遗址中部，建筑形式复杂多样，房子内居住面积宽大，也有状似生产用的工房、厨房之类的设施，结构和功能都比较复杂。城内西北部为墓地，在400平方米范围内就发现有500多座墓葬。其中有土坑墓，也有瓮棺葬。墓葬的分化更加明显，最大的墓随葬100多件器物，小墓同样也是一无所有。城墙东西南北四面各设一城门。对东城门进行了解剖，发现一条用河卵石铺垫得很好的道路。南方多雨，用小石子铺路，加固路面，是南方的一贯做法。遗址的城墙外面有环壕，人们出入一定要越过壕沟。考古工作者在早期即大溪文化的壕沟内发现了残留的木桩，推测是木桥的基础。另外，壕沟中还出土了大量植物遗

---

①　龙马古城（宝墩遗址）位于四川省成都市西南约30千米的长江支流岷江流域，地在新津市龙马镇境内，系一城址。1995年秋，中国学者曾对其进行考古发掘。翌年，中日联合考古队共同在遗址进行考古研究。经碳-14年代测定，城墙建造于公元前2500年左右，城址呈长方形，规模1000米×600米，面积约60公顷。城址中部发现似为人工堆筑建筑基址的堆积以及各种建筑遗迹。目前，该遗址的考古工作正在进行中。此外，日本方面习惯将该遗址称为龙马古城，中国学者一般叫作宝墩古城。

存，植物种子标本超过200种，其中有稻米、多种瓜类和豆类种子等，可以清楚地了解当时人们的食物资源，同时提供了丰富的环境考古研究资料。壕沟中还出土了木质船桨，表明当时人们是利用船出行的。总之，遗址的规模虽然不大，内容却丰富，或许可以说是较一般聚落规格稍高的中心聚落遗址。

梅原：有无王一类的墓葬的发现?

严：还没有，希望今后能够发现较大的贵族墓葬，但不大可能是王墓。

梅原：继续工作，也许会有收获吧。

严：我们都期待会有新的发现和研究成果。

惨烈的战争遗迹和良渚城市文明的结构

梅原：实际上，国际日本文化研究中心在四川省进行联合考古调查时，照了很多龙马古城的照片。从照片上看，发掘区以外地方的许多情况也都反映出来了，有的像是宫殿基址、有的类似墓葬等等，都有所反映。如果对城头山遗址也进行航空摄影，尽量反映出地下的情况，说不定可以判断出哪里是平民墓，哪里是王墓。三星堆遗址做航空摄影的话，也许还可以发现和过去出土青铜器的一样的地点。业已判明，龙马古城过去是阔叶林地带，为建造城市，曾经进行过一次性的统一规划。因此，我们这次合作发掘城头山，如果也进行同样的工作分析，也许可以了解到城头山遗址是否也发生过类似的情况呢。

严：那么，我们就有关事项尽快整理一份工作协议吧。

刚才我们谈到战争，我还想介绍一个有关那个时代战争情况的非常有意思的遗址。这个遗址位于山东南部和江苏北部交界处的新沂县境内，名为花厅遗址。花厅遗址位置相当于大汶口文化的南界。遗址发掘时，发现了墓地，一开始判断墓地是单纯的大汶口文化墓地，但是随着工作的深入，又逐渐发现，尽管同为一个墓地，时间稍晚一些墓葬出土的却是典型良渚文化的东西。令人费解的是，这个遗址距离良渚文化主要分布圈数百千米，究竟出于什么原因，良渚人跃过这么大的中间地带出现在那里的，实在不可思议。或者墓地的墓主还是大汶口人，他们获取了良渚文化的物品并将其埋葬在自己的墓里；或者他们就是良渚人，一度来到这里，成为墓地的主人。总之，是非常令人感兴趣的，建造墓地，为的是埋葬同伴。但花厅墓地出土了地位甚高象征的玉琮，其形制是典型良渚文化的产品，看到这些东西，只能认为是墓地中埋葬了良渚人。还有一个有意思的现象是，花厅墓地中发现了殉葬。所谓殉葬，是将活人和墓主人一起埋葬的风俗。花厅墓地被殉葬的人是妇女和儿童，还有动物，墓主人多为男性，殉葬妇女、儿童、动物和其他物品。看到这些情况，即可想象到良渚的军事集团曾经来到过这里，并且于当地发生了战争，他们杀光了对方的男性，俘虏妇女和儿童，或者把她们作为奴隶，或者用作殉人。

梅原：有意思！

严：若考虑到，前面说到的那些无头尸骨等，也是战争结果的表现，则在当时，如果连城墙都不能有效保护自己的话，其结果是何等惨烈，几乎不能想象。战争不单是以敌对双方彼此杀戮而结束，战争目的之一是俘获俘虏，用于牺牲。比如在建造城墙时，把俘虏斩首殉葬在墙基里，或者在建造宫殿时，将俘虏杀死埋在基础内等等。就这些考古资料所见，人类的战争是不断升级的。到了殷代，这种杀殉，竟成为社会的一般现象了。建造城墙或宫殿等大型建筑前，一定要举行杀殉奠基仪式。

目前，有人说，有首无身或有身无头的考古资料多集中发现在黄河流域，长江流域地区尚不多见，但实际情况不一定如此，今后在长江流域也一定会有大量发现的。只是长江流域是不利于保存有机质的酸性土，就是有这种情况，在考古学上也很难识别出来。所以绝不能说长江流域没有战争。那里有规模巨大的城墙建筑，墓葬里随葬为数众多的锋利武器，都说明战争的存在。

因此，在战争频仍之际，为了保护自己，社会成员必须团结一致，应付敌人。而有能力将大家动员和组织起来的人，就是那些军事首领或宗教领袖。形势需要这样的领袖。以良渚文化莫角山遗址的情况为例，设想一下建造莫角山大型台基需要多少劳动力，又如修建石家河那种规模巨大的城垣工程需要多少人工？恐怕要动员上千人，工作数年才能办到。这还仅仅是城垣的建造，尚不包括城里面规模巨大、结构复杂的宫殿建筑等工程。动员数千人劳作，势必要给他们吃饭和解决其他生活方面的后勤保障，就需要动员起更多的人员。这一动员工作的复杂程度是不难想象的。结果，城市就成为劳动力管理、指挥以及为他们提供生活保障的严密组织的象征。这必须有一个相当强有力的政权才能办到。因此，说到城内居住的是什么人的问题时，虽然尚属推测，但估计首先会是贵族阶层，以及军队、手工业者、从事宗教活动的祭司等人。这样一来，原来农村那种靠血缘关系为纽带联结起来的社会关系便发生了变化，一下子变成了靠权力、财富占有来决定的人际关系以及社会关系了。我认为，这就是城市文明。

再以良渚文化为例，以莫角山为中心，周围环山的34平方千米范围内，聚集着一系列不同类型的遗址，表明这一带人口十分集中。这是伴随城市出现而必然发生的现象。因此，良渚文化的社会就像是金字塔式的结构，以莫角山城为中心，十几个次中心分布在横跨今天上海、浙江、江苏的广大地区，它们下面统辖着若干小型聚落。这个社会的最高统治者，就是君临莫角山城的王者。

在这里，我们试就良渚最高统治者的样子做一番推测。反山墓地出土了数量惊人的玉器。这些玉器的制作加工极尽精美之能事，其中，首推玉琮。玉琮这种器物简单说是宗教用道具，是宗教的重器。反山墓地多有出土，个体也大，是持有者身份等级的象征。玉琮代表宗教的最高权威。另一样东西就是玉钺。反山出土的玉钺是迄今为止发现的玉钺中制作最好的。玉钺不仅为良渚文化独有，在以后的夏商周时代，作为权力的象征，王一定要持钺，这一点，在古代文献中有大量记载。夏代的王是如此，商代最初的王成汤也是如此。周武王①灭商，和殷纣王②战争之际，也手持黄钺。因此，玉钺是军事统治权的象征。此外，还有玉璧，象征了财富。宗教权力和军事权力合一为政治权力，再加上经济实力，一手把持这样三种权力君临良渚社会的人物称之为王，怎么看都是合适的。

---

① 周武王系公元前11世纪周王朝第一任王。武王继承其父文王遗志，在太公望的辅佐下，征讨殷纣王，灭商建立周王朝。

② 殷纣王系公元前11世纪左右殷商王朝最后一任王，是历史上和夏桀齐名的典型暴君，《史记》载其建造酒池肉林等劣行。武王伐商的朝歌之役之中，杀死爱妾妲己后引火自焚。

良渚王墓中的随葬器物不止有玉器，还有丝绸。发掘时发现了大量的丝织品痕迹。墓葬的漆棺极其华美，同时还随葬着大量漆器。由此不得不承认当时的手工业非常发达，甚至这些支持良渚经济繁荣的手工业所达到之水准，远高出我们的想象以上。良渚文化有着如此发达的手工业，建造规模如此巨大的城墙、台基式建筑，并且将军队派遣到数百千米之外的淮河以北（以前述花厅遗址的情况为例）远征等等。我以为，其得以保障这些人的生活，支持其军事行动和政治作为的巨万财富、剩余产品，都是由稻作农业提供的。

体现着良渚文化农业发达程度的考古资料证据之一是一种三角形的石犁。这种石犁诚如梅原先生在浙江所见到的，个体甚大，以至先生对其是否为使用器物而有所怀疑。但是，这种石犁在浙江很多地方都有发现，上面有明显的使用痕迹，这本身便表明它们确实为一般实用的工具。用犁耕作田亩，在中国尚没有发现比良渚文化更早的例子。良渚文明经济强大的原因也许就隐藏在这种石犁之中了。说到底，是为了提高产量的农具。除此之外，还有能一下子开出沟渠来的破土器、除草或松土以便使作物更好吸收肥料的工具等。这种稻作农业各生产环节所需的且高效的工具似乎已经配齐成套了。类似这种尚未被人们充分体会到的，却是同样体现了良渚社会之发达的资料，其实还有很多。

在这里，我想再把目光转向长江中游地区，看看石家河文化的情况。

长江中游城市文明的先锋——石家河

梅原：石家河文化是什么年代的？

严：大约在公元前3000～前2000多年，比良渚文化稍微晚一点。

梅原：据说石家河文化发现了规模非常大的城市？

严：就其规模来说，石家河城址是目前发现的同时期中国早期城址中最大的一座。城址南北长1200米，东西宽约1000米，面积约120万平方米。城外环绕着很宽的护城河，城里发现了大量与宗教祭祀有关的遗迹。例如在位于城内西北角的邓家湾就发现了数以千计人物和动物造型的陶塑。动物中有大象、牛、羊、猪、狗、猴、鸟、龟鳖和鱼等，形态活灵活现；人物陶塑形态则比较统一，多数是头戴圆帽，身穿没膝长袍，腰身紧而细，双膝跪坐，双手抱持一条大鱼，像是正在进行祈祷的样子，也可能是参加某种祭祀活动的姿势。

动物造型的陶塑如此大量集中出土，它们也许是为了用来进行祭祀活动而制作的道具，以此奉献给神灵或祖先的在天之灵。

石家河宗教设施的具体情况还不清楚，但发现了一些由许多大型陶缸在地面上套着摆放成一条线的现象，这究竟是做什么用的，目前还不能确定，但我想还是可以断定是和宗教有关的某种设施。这些陶缸表面大多有刻划符号。说到这些刻划符号，大体上有三种，一种一看就明白是收割作物的镰刀，一种有些像石钺，一种像是里面插着小棍的杯子。另外还有一些意义不明的符号。我推测前三种形态分别和农业、军事以及祭祀活动有关。中国古代文献《左传》中说："国之大事，在祀与戎。"就是说，国家最大的事情是祭祀和军事活动，再一件就是它们的基础——农业。陶缸上的刻划符号也许正是表现的这三个最重要的因素。

梅原：这些记号是在陶缸表面刻上去的吗？

严：是在陶缸烧制之前刻上去的，一般刻在上半部显眼的地方。刻划的杯子，样子有点像今天的酒杯。为什么说它与祭祀有关呢？因为石家河城内西南角一处叫三房湾的地点，堆弃着至少十万件以上和刻划符号形状相同的陶杯。这些陶杯质地非常粗糙，胎壁很厚而容量极小，明显不是实用器，应该是与祭祀有关的器物。例如祈求丰收，或者军队饮出师酒的杯子，大约是使用一次就丢掉了。随着时间不断积累，达到十万件以上。

我们还了解到，城外东南部的肖家屋脊有墓地。其中出土的一件陶器上刻划了一个人物形象。头上戴着帽子，帽子上插着羽毛，下身围短裙，足着靴子，只是不能肯定是不是皮靴。人物手执一把大钺，俨然一副王者形象，至少也是当时的军事首领之类的人物。墓地中墓葬众多，这些墓葬显然有等级分化，身份等级高的人和等级低的人分别埋葬在不同位置，富人墓有漂亮的棺具，随葬包括玉器在内 100 多件随葬品。应当承认，这些高等级墓葬的随葬品还远远赶不上良渚文化大墓的豪华。但我想，在石家河发现王这一级别的墓葬，无非是时间早晚的问题。

还有一个值得注意的现象，就是墓地中发现了大量瓮棺。有的瓮棺里竟随葬了 50 多件精美的玉器。我们见到后，着实感到吃惊，因为迄今为止中国考古学资料中完全没有类似的发现。这表明，和良渚遗址群一样，石家河遗址是长江中游农业社会的顶点，是最大的城市文明的开端。支撑这个顶点的是遍布江汉平原和洞庭湖平原的长江中游史前文化。目前，在这么大的范围里，已经发现包括城头山在内的共7座城址。我想，或许这些城是以石家河城为最大的中心，分别发挥着一个地区内次一级中心的作用，它们各自统辖着一定地域，同时又都共同支撑着石家河这个大中心，再以下则是众多的普通聚落，因而也明显地呈现出一种金字塔式的结构。因此我认为，石家河文化和良渚文化一样，也属于早期国家。

梅原：先生的话令我兴奋得手心冒汗。如果做一下航空摄影的话，说不定像王墓之类的重要迹象就全都反映出来了。如果凭先生之力发掘出王墓，搞清楚王权至尊至上的古代国家的全貌，其重要性，当和谢里曼的工作相媲美。

良渚的玉器文化

梅原：和先生的谈话使我了解到许多事情，不过还想提些问题，一个是关于良渚的，另一个是关于石家河的，还有一个是关于南方文化对北方的征服问题。三个问题对我来说都意味深长，请容许我一个个提出。

我曾经提到过，我过去对稻作文化的问题不太感兴趣。后来去中国，到了河姆渡遗址，心灵第一次受到震撼。接着去了良渚，受到更大震撼。从此就迷上了稻作文化。到良渚遗址，感受到了它的规模宏大。良渚那如山丘般的人工堆土台子，就如同秦始皇建造的阿房宫。据说日语中的“阿房”一词，就是从那里来的（“阿房”一词在日语中有蛮、笨之意，如这座建筑造得傻大傻大的、蛮劲儿等等）。良渚工程之规模如此宏大，实在令人吃惊。阿房宫建造于距今2500～2300年间。但和阿房宫规模相当的良渚夯筑基址的建设更早了3000年，这岂不是更值得人感叹吗！

使我感动的还有江南风景之秀美。我去江南旅行的时候，正是菜花如锦、桃花如云、梨花似雪的春天。桃花盛开的景色，我是见过的。但是，梨花竟有如此之美丽，我生平还是第一次见到。过去，人们把梨花比喻为冰洁清新的处子。只有亲临其境，方可品味出这个比喻的绝妙之处。而良渚文化的玉色之美，就如同梨花一般。再就是良渚玉器加工制作之精美，以及在那么坚硬的质地上做出如此精致的加工，也给人艺术上的极大震撼。上次说过，和我同去江南的还有稻盛和夫。他则从技术的角度对良渚玉器的工艺水平惊叹不已。稻盛的京瓷公司最重要的技术是研磨，要把普通的石头研磨得完全平展，是非常不容易的，更何况再加工出浮雕以及在凸起部位加刻花纹了。稻盛和夫认为，若不将浮雕部位周围腐蚀减低下去，是做不出浮雕的。他对于良渚人就已经掌握了腐蚀技术而大感意外。另外，良渚玉器的花纹是如何雕刻的，有人说是用鲨鱼牙齿刻划的，但听说也有人不同意，真实情况究竟如何？而且，良渚人是怎么加工平面的，又是怎么做出浮雕来的？都是问题。

严：必须承认，这些问题还都有待进一步的研究。面对这些现象，我们只能说，当时的人们掌握了远超出我们现代人想象的技术。对此，不同的学者有不同的说法。但问题首先在于还没有人进行过试验研究。譬如用黑曜石做一下雕刻试验，如果主张是用鲨鱼牙作雕刻工具的，那么就用鲨鱼牙做些试验，但也没有人做过。要想把这些事情说清楚，首先要进行技术方面的研究，但至今这方面进展不大。不过，尽管如此，我们还是必须承认，我们面前的良渚玉器确实是个奇迹。

最近的一些发现为解决这个问题带来一些希望。这就是最近在莫角山西北方向，发现了玉器加工制作场，出土了一些有加工痕迹的玉料，但还没有发现工具。不过，那里的发掘还在进行之中，这是在解决上述问题上的一个重要进展。梅原先生也知道了，最近在那一带有很多模仿制作良渚和红山玉器的作坊。我曾经去参观过。在苏州市靠太湖的一个村子里，竟有 100 多间仿制良渚玉器的作坊。考古学家们不如和他们合作试验，看看采用最原始的办法，不用任何金属工具，能否加工制作出良渚那样的玉器来。

良渚文化另一项令人惊叹的技术是反山墓地出土的漆柄玉钺，表面用很多米粒般大小的玉粒镶嵌出精美的图案。漆柄腐烂了，玉粒却都留了下来。这些玉粒大小均一，而且打磨得十分平整光滑。它们是怎么加工的？要知道，人的手指是捏不住的。这也只能说是良渚文化的另一个奇迹了。

梅原：有的良渚玉器上的雕刻花纹用肉眼看不出来，只能用放大镜才观察得到，而且线条排列非常整齐。一般为半透明的玉器，用电筒一照，就变得透明了，简直像看魔术，真让人惊讶。

严：我第一次观摩良渚玉器的时候，也吃惊不小。当时，浙江省文物考古研究所的同行拿了一个叫作琮王的大玉琮给我看，问我：“严先生，你看上面刻的是什么纹饰？”“是兽面纹①吧。”我脱口便答。因为它那么大，清清楚楚是兽面纹，或者叫作原始饕餮纹。“不是那里，你看看中间是什么？”我看中间大部分地方打磨得很光亮，有的地方比较粗糙，就说：“我的眼神不大好，看不清楚。有些地方好像没有打磨好，不怎么光亮，是不是有什么纤细的纹饰？”“你再仔细看看嘛，要不拿放大镜看看。”我拿放大镜仔细一看，一个头戴大冠的伟人形象立刻呈现在眼前。我简直抑制不住的高兴。这上面雕刻的细致程度实在出乎我的意料。一块不到3厘米见方的范围内，刻划的整体人像神气活现。不用说五官和四肢，连十个手指的指甲盖都表现得清清楚楚。我数了一数，每边有两个，四边一共是8个，样子几乎一模一样。因为这人像给人以深奥莫测的神秘感，胸部又有一个大兽面纹，所以当地学者称之为神人兽面纹或良渚神徽。这可是中国5000年前的雕刻呀！

从玉器出土的情况，可以使人感到当时的玉器生产已经为贵族阶层所垄断。良渚外围普通聚落的墓葬出土器物粗糙，制作马虎，次中心聚落墓葬的出土器物制作得比较精致，良渚中心的反山、瑶山一带，其墓葬出土的都是一些无与伦比的高级品。特别是那些有神徽的玉器，如果不是专门的匠师，是无论如何制作不出来的。我想，这些有特殊技能的工匠是被良渚最高权贵阶层集中在一起，专门为其制作玉器的。

梅原：神徽这个东西，我看像是饕餮纹的祖型，是典型的宗教象征。对它如何解释才好呢？神徽上有人的面孔，腹部还有人脸的形象。能够和其比较的是河姆渡的刻划五环图案，五环的两侧各有一只鸟的造型。良渚的刻划图案上也经常发现鸟的造型。我想，这也许是这个谜底的关键。河姆渡的纹饰也好，良渚的纹饰也好，都是某种宗教的象征，它们之间有什么关系？严先生是怎样看这个问题的？

---

① 饕餮纹，装饰在商周时期青铜器上的主体纹饰之一。所谓饕餮，是神话中一种贪食无厌的动物，其形为双目突出，巨口，有首无身，面颊生腿，形态夸张威猛，有魔力，常作辟邪护身之用。

严： 我也说不大清楚，只能有一些没有把握的推测。有人认为良渚文化崇拜鸟，神人的脚显然不像人脚而像鸟爪，正是这种风俗的体现。有人说神人胸部的兽面纹连同下肢应该是表现老虎的正面形象，整个图形应该是神人骑乘老虎，这是在看到四川三星堆①和江西大洋洲出土的青铜遗物后得到的启示。因此图案下方的脚不是鸟爪，而是老虎的利爪。

梅原： 这么说来，不是鸟的爪子了？

严： 我认为两种说法都有一定道理，又都不能确定。人身上的纹饰一片一片的，很像是皮做的铠甲，胸前的兽面纹好像是起护身符作用的皮甲或木牌，上面刻着虎头可以起威慑或辟邪的作用。整体形象似乎是一个军事领袖，甚至是一个掌握军权的国王。他有非常显赫的地位，又带有神格化的成分，也许就是良渚的立国之君的形象。所以，这种造型的东西，只能在反山和瑶山找到，其他地方全然没有，因为它是不可以被随意使用和制作的。

梅原： 也就是说，王就像老虎一样威武有力。把虎和人的力量合二为一，这也许和美索不达米亚等地的半人半兽像的寓意相同。

严： 这种情况在道教中也有所表现。道教思想是一种非常原始的宗教思想。在道教中，仙人出行的时候，伴随有三跻。所谓三跻，一跻为龙，一跻为虎，一跻为鹿。现在美国哈佛大学的张光直教授曾经对河南濮阳的蚌塑龙、虎、鹿的形象作过精辟的分析。有人揣测，或许良渚文化的兽面纹就是三跻之一的虎，是仙人升空时的坐骑。

梅原： 神徽的头上似乎插满了蓬松的毛发，是否是鸟的羽翎呢？良渚文化里有对鸟的崇拜。鸟在日本文化里也被视为联系现实世界和冥界的生

---

① 三星堆遗址位于四川成都市北约40千米的广汉市郊南兴镇三星堆村。1984年，考古工作者于当地发现了南北长约2000、东西宽约1600米，总面积2.6平方千米的巨大城址。1986年夏，在遗址上发现了两座土坑，出土了总重量超过1吨、总共500多件被损坏的青铜器，其中许多器物是迄今为止中国考古学史上的首次发现。据研究，这些青铜器是商末周初（公元前11世纪末~前9世纪前叶）由于某种原因被破坏和埋藏在这里的。四川古代为蜀国，根据东晋《华阳国志》记载，蜀王名蚕丛。三星堆出土的青铜面具上，瞳仁突出，与蜀王纵目的文献记载相合。这些发现，为探讨当地历史和社会思想的情况提供众多资料。

灵。所以我想，神徽造型表现地上的王时，刻画得犹如老虎一样强大有力，而在追忆冥界的先王时，又融入了某种鸟的形象。您怎么看？

严：梅原先生的想法非常周到。

梅原：中国京剧的装束中，有在颈后插翎毛的，说不定就是良渚君王形象的遗风吧。再说反山墓地的发掘，一共清理出几座墓葬？

严：11 座。

梅原：没有来得及发掘的部分有多少？

严：还有大约三分之二。

梅原：如果全部发掘了，将是多么壮观啊，在我有生之年，希望务必借助先生之力，把它们发掘出来。据说，反山各墓的随葬品，有的出玉琮，有的则多玉璧，情况各不相同，是这样吗？

玉琮、玉钺、玉璧之组合

严：确实如此，就像是有一定的制度。例如，有的墓葬中只有玉琮，没有玉璧和玉钺；有的墓葬出土的玉璧成堆，却没有玉琮或玉钺，这恐怕是与玉器的功能性质、墓主人的身份地位等有关。持有玉琮的墓主人可能是萨满，有玉钺的人可能是军事领袖，而随葬大量玉璧者也许是财富的管理者。反山墓地的墓葬中，既有这种随葬玉器种类分明的情况，也有各种随葬品混出的场合，也许意味着一人身兼数职。这种情况随时间的推移也有一些变化。

梅原：中国的古典文献中经常提到璧，此外钺也常见于记载，说到琮的地方甚少。琮的形状是分节的，最大的分为十三节。这种分节象征着什么？有无精神思想方面的含义？

严：有关玉琮的解释是最让人头痛的。有的学者认为，琮的造型外方内圆，象征天圆地方的古代天文思想。这是其一。第二，是关于玉琮的持有者的，即琮体现着持有者的身份地位。玉琮中心的圆孔是用来通天的，是供灵魂往来天地之间的孔道。萨满拿着它，它也就代表了萨满的身份以及更提高了他的神格地位。良渚文化发现了大量玉琮，根据已有的研究，琮的数量是随时代而增加的。已经发现，时代越早，琮的数量就越少。这一现象表明，随着时代发展，秩序开始崩坏了，谁都可以持有琮了。

梅原：先生的看法让人佩服！关于琮，在我看来，是某种天地合体，外方象征地，内圆象征天，天地合体、阴阳合体、男女合体，如同日本绳文时代的列石遗迹。列石遗迹在反映合体的思想方面更加直接露骨，但却非常忠实地表达着人们关于生命的思想。因此，玉琮是否也是男女合体、阴阳合体、天地合体的象征物呢？

严：我认为先生的看法很有意思，值得好好研究。

梅原：钺这种器物也有意思。研究中国古史的白川静①认为，王这个字的字形是从钺演变来的。王在面对他人的时候，一定在前面放一把钺。王这个字就是刃口朝下的钺的形态。钺在中国古代是非常重要的器物。

严：关于王字是从钺演变过来的说法差不多已经形成共识。刚才说到生殖崇拜的话题，中国古代文献上经常说到“左祖右社”，祖是祖庙，社是社稷坛，是设计都城时必须遵循的原则。甲骨文中祖和社都没有示字偏旁。且是男性生殖器的象形，土是女性生殖器的象形。今天中国人的习惯也是男左女右。这也许和刚才所说的玉琮有点关系，也体现阴阳合体的思想。阴阳合体后，子孙就会昌盛。

梅原：听起来十分自然。

严：是的，很自然。社在以后成为祭祀土地、祈求丰收的地方。简而言之，取女性丰产的意思；左祖的祖演变成祭祀祖先的宗庙。这种不同的功能也是通过男女的区别表达出来的。

梅原：所有场合都是用性来表示的吗？

严：至少祖和社是这样的。

梅原：那么，对璧的形状又作何解释呢？

严：关于玉璧，是个非常困难的问题。《周礼》② 中有“以苍璧礼天”的记载。我们当然不能完全生搬硬套《周礼》的说法，但可以相信玉璧确实是与祭祀用途有关的器物。还有人认为璧的形状是货币的形态，可能就是货币，可备一说。但中国古代是否曾经有过把玉璧作为货币的时期，还

---

① 白川静，1910 年生，日本立命馆大学名誉教授，通过对甲骨文和金文的整体解释，推动了殷周社会的研究，同时在汉字的起源、汉字与国语的关系的研究方面建树卓著，其代表性著作有《字统》《字训》和《字通》。

② 《周礼》，三礼（《周礼》《仪礼》《礼记》）之一，系古代记录周代官制的书。

缺乏必要的证据。

梅原：那么有没有可能是后来的钱币是模仿玉璧形态制作的？我还曾经考虑过，铜镜的形状或许也是和什么东西有关的。从中国历史上看，对玉璧的崇拜是非常重要的事情。

严：这种重要程度在玉器发展史上看得很清楚。良渚文化里，最初玉琮的地位最尊，玉钺稍逊，玉璧再次之。但是，到春秋战国时期，有了完璧归赵的典故：秦国谎称要用 5 座城交换赵国的和氏璧，赵国不愿意，秦赵两国围绕一块玉璧的争夺差一点发生战争，可见玉璧的地位多么崇高。相反，玉琮、玉钺的重要性则逐渐降低下来，这是一个非常有意思的现象。

梅原：的确很有意思。现代日语中还保留着“完璧”这个词汇，而且也还有玉文化。

严：中国也是如此。

良渚土筑台基的意义

梅原：下面再向严先生请教的一个问题是，我们曾说起良渚遗址中的台基，就像是“社”一样的堆筑土台，其形状分两层，台面上分别有大莫角山、小莫角山和乌龟山三座土台，为什么用土堆筑起这样三座山来？

严：在没有对这些地方进行过考古发掘之前，不能妄言，但推测这三处台基上面曾经建造过与宗教、政治有关的大型建筑的可能性极大。这三座台基都明显是人工堆筑起来的，推测其和某种特别目的有关也属自然。

梅原：大陆的陆（陸）字的形状是两重堆土的样子，我想是体现着神圣的场所的意思，一重堆土代表城市，两重就更神圣。您看如何？

严：良渚的情况有点像梅原先生所说，根据现有的不大充分的证据推测，可能周围是城墙，城里有大型台基，台基上还有建筑，规模宏伟。

梅原：事先对遗址做次航空摄影，也许能了解个大概。

严：这非常有必要。

梅原：请一定在我还活着的时候做这件事儿。

严：请放心，一定会做。即使我不参加，也会有人来做这件事的。

梅原：位于莫角山旁边的反山是良渚遗址群的中心，其他如瑶山墓地遗址等还有很多。怎么看这些遗址之间的关系？

严：总的来说，良渚文化中心遗址之外，还有许多次一级的地方中心。福泉山、张陵山、赵陵山以及草鞋山、寺墩等，就相当于这类地方中心。我想，这些地方中心恐怕要受到良渚中心某种程度的支配乃至统辖，也即各地的权势人物一方面要受以莫角山为中心的势力的支配，同时又统治着他所在的地区。例如其中的福泉山遗址，在台基北侧发现了殉人墓；赵陵山墓地上富人集中埋在台基上面，而赤贫者人则被埋葬在台基的边缘。再有去年发掘的普安桥遗址，则是较良渚文化地方中心更下一级别的中心。

梅原：普安桥遗址的地点？

严：在浙江省桐乡县，遗址上有人工筑成的土台，上面有房屋和墓葬，其中有的墓有棺有椁，随葬品中有少量玉器，是良渚文化地方小贵族的墓葬。

三苗民族和长江城市文明的衰退

梅原：我们刚刚谈论的长江下游地区，有良渚这样一个大的政治中心，还有若干次一级的地方权力中心，搞清楚这些情况，是非常有意思的。那么，按照严先生所说，长江下游大体以良渚为中心的话，中游地区则是以石家河为中心的，先生是否是这个意思？

严：是这个意思。

梅原：我还没有机会亲眼看看石家河遗址，听了严先生的介绍，有些按捺不住了。听严先生的意思，石家河和良渚是不同的文化，怎么看待这种区别呢？它们是不是代表不同的民族，例如良渚文化是不是属于蚩尤①民族的？

严：良渚文化和石家河文化都是考古学的名称，因为它们出土的器物和遗迹特征不同，所以被划分为不同的考古学文化。有些学者觉得考古学文化应该与古代民族有一定联系，良渚文化也许是古越人祖先的文化，至于石家河文化，不少学者主张是属于三苗民族②的。

---

① 蚩尤，传说中东方九黎族的首领，勇猛好战，在今河北省东南部的涿鹿一带，与炎帝、黄帝的联军发生战斗，战败被杀。从北方的立场看，蚩尤是凶猛的恶神，也许是依托长江文明势力，对抗黄河文明势力的传说人物，或许和良渚文化有某种密切的关系。

② 三苗系公元前3000年间活动在长江中游地区的民族共同体，和以尧、舜、禹为代表的黄河流域民族发生过长期剧烈的战争。

梅原：可以肯定吗？

严：也许不会有太大的问题，不过考古学家一般不太愿意将考古学文化与古代某个民族画等号。其时，长江下游的良渚社会已经发展到了初期国家的阶段，显露出一些文明因素。长江中游的石家河文化也是如此。最近，沿长江上溯，在上游地区的四川又一连串地发现了以龙马古城为首，包括芒城、鱼凫城、郫县古城、双河古城等城址①。在距今5000～4000年间，整个长江流域一下子都出现了城。我想这意味着这个时候长江流域的社会已经进入了初级文明阶段。例如在四川郫县三道堰的古城遗址里，清理出面积达550平方米的大型建筑，其中一字排列着五个石块堆砌的方台，很可能是宫殿遗迹。

梅原：是什么时代的遗址？

严：也是和龙马古城同时代的遗址。遗址上的大型建筑里没有发现隔墙，但有粗大的柱子，是一座十分壮观的建筑。结合已经发现的资料看，长江下中游和上游地区在同一时刻都在向着文明阶段迈进。例如，龙马古城面积相对较大，它周围的几座城址陶器群面貌一致，年代相同，估计这是一个以龙马古城为中心的文明圈。今后沿着这条线索继续深入做工作，也说不定可以发现一个以四川省为中心的长江上游文明圈呢。

这样一来，整个长江流域就被下游的良渚、中游地区的石家河和上游龙马古城全部充填起来了。将这些情况综合起来考虑，可以看出这个时期整个长江流域的文化已经达到相当高的水平，进入文明的初期阶段。而且就所达到的文明程度来说，甚至比同时期的黄河流域文化还高一些。

但是，到了距今4000年前后，长江流域的文化发展整体上进入了低谷。问题在于，这个停滞期是什么原因导致的，这是一个最大的历史之谜。有一种说法，认为长江流域这个时期遭遇了一场洪水，文化受到了毁灭性打击。但是，要从考古学的角度得出确实发生过一场席卷一切的洪水的结论，实在缺乏证据。还有一种说法，即根据司马迁《史记》的记载推测，尧、

① 都江堰市芒城、温江县鱼凫城、郫县古城和崇州市双河古城皆位于四川省成都平原的岷江及其支流附近，是依附于三星堆和龙马古城势力的遗址。

舜、禹时期，对三苗进行过一连串的军事征伐①，以后又被强制流放迁徙，其势力也因此逐渐衰落下来了。现在，我们手里已经有了一些有关征伐三苗说的考古证据。其中一个就是石家河文化晚期遗存中，来自黄河流域的文化因素明显地增加了，表明黄河流域的势力对石家河文化的渗透力大幅度增强了。

再有，关于良渚文化，有一种观点认为是自行衰落的，其理由是良渚文化把大量社会劳动、社会财富投入到建造规模巨大的祭坛、城垣建筑和制作玉器等毫无经济效益的方向上，其结果导致社会凋敝、无法持续发展下去，终于走向了崩溃。

梅原：对于石家河文化，我非常感兴趣，有很多问题想请教先生。关于石家河文化以及良渚文化的灭亡，我想大致还是由于黄帝进行统一的原因所致。黄帝与炎帝联合，灭亡了蚩尤。因此，说良渚文化是自己灭亡的、自行衰退的，或者也有洪水的因素亦未可知，但我想根本的原因还是与黄河流域的战争失败造成的。

严：良渚是一个达到极高水平的文化，但社会的发展方向却被扭曲了。

梅原：战争的因素不强烈吗？

严：良渚社会异常发达的反面，原本隐含着向衰退方向发展的可能，再加上自然灾害、战争等因素的综合作用，其结果便导致了良渚文化无法与北方的文化对抗，而自己走上了衰退的道路。我想，这个过程的大致梗概就是这样的。这也和梅原先生的看法大同小异。良渚文化之后，江浙一带为马桥文化。但马桥文化②全然赶不上良渚文化，是一个很粗糙的文化。表明这场衰退是十分严重的。从这个意义上说，文明是如何从巅峰一下子跌落到谷底的，是今后必须认真研究的问题。但是，绝不能就因此认为良渚文明的衰退是彻底的灭亡，是文化的中断。良渚人也好，石家河人也好，他们创造出来的文明或文化，还是被继承保留到以后的历史中去了。例如

---

① 《史记》中有关尧、舜、禹与三苗集团关系的记载，《史记·五帝本纪》载：“三苗在江淮、荆州数为乱。于是舜归而言于帝（尧），……迁三苗于三危，以变西戎。”

② 马桥文化，良渚文化衰落之后，太湖流域地区新出现的一支考古学文化。以上海市马桥遗址为典型遗址，其陶器、玉器表面经常刻划一些符号，有人认为是较殷商甲骨文更早的早期文字。

玉器的情况是这样，饕餮纹的情况是这样，漆器也是这样。

梅原：还有琮、璧、钺组合。

严：这三种器物的组合被继承下来了，还有建造大型祭坛的技术也被以后黄河流域各朝代全盘继承下来，经殷周、战国，直到汉代，一脉相承。另外，长江流域文化低迷的时间也绝没有那么长，看一看后来出现的吴越青铜文化、江西大洋洲青铜器文化和楚文化等极其发达的情况即可明白，此前长江流域所积淀的文明成就始终保留着，在吴越文明和楚文明中重现，并对整个中国古代文明做出自己的贡献。

梅原：据认为，夏王朝开始于距今4000年前，良渚文化则结束于距今4200年左右，和夏代的开始有200年的空档，正是夏王朝的缔造者、黄帝曾孙禹的活动期间。由此而论，传说中的黄帝时代和良渚文化的年代相始终。我还是以为，是黄帝灭亡了传说中的蚩尤王朝，统一了中国这个大帝国的，是黄帝合并了旱作农业区和稻作农业区，开创了最早的帝国。

在对日本历史进行解释时，我总是从历史上的失败者的立场考虑问题，而与从胜利者角度观察历史的人有所不同。在今天这个场合我也有同感，即历史若从良渚人的角度看，也许是全然不同的。

青铜文化和楚、吴、越的复兴

严：我十分欣赏梅原先生从失败者角度观察历史的历史观。因此，我还想就此作一些补充，即楚和吴越时期，长江流域的社会文化令人惊异地出现了复苏，其典型事例之一就是青铜器。在很短的时间内，南方青铜器就超过中原地区而达到极高的水平，其原因之一是南方有丰富的铜矿资源，而且一直保留着开采铜矿的技术。最近的考古发现查明，不用说湖北省以上的长江上游地区，从湖北湖南起，向下游经江西、安徽、江苏，是一个巨大的铜矿脉。由于长江流域有这种得天独厚的资源，其文明的复兴也就是情理之中的事了。

说到青铜器的起源，和玉器的起源有所不同，是黄河流域的时间略早一些。但是，黄河流域的矿物资源十分匮乏，文化越发展，铜矿资源越短缺，从而导致殷周两代无论如何要设法向南方扩张。他们觊觎南方的什么呢？是南方的铜矿资源。商代前期，殷人在湖北建造了盘龙城①作为据点。之所以建造这种据点，目的在于确保控制当地的矿山资源。古代文献也有许多关于殷周两代不断向南方进行征服、派遣军队的记载。明确显露出要确保对长江流域丰富的矿山资源进行控制的意图。

不用说，商周文化的南进给长江流域文化很大刺激，促进南方青铜器迅速发达起来。与此同时，商周的青铜文化在资源上也变得几乎全部依赖于长江流域供给了。因此，是长江流域以其丰富的铜矿资源，支撑着整个中国青铜时代的繁荣。从一定意义上来说，如果没有长江流域的资源，也就没有中国青铜文化的繁荣。中国目前已知最古老的矿山是江西瑞昌铜岭，其发掘报告不日可以出版。届时请先生看一看这座矿山上的商代初期铜矿开采技术的发达程度，一定会惊叹不已的。

梅原：我有一个简单的问题，最初，人们认为青铜器是从西亚传到中国的，现在我们应当如何看待青铜技术传入中国的时间呢？此外，商周时期长江流域的东西方以及长江流域和黄河流域的南北之间的战争中，是否使用了青铜武器？

严：关于中国青铜器的出现，最早是在马家窑文化，发现了青铜刀。

梅原：马家窑文化的年代是多少？

严：大约在公元前3500～前3000年。另一方面，黄河中游的仰韶文化早期就有了小铜片等金属器物，年代早到公元前5000～前4500年。青铜的出现稍晚，除马家窑文化外，黄河中下游的龙山文化中也出土了青铜制的锥和残铜片等。但是，我曾指出，这个时代的青铜，只是偶然由于铜矿中含有铅锡成分才得到的，不是人们有意识地冶炼的合金。青铜器的真正出现是在二里头文化时期，即所谓的夏王朝时代。因此，无论从哪个角度看，中国的青铜器是本土文化中发展起来的。

梅原：不是从西亚传入的吗？

严：对于存在着从遥远的外地传入的看法有其时代背景，后来的许多

---

①　盘龙城遗址位于长江中游武汉市北50千米、湖北省黄陂县境内，1954年发现，1974年进行考古发掘，确认为商代中期城址。遗址周围有城墙，内发现宫殿遗迹，出土有饕餮纹饰的青铜器等，是殷人在当地的军事据点。

考古发现事实上否定了那种推测，我当然也是持否定态度的。黄河流域从红铜到青铜、从锻造到冶铸有一个完整的发展过程，看不出任何外来的迹象。长江流域铜器的出现较晚，但青铜文化在较短时间内就达到相当高的水平。三星堆是这样，江西省的新干大洋洲①是这样，长江中游地区湖南省的宁乡黄材②也是这样，都是一下子就达到相当高的程度。

梅原：这个现象非常有意思。

严：对于长江流域这些发达的青铜文化，过去多数观点认为它们是殷商文明的一个支派、支流。但是，大家认为三星堆文明主要是由当地土著的努力创造出来的，同样，湖南省的青铜文化也是由当地三苗后裔所创造的，显然不能把它们看作是中原青铜文化派生出来的。

梅原：我的考古学家的立场还不坚固，还不能割舍假说，即在如果发生战争的情况下，武器是否是战争胜利的关键？现代也同样存在这个问题。我突然想到，如果推测黄帝已经有了青铜器，而且作为胜利的纪念品，是黄帝创造了殷周青铜文化。这个假说不知能否成立。但是，殷周青铜器为什么和良渚文化的陶器那么相似呢？此外，人们为什么制造青铜器，又为什么崇拜青铜器呢？我偶然感到，青铜文化或许是一种夸耀武力的文化。

严：梅原先生的想法很有意思。黄帝时代是否已经有了青铜器，可暂当别论。我想即使有也只能是刀、锥一类的小件工具。关于二里头文化，已经发表的材料中，青铜器的数量很少。然而问题在于，二里头遗址却发现了青铜冶炼作坊，出土的陶范上有非常精美的花纹，尽管没有找到铸造好的青铜器，但根据陶范复原，其直径达30厘米以上，是很大的器物，说明夏代就已经有了制造这种器物的技术能力。由此上溯，先生印象中的黄帝时代当然也有可能已经使用青铜器了。只是青铜器这种东西可以重复冶铸、重复利用，导致遗留下来的数量很少罢了。对于二里头文化，我们至

---

① 新干大洋洲遗址位于长江中游的江西省鄱阳湖南岸，1989年于此发现商代后期大型墓葬，出土青铜器、玉器等随葬品1900余件，青铜器多以丝绸包裹，造型精美，分礼器、乐器、工具、武器等，表现出极高的技术水平。

② 黄材遗址位于长江中游洞庭湖以南的湖南省宁乡县境内，遗址出土过大型铜铙（乐器），器物表面饰极富特点的兽面纹，造型精美，和黄河流域者相比，制作技术有其独特性。

今了解的情况还很有限，对三星堆的了解也是如此。

目前对于三星堆的了解，还仅限于两座可能是祭祀坑的土坑出土了青铜器，以及遗址周围有城墙。随着今后工作的不断深入，预计会有更惊人的发现。

梅原：青铜器由黄河流域发明，后传到长江流域。长江流域以后的吴越文化也好，楚文化也好，说到底是在古代长江文明的基础上发展起来的。另外，在四川还有出土青铜器的三星堆文化。我在四川成都的博物馆看到过三星堆出土的青铜器，着实令人吃惊，时代虽然是商周时期，却完全不像殷周铜器的风格，那些青铜面具，瞳仁突出，眼眶几乎把整个脸孔裂开来，造型实在令人惊叹。

严：这充分说明古蜀文明的特点，因为三星堆文化是古代蜀国的文化。

梅原：瞳仁突出的青铜面具，有人说是当地开国之王“蚕丛”①，和刚才严先生的说法一致，应当是创造了蜀文化的开国之王的形象。

严：另一方面，对于湖南一带的文化也不可小看。那里发现的青铜乐器高 110 厘米，体量巨大，另有四羊尊、猪尊等。但到目前为止，湖南以及长江中游的其他地区尚没有发现这个时代的墓葬和城址。国际日本文化研究中心即将在当地开展的考古调查，也许会有震惊中外的大发现。殷墟等黄河流域遗址的考古早在 20 世纪 20 年代就开始了，已经经过了七十年的工作，而且是几乎倾注了中国考古学界的大部分精力，因此得到辉煌成就。但长江流域的工作，我们还没有来得及开展。今后若像在殷墟的工作一样，对其倾注力量，经过若干年努力，所得到的成果是难以想象的。

梅原：日本古称扶桑之国。有关扶桑的说法出自《山海经》，说东方有巨大的桑树，是管理太阳出没的所在，当时天有十日，顺序出没。我把它当然看成一个荒诞不经的神话，不足为训。但见到三星堆遗址出土遗物后，大吃一惊。日本的神话是稻作文化的神话，其重要内容是太阳信仰。而稻

---

① 蚕丛，据《华阳国志》（东晋成书）载，自上古至秦，蜀国先后有蚕丛（始祖）、柏灌、鱼凫、杜宇、鳖灵（开明）诸王。其中，始祖蚕丛如名所示，与养蚕有关，其目如蟹目般的“纵目”。三星堆遗址出土的青铜“纵目面具”以及扶桑神树，很可能就是蚕丛及其精神世界的具象写照。

作文化对太阳的崇拜，竟在三星堆遗址得到了确认。

再举另一个有关七夕的神话。七夕神话讲的是天河两侧的牛郎与织女的爱情故事。牛郎牵的牛，恐怕是水牛，织女是从事纺织的女子。根据传说，黄帝喜好丝绸，强行带走了织女。留在南方的丈夫思念妻子，就一直向北方眺望，却见到一条银河挡住去路。我揣测这个神话悲剧就是产生于古代中国统一斗争的大背景下的。每年七月七日，日本人也过这个节日。

引人注目的新发现——长江文明

严：谈论长江文明，确切些说是长江流域的古代文明，关于它的历史地位的问题，由于我们目前还处在对这个文明刚刚发现的阶段，很难对其进行准确的评价。今后随着考古工作的进展，在长江流域进行和在黄河流域一样广泛而深入的调查发掘工作，一定能获得辉煌的成果。到那个时候，我们才可能客观地评价长江古代文明在世界史、文明史上的地位，以及正确判断它和周围地区的关系。现在的发现和研究虽然刚刚开始，就已经取得了明显的成果。仅仅根据这些初步的成果，我们就可以理直气壮地说，如果缺少长江古代的文明，中国古代文明就不是完整的，世界文明史也缺少了重要内容。

梅原：拜托严先生。从1998年起，国际日本文化研究中心与中国的合作调查团将要在长江流域进行考古工作了，预计五年后将取得第一批成果，如果届时真的有所收获，我还想把合作研究继续进行下去。这是令人振奋的前景。我们的工作如果像严先生的名字一样严谨，加上我这种奔放的创造力，是一定能够搞清楚一些问题的。此外，再加上安田喜宪他们的新科学方法，肯定会有新发现。我们三个人加起来，也许顶得上谢里曼（发现古希腊特洛伊城的德国考古学家——译者注）。

在相当长的历史时间里，日本从中国接受了以稻作农业为首的各种文明。这次能够为重新发现一个消失了的大文明起到一些作用，委实不胜喜悦。这项工作也将是今后日中友好的证明。

严：我非常赞同梅原先生刚才最后的那句话。我只是一名中国的普通学者，但也愿意为推动长江流域古代文明的研究，竭尽绵薄，和先生联手努力。

梅原：我也许等不到问题全部弄明白的那一天了，如果我死后 50 年，问题能够全弄明白，我在坟墓中也会高兴的。

严：梅原先生再过 50 年也会身体健康的。不过，要等 50 年，也许太悲观了。的确，殷墟①的发现到现在经过了整整 70 年，虽然取得了令人瞩目的成绩，至今也还不能说什么都已经清楚没有问题了。当然，以后的工作进度也许会快一些。特别不可小看现代科学技术在考古学发展中的巨大作用，运用得好，不但可以拓宽研究的内容，提高研究的质量，还可能大大加快发展的速度。因此，在长江流域，每过十年而获得重大成果是非常可能的。我们没法子预料，十年以后，长江流域古代文明的研究会进展到什么程度，实在难以预期，但我们会努力工作，并且满怀热情地期待着那一天。

梅原：喜讯来得太快，说不定乐极生悲。也许稳当一点，不断有所发现就好了。

非常感谢严文明先生。

严：与梅原先生的谈话使我受到许多教益，衷心感谢梅原先生。

（赵辉译自《长江文明的曙光》，日本角川出版社，2000 年。对谈的注释是徐朝龙等加的，此处照译。原书的插图过小，难以制版，只好全部删去）

---

① 殷墟位于黄河流域的河南省安阳市郊，20 世纪初开始考古发掘。业已查明，殷墟是由青铜器、骨器的作坊、居住区、墓地和宫殿、宗庙等构成的商代后期遗址，最重要的出土遗物是 7000 余件甲骨片，上刻有甲骨文，由此证明商王朝的真实性，以及反映了这个历史时期的社会和文化。

《长江中下游地区史前聚落研究》序

在我国史前考古研究中，长江流域占有十分重要的位置。影响东方世界大部分人口食物构成的稻作农业就是首先在这里发生和发展的；一些具有中国特色的物质文化产品，诸如丝绸、漆器等也是首先在这里发生和发展的。近年的考古发现证明这里还是陶器起源的重要地区，至少是最早发明陶器的地区之一。玉器的发生也许不是最早，然而一开始就自成体系，发展到良渚文化时期，其水平在全国已经遥遥领先，并且对夏商周时期的玉文化有十分深刻的影响。至于稍后发展起来的四川广汉三星堆、湖南宁乡黄材和江西新干大洋洲等青铜文化以及楚文化和吴越文化的许多重要发现，在学术界更是引起了巨大的反响，以至于不得不把长江流域放在更加重要的地位来加以审视，甚至重新考虑关于中国文明起源和早期发展态势的传统认识。

要了解长江流域文明的起源，最好的方法莫过于从新石器时代聚落演变及其所反映的社会与经济形态的变化入手。而要弄清楚聚落演变的情况，又必须首先弄清楚文化发展的谱系或区域性发展系统。在本书写作时，长江上游的新石器时代考古资料还十分有限，即使到现在也还是很不充分，所以暂时以中下游为限。

现在知道长江中下游大致有两个比较稳定的文化区系和三个中间地带或亚区系。以两湖区为主体的长江中游区，在新石器时代中期有城背溪—彭头山文化，继之而起的依次是大溪文化、屈家岭文化和石家河文化，后者已然到了新石器时代末期。而在城背溪—彭头山文化之前，还有属于新石器时代早期的江西万年仙人洞一类遗存和湖南道县玉蟾岩一类遗存。现在还很难说它们就是城背溪—彭头山文化的直接前身，但至少是后者的源头之一。这样就形成了一个相当完整的体系。这个体系到新石器时代晚期的分布范围已经很大，对周围文化发生了强烈的影响，是一个仅次于中原文化区系的强势文化区系。以环太湖区为主体的长江下游区，到新石器时代晚期出现了马家浜文化，其后依次发展为崧泽文化和良渚文化，谱系清楚，发展水平高，对周围文化也有强烈影响。只是在当地没有发现更早的新石器时代文化，其渊源至今还不清楚。比马家浜文化同时或略早的河姆渡文化和跨湖桥遗存似乎不属于同一系统。在这两大区系之间，就是本书所讲的赣鄱区和苏皖区，在某些时段的新石器文化也比较发达，但受到周围文化的影响较大，至今还看不出一个清晰而稳定的自身发展的谱系，其地位大约只相当于两大区系之间的中间地带或文化亚区。至于长江中游偏北的南阳盆地、襄樊谷地和随枣走廊，新石器文化也相当发达。因为紧邻中原文化区，南北影响不时发生此消彼长的情况，没有一个稳定的具有自身特色的发展谱系，因而难以成为一个独立的文化区而只不过是两大区系之间的中间地带。现在看来，长江中下游各区系文化的发展虽然有不平衡的现象，但大致是同步的。按照本书的划分方法，可以分为新石器时代早期、中期、晚期前段、晚期后段和末期五个连续发展的时期，只是有些地方暂时还没有发现早期和中期的遗存罢了。

与文化区系的研究相比，聚落考古研究的难度要大得多。加以起步较晚，取得的成果自然有限，但决不是无足轻重，而聚落考古的重要性已经为越来越多的人所认识。说聚落考古研究的难度比较大，这在任何地方都是适用的，但长江中下游的难度也许更大一些。因为长江中下游是我国河流和湖沼最密集的地方，加上从第四纪以来的新构造运动的影响，使一些新石器文化比较发达的地区的环境发生了很大变化。例如洞庭湖在更新世晚期即逐渐抬升，到全新世早期已经变成河湖交错的大平原，成为新石器时代居民开发稻作农业的首选地带，留下了许多新石器时代中晚期的聚落遗址。可是后来这里又下沉为汪洋大湖，号称为八百里洞庭，其中尤以东洞庭湖下沉最快。如果不是围湖造田，那些新石器时代的遗址就很难发现。又如江汉平原湖泊极多，以至它所在的湖北素有千湖之省的美誉。其中有些湖也是下沉的，加以江河不时泛滥，不少河湖边的遗址就被淤积到很深的地层中，不是疏浚河道就难以发现。同样太湖及其周围的湖泊水网地带也有这种情况。江苏澄湖里面发现大量良渚文化及较晚时期的水井即是一例。即使聚落遗址没有被淹没或淤积，一些较低的遗址后来很可能被辟为水田，那也就难以发现了。所以在长江中下游的许多地方，即使经过仔细调查，可能发现的聚落遗址也会比实际存在的遗址要少，有的地方可能要少得多。这为聚落考古的研究造成了不小的困难。不过话又说回来，地面的下沉或被晚期沉积物覆盖也有利于遗址的保护。特别是一些沉入水下或潜水面以下的遗址，由于隔绝了空气，许多有机物得以保存下来。例如浙江的河姆渡、罗家角，江苏的圩墩，湖南的八十垱、城头山和湖北的阴湘城等处都有这种情况。河姆渡和八十垱有些七八千年以前的稻谷还呈现金黄色，城头山的豆荚和小葫芦瓜等还能保持完好的外形和内部结构，河姆渡有保存极好的干栏式建筑的木构件，数量达几千根之多。这样就为聚落内部各方面的设施和生活状况提供了远比一般遗址要清晰得多的信息，这在别的地区是非常罕见的。毕竟几十年来在长江中下游进行的大量考古工作，还是积累了不少新石器时代聚落形态研究的资料。对于少数聚落的结构和性质已经有了比较全面的了解；有些聚落虽然没有全面勘察，但对其某些功能区还是做过比较详细的发掘和研究；再加上更多聚落遗址的局部或片段的资料，便可以大致勾画出新石器时代聚落演变的轨迹和区域性特征，进而探讨聚落演变的动因，以及在演变过程中各区域之间在经济文化等方面的种种关系，揭示出长江中下游走向文明的曲折进程。本书正是在这些方面做了相当深入而透彻的研究。

本书作者张弛是国内较早注意聚落考古方法的学者。早在20世纪80年代末整理青海民和阳山半山—马厂期墓葬①和撰写关于半山式文化遗存分析的硕士论文时②，就已经运用了聚落考古的某些分析方法。后来与赵辉合作对湖北天门石家河聚落遗址群和城址进行的全面考察③，更是运用聚落考古方法的成功范例。他还参加了中美合作的江西万年仙人洞与吊桶环的发掘，对新石器时代早期聚落有实际的了解。之后又多年参加和主持了河南邓州

① 青海省文物考古研究所：《民和阳山》，文物出版社，1990年。

② 张弛：《半山式文化遗存分析》，《考古学研究》（二），文物出版社，1992年。

③ 石家河考古队：《石家河遗址群调查报告》，《南方民族考古》（第五辑），四川科学技术出版社，1992年。

八里岗遗址的发掘和周围地区的调查，对当地仰韶文化的聚落形态又获得了不少新的认识。最近他还应邀参加了湖北宜都（现属枝城市）红花套大溪文化时期石器制造场资料的整理。同时他历来比较注意考古学理论和方法的钻研，对国外有关方面的研究情况也比较熟悉，是最有条件对长江中下游聚落演变进行综合研究的。因此他攻读在职博士生期间，很自然地便选择了这方面的内容作为学位论文的主题。论文答辩时获得了好评，后来又被推荐为优秀博士论文并准备正式出版。为了使内容更充实一些，论述更扎实一些，作者在出版前又做了较大的修改，于是便成了现在这个样子。

本书具有以下特点：

（1）尽量详细地占有资料，而且对所有资料都进行认真的鉴别与分析。论述力求实事求是。绝不做没有根据的臆测或纯主观的所谓复原。

（2）充分尊重已有的研究成果和他人的意见，文化的分期命名等一些看似分歧很大的意见，首先注重实质内容的分析，名称上尽量采用比较通行的说法或保留几种说法，绝不标新立异，以至于徒增混乱。

（3）微观与宏观研究紧密结合。微观分析力求其深，宏观把握力求其准和适度。微观研究时不忘宏观把握，宏观研究时又充分利用微观研究的成果，这样处理问题就能够做到游刃有余，得心应手。既不是只见树木不见森林地钻牛角尖，又不是粗浅一瞥就大胆地创造体系。

以上三点其实是任何学术著作都应该做到的，只是在当前学术界充满浮躁空气的情况下，能够做到这样就显得特别可贵。

（4）书中对墓地和居址的分析，既注意两者有联系和相同的一面，又注意两者之间的区别。因为前者是现实社会和家庭生活的反映，后者既是现实生活的一部分，又是观念形态的产物，在社会关系上比较强调家族—氏族的血亲关系。作者从房屋的大小、结构和内部设施（在某些偶然情况下保存下来的）以及房屋与房屋之间的关系推断各个时期的家庭形态和社会组织状况，再同墓地的分析结合起来，从而对长江中下游新石器时代各个时期的社会组织状况及其演变的轨迹进行了实事求是的考察。

（5）本书最精彩的部分也许是对区域经济的分析以及经济发展与社会变迁关系的分析。作者把经济区分为以采食经济为主的生业经济和手工业与贸易经济两大门类，而两者的发展又是互相关联的。大致说来，新石器时代早期出现了农业，但生业经济的主要成分还是来自于狩猎、采集；新石器时代中期以稻作为主的农业有显著的发展，以至在两湖区出现了众多的比较稳定的聚落。狩猎、采集经济仍然占有重要地位，甚至是主要的地位。新石器时代晚期前段在整个长江中下游都有很大的发展，各地的环境和资源不同，因而经济发展的重心也有所不同。除了峡江地区以外，各地区的生业经济中农业大概都已经占据主导地位，尤以两大文化区系中心的两湖地区和环太湖地区最为突出。经济的发展和社会生活的复杂化，对于新型石器的需求显著增加，而恰巧在两湖区和环太湖区比较缺乏制造石器的原料。与此相反，在峡江区土地狭窄难以发展农业，主要生业经济是捕鱼和狩猎，季节性强，不能满足全年的需要。而石器原料特别丰富，于是出现了大批石器制作场，用石器成品与两湖区进行互惠贸易。苏皖区也有比较丰富的石器和玉器原料，那里也有农业但不十分发达，所以较大规模地发展了制造石器和玉器的工业，除本地消费外，还与太湖和其他地区进行互惠贸易。到新石器时代晚期后段情况发生了很大变化。主要是在两湖和太湖地区出现了较大的贵族集团和权力中心，他们打破了资源和技术分布的自然状态而实行强力控制，使当地的经济迅速发展，并且出现了专门为贵族消费的玉器、漆器、丝绸、精致陶器等高档物品的产业和大规模的土建工程。峡江的石器工业和苏皖地区的石器、玉器工业都陷于萧条。这时期互惠式贸易还会存在，而贵族消费品的流通则可能采取再分配的形式，产品流通的路线也跟以前大不相同，流通范围也有所扩大。经济的发展进一步推动了社会结构的调整和复杂化，长江中下游和黄河中下游一样露出了文明的曙光。但在此后的一个时期，黄河中下游加快了文明化的步伐并且大举向南扩张，长江中下游则由于内部和外部的多种原因，其中可能包括有对环境变化的不适应和北方势力南下带来的巨大冲击，或快（下游）或慢（中游）地走向衰落。不过时间并不很长，到商代就逐渐发展起来，接着出现了高度发达的楚文化、吴越文化和上游的巴蜀文化，与黄河中下游一起成为中华古代文明的主体和最发达的地区。书中引用了大量数据来说明这一跌宕起伏的历史过程，分析入丝入扣，有很强的说服力。

20 世纪 80 年代以来，聚落考古在我国新石器时代考古研究中已成为大家关注的重要内容。而究竟怎样进行聚落考古，田野工作应该怎样做，有关资料应该怎样分析，并不是大家都很熟悉的，需要有一些比较成功的范例作为参考。石家河遗址群的调查是一个比较成功的例子，但只限于一个遗址群。由张弛的博士论文修改、充实而成的这本书，将是对大范围的聚落演变进行综合研究的重要著作，对于我国聚落考古研究的发展必将起到积极的促进作用。

（原载《长江中下游地区史前聚落研究》，文物出版社，2003 年）

长江流域最古的城市

长江流域同黄河流域一样，也经历过由环壕聚落到早期城池的演变历程。在长江中游，现知最早的环壕聚落也许要首推湖南省澧县的五福八十垱，属彭头山文化，年代约在公元前6000年以前。稍晚一些而又保存完好的环壕聚落，则应数湖南省澧县的城头山遗址。这遗址的文化遗存主要是两种，下层属大溪文化，而上层属屈家岭文化，大溪文化的居址周围有壕沟，沟内出土有船桨和大量动植物遗存。北边沟边用木桩和藤编加固，可能是桥的遗迹。可见这种聚落周围的壕沟是经常有水的，不但起防卫作用，还有排水、供水甚至行船运输等功能。正因为如此，这种壕沟总是与自然河道相通的。这同黄河流域环壕聚落的壕沟往往较小（较窄较浅），平常并不蓄水，只能起防卫或排水作用者颇不相同。

非常有趣的是，到公元前3000年左右进入屈家岭文化的时候，这城头山遗址的居民为了加强防御并稍稍加大居址的面积，便把原先大溪文化的环壕填死，在上面筑起了城墙，再在城外新挖一个更宽更深的壕沟①。中国最早的城池就这样出现了。

城头山城址平面略呈圆形，外圆直径约325米，城内面积不足7万平方米。东南西北四边各有一城门，其中东城门经过发掘，发现地面铺砌了一层河卵石，一则起加固地面的作用，防止雨天出现淤泥，二则利于城内积水外排。

---

① 湖南省文物考古研究所等：《澧县城头山屈家岭文化城址调查与试掘》，《文物》1993年第12期。补注：后来对城头山遗址的发掘，证明在大溪文化早期便已开始筑城，年代提早到了公元前4000多年。

到目前为止，在长江中游发现的属于屈家岭文化，或始建于屈家岭文化时期，到石家河文化时期仍然使用和加固修理的城址已有6处。除城头山和鸡叫城在湖南省澧县外，其余4座都在湖北省，它们是石首市的走马岭、江陵县的阴湘城、荆门市的马家垸和天门市的石家河，其中以石家河城址的规模最大。

石家河城址位于天门市石河镇以北，平面略呈不规整的长方形①。南北跨度有1000余米，东西也将近有1000米，城内面积将近1平方千米，是现知龙山时代城址中年代较早而面积最大的一处②。这个城址的城垣和环城壕至今还保存很大一部分，从地面上即可看出大致的轮廓。西部和西南部的城垣和城壕都是保存得最好的。西城垣较直，长约950米，方向北偏东8°。现存底宽约50米，高五六米，顶宽五六米至十余米不等。局部的剖面观察表明城垣至少是分两次筑成的，多用原生黏土，一层一层地筑成，相当致密。由于取土的部位不同，呈现出明黄、褐、黄花、黄褐、红黄等颜色上的差别，相邻两层的颜色对比往往非常鲜明。各层厚薄颇不一致，较薄的只有7～8厘米，较厚的超过20厘米，以10余厘米厚者较多见。有些土明显呈混合状，有些土层里面还夹杂少量陶片，证明筑城时这里即已有人居住。从陶片的特征观察，大体都相当于屈家岭文化，据此可知城垣始筑的年代不会早于屈家岭文化。城垣西边的壕沟宽约60～80米，现在大部分仍然蓄水，称为朱家泊。推想原先有的地方就很低洼，有的地方则取土筑城了。历经几千年，大部分淤积变浅了，边缘则因崩塌使水面又变得宽窄不一。西南城垣保留也很好，其外面的壕沟也很明显。20世纪50年代新修的石龙干渠就是利用这条壕沟而修成的。城东垣只剩了中间一段，现称黄金岭，它的外侧同样也很低洼，显然是城壕的遗迹。城的北垣从地面已无法辨认，但从钻探得知其大小结构均与南城垣相似，它的外侧壕沟也明显可见。城垣的东北角有很大一块被大约是西周时期构筑的小城（现名土城）打破。城东南角则有一个大约400米的缺口，了无痕迹可寻。不知道是后来

① 石家河考古队：《石家河遗址群调查报告》，《南方民族考古》（第5辑），四川科学技术出版社，1994年。

② 严文明：《龙山时代考古新发现的思考》，《纪念城子崖遗址发掘60周年国际学术讨论会文集》，齐鲁书社，1993年。

被破坏了，还是原本就没有修筑。如是后者，则当有木栅栏一类的东西来代替，否则就无法起到防卫的作用。因为至今还没有在这里进行发掘，这个问题暂时还得不到答案。现存城垣虽不完整，断断续续，但各段的规格大小和筑造方法基本上是一样的，各段的走向也说明它们本是一个整体。如果进一步从它内部和外面遗址的状况来分析，当可证明它确是一个巨大的整体结构，因而可确定它是一个石家河城。

这座城始建的年代如前所述不会早于屈家岭文化。由于在西南城垣、西北城垣和东城垣的内坡均发现有石家河文化早期地层覆盖其上，在邓家湾更发现有屈家岭文化晚期的墓葬打破西北城垣内城脚，可知这城始建的年代也不会晚于屈家岭文化的晚期。城内和城周围的遗址，年代最早的相当于大溪文化，但很稀少。屈家岭文化时期已较发达，在32处遗址中至少有10处屈家岭文化的遗存，且主要是其晚期的。包含有石家河文化早期遗存的有22处以上，且堆积十分丰富，应是该城最繁荣的时期。到石家河文化晚期，只有13处遗址了，显然已处于衰落时期。再往后这里就有很长一个时期无人居住，城址自然也就废弃了。直到西周，这里才又有少量居民，并且筑了土城等很小的城堡。换言之，石家河城大约始建于公元前3000年或略晚，到公元前2000年左右完全废弃，经过了将近一千年之久。

石家河城的中心区大约是谭家岭及其周围。试掘了几个地点都发现有房屋遗迹。一般都是分成数间的长屋，有的墙壁是用土坯砌的，有的墙壁用夯土，其厚度可达1米。由此可见这里不但是居民密集区，还应有作特殊用途的大型建筑。

城内西北部的邓家湾有一片墓地，发掘的中小墓葬和瓮棺葬有100多座。墓地的偏东部分发现了几座用红烧土、陶片和黏土混合筑成的近似圆形或方形的台基。台基周围往往用篮纹缸镶边。这些缸彼此相套接横卧地上，乍看起来很像陶水管，但实际只起镶边的作用。不少陶缸上均有刻划记号，有的像镰刀，有的像陶杯，其作风很像大汶口文化中刻陶文的大口尊，只是陶文构形不同罢了。此外还有一种怪异的管形器，往往彼此相套。我们虽然不能完全明白这些遗迹的具体功用与含义，但至少可以确定它们不是一般的房屋建筑，也不是一般遗址中都可以见到的普通建筑，而只是在像这样巨大的城里才有的特殊建筑。也许还可大致推定是与祭祀或其他宗教仪式有关的建筑。就在这几处台基之间发现有几个不规则形的土坑。其中出土了数千件陶塑动物和人像。动物中有家畜家禽如猪、狗、羊、鸡等，有野兽如象、猴、兔等，还有各种鸟类、龟鳖类和鱼类等。人像大多是头戴浅圆帽，身穿长袍，双膝跪坐，手抱大鱼。只有个别似蹲踞或摆动手臂的状态。如果同旁边的特殊建筑遗迹和墓葬联系起来考虑，它们也可能是与某种宗教活动有关的遗物。

城内西南部的三房湾有三个土台，北台有较大的房屋遗迹，东台上有大量红陶杯的堆积，其中不少还是完整器，粗略估计有数万乃至数十万件，数量之巨实在令人吃惊。西台则只有一般性文化层，遗物极少。这地方显然不同于居住中心的谭家岭，也不同于有墓地和宗教性遗迹的邓家湾。红陶杯质地粗糙，什么地方都能制造，似乎没有必要为着与别的地方进行交换而进行专业化的大规模生产。再说这种杯子容量甚小，质地低劣，似乎不宜做真正的饮器，而可能是举行某种祀典的特殊用品。总之它也是一种在别的地方从未见过的非常特殊的现象。

在城内东部的蓄树岭一带曾发现许多陶盆，并有一定的摆放方式，这里显然也不是一般性的居址。

把上述情况联系起来，可以大致看出城内各处存在着功能上的显著差别，这显然是有意规划的。而那些非常特殊的迹象不但在城外各遗址中不见，就是在别的地方的遗址中也是不见或极其罕见的，从而构成了石家河城的一大特色。

城外的遗址看来是跟城有关系的。这些遗址大体上是成群地环城散布，规模都较小，除一般农业聚落外，也有一些专业化分工的迹象。例如城北的胡家湾、周家湾、晏家新场和晏家光岭几处比较靠近，自成一群；城西的枯柏树、谭家港、堰兜子湾等几处也比较接近，自成一群。东北有毛家岭、王家台、敖家全、榨锅坟头等一群，西南有石板冲、昌门冲、贯平堰等一群，东南有罗家柏岭、程徐湾和肖家屋脊等一群。程徐湾曾出土大量的石料和石器半成品，推测那里有一个石器制造场。而石家河附近缺乏石料，那些原料或半成品必然是从外地贡纳或交换而来的。罗家柏岭和肖家屋脊都出土过不少玉器，其中有些还相当精致，如人面形牌饰、龙形环、凤形环和蝉形牌饰等，都是雕工细腻、造型别致的高级工艺品。在罗家柏岭、肖家屋脊都出土过孔雀石等品位较高的铜矿石，罗家柏岭还出土过一些残铜片，可惜不辨器形。由于石家河附近并不产铜和玉，这两种东西必定是从远方运来的，再次说明石家河城与外地存在着贡纳或贸易关系。考虑到罗家柏岭还发现过长 39.7 米的凹字形分间式大型建筑①，说明城外各居址并非只有平民，也可能有较低等的贵族。反过来说，既然城外都有大型建筑、铜器和精美玉器，如果在城内适当地点进行发掘，必将会发现更大的建筑，更多和更精美的铜器和玉器等。只有这样来思考问题，才可能对石家河城的经济文化发展水平有一个比较接近实际的估计。

石家河城的规模是巨大的。单以城垣来说，就至少用了 100 万立方米的土。在当时只有石铲等极简单的劳动工具装备的情况下，要把这些土挖起来运上去并筑成可以起防卫功能的城垣，真是谈何容易。假定有 1000 人持续不断地工作，也要花若干年才能完成。而这支劳动大军的吃、穿、住等生活给养、筑城的物资设备（石铲或骨铲、盛土的筐篮等）又该要有多少人去负责提供啊！这样大的工程，自然要有强有力的组织和指挥中心，要有权威性的规划方案，并且要有强制性的纪律保证，而这在一个规模十分有限的氏族——部落社会里是难以完成的。可以设想，那些规划和组织建设石家河城的人们也就是这座城的主人或统治者，而那些筑城的劳动大军和为他们提供给养与物资保障的广大民众倒不一定是城里的居民。不能说城里的居民（确切地说是建城时已在当地定居的人们）没有尽力参加这项工作，但是因为工程规模浩大，主要的劳动力和物资必须靠别的更多的地方来共同提供。由此可见石家河的统治者权力之所及绝不会限于石家河遗址群分布的大约 6 平方千米的范围以内，而是更加广阔得多。这只要把石家河城同其他屈家岭—石家河文化的城址联系起来，就可以看得更加清楚。

如前所述，目前在长江中游已发现的屈家岭—石家河文化的城址共有 6 座，都分布在江汉平原和洞庭湖滨平原地区。其中荆门马家垸城址的面积约 20 万平方米，仅及石家河城的 1/5。其余几座均不过 5 万～8 万平方米，

① 湖北省文物考古研究所等：《湖北石家河罗家柏岭新石器时代遗址》，《考古学报》1994 年第 2 期。

只有石家河城的1/20稍强。看来当时的城已存在等级的划分。我们虽不能肯定那些小城是否都同石家河城存在某种隶属关系，不能肯定今后是否还会在屈家岭—石家河文化的范围内发现第二座乃至第三座像石家河那样大型的城址和更多的中小型城址。但既然石家河城的修建需要从一个较大的范围内征发劳力和物资，建城以后那些城内的统治者自然还会保持和发展这种控制或统治的关系。

所以一个大城会控制若干中小城邑，而一个小城也会有一个控制的地区。这样的社会该称为什么？是按中国古文献中应用的名称叫国或邦好呢？还是像西方一些人类学家喜欢用的一个名称酋邦好呢？自然是可以研究的。但已不再是那种原始的氏族——部落社会了，则是大致可以肯定的。

在长江下游至今还没有发现相当于公元前3000～前2000年时期的城址，但已有一些迹象表明这个地区也可能有那么早的城，而且发展水平也是很高的。当地这一时期的考古学文化被称为良渚文化，这个文化的中心地区是在浙江省余杭县的良渚镇附近，我称之为良渚遗址群。这个遗址群包含有50多处遗址，分布在良渚镇、瓶窑镇和安溪乡的范围以内。面积约23平方千米，较石家河遗址群还大许多。它的中心遗址是莫角山，周围是反山、瑶山和汇观山等一系列著名遗址。

早在20世纪初年，这里就出土了许多玉器，其中有不少现藏于许多国家的博物馆。美国华盛顿的弗利尔美术馆所藏一批精美的良渚文化玉器，很可能就是良渚遗址群出土的。1936年西湖博物馆的施昕更发掘了良渚遗址，出土了一批颇有特色的黑陶，始知良渚是一处重要的史前遗址。1986年和1987年在反山和瑶山的墓葬发掘中出土了数千件玉器，一下子把良渚遗址群的重要地位突显了出来。但这50多处遗址的中心在哪里，一下子还难以确定。1987年秋，穿过莫角山遗址东南部的公路进行拓宽，在东段的北侧和中段偏西的南侧发现了大量被火烧过的土坯。东段东西断断续续延伸约100米，较宽的地方南北20余米还未到尽头；西段东西延伸约30米。类似的土坯碎块在遗址的北坡也能见到。这些土坯夹杂灰烬和炭末等被一层一层地夯筑紧密，每一夯层厚约15～20厘米。有的地方仅有一层，有的地方有6～7层，故其总厚度为0.2～1.2米不等。土坯因绝大部分已被砸碎，原有尺寸已无法量度。仅少数勉强可测者，长25～30、宽16～20、厚

8～10 厘米，大小不大一致。这一发现使我们确信莫角山上曾有用土坯建造的大型建筑，应为良渚遗址群的中心所在。

1992～1993 年，浙江省文物考古研究所在大莫角山南侧的长命印刷厂院墙内发掘了 1400 平方米，发现下面全是夯土，而且四周均不到边。之后又在遗址西南也发现一片夯土，上面遗留有三排直径颇大的柱洞。这两片夯土可能有些关系，发掘者推测其面积大约有 3 万平方米①。据当地老乡说，过去该印刷厂修筑围墙时，在大莫角山南坡下面发现有一条壕沟，沟内曾出土数米长的大方木。不久以前，在莫角山遗址东北不远的马金口遗址中也出土了同样的大方木，同时还出土了大量的良渚文化陶片，可证这种大方木应属良渚文化。把这些情况综合起来，我们就不难想象在莫角山遗址上原先一定有若干由夯土筑成的巨大台基，有的台基周围还开挖壕沟。台基上用大方木构筑梁柱，然后用土坯建造墙体，构成一个宫殿式的建筑群体。其中有些建筑不知道因为什么原因被火烧毁了，因为其中有大量的梁柱等木料，才把那样多的土坯都烧得像红砖一样。人们清理废墟，把那些倒塌的土坯运走铺地，并且夯筑结实。像良渚这种多雨的地方，用红烧土铺地不但比较结实，而且可防止泥泞。在这样的基础上再盖更加壮丽的殿宇。像这样巨大的夯土台基和这样壮丽的殿宇建筑，就是在石家河城也还未曾发现过的。它的主人理应是掌握强大权力的统治集团，他们对防卫的关心不会比别的集团差。如果别的地方都已出现城防，这里就更应该有坚固的防卫设施。从种种迹象来看，那个 30 万平方米的大土台子，平面既是那么整齐的长方形，显然有着人工的痕迹。推想是依托一个慢坡形土岗，由人力加以裁弯取直，填平补齐才会成为现在这个样子。它的边缘坡度很陡，爬上去很不容易。如果在边缘修一条小土垣或建造篱笆栅栏之类的设施，就可以起到有效的防卫作用。山东省章丘城子崖的龙山文化“城址”，实际上就是这么做的，人们把它称之为“台城”。也许莫角山遗址就是良渚文化的一座台城，当然这并不排除在它的外围还会有其他的防卫设施。

如果把整个良渚遗址群联系起来看，莫角山遗址的中心地位就会显得

① 杨楠、赵晔：《余杭莫角山清理大型建筑基址》，《中国文物报》1993 年 10 月 10 日第 1 版。

更加清晰。在莫角山西北不到200米处就是著名的反山遗址。它是一处完全由人工筑成的贵族坟山，东西长90米，南北宽30米，高约5米，加上坡度，总用土量约2万立方米。现仅发掘了西头约600平方米一段，发现有11座贵族墓葬，出土了1200多件玉器，还有许多朽坏了的漆器。估计东段还会有更多墓葬。这是目前所知在良渚文化中规格最高的一处贵族坟山。莫角山西南也不过200米处有一个桑树头遗址，那里曾出土过大型玉璧等器物，可能也是一处贵族墓地。莫角山东北约500余米是马金口遗址，那里有许多被火烧过的建筑遗迹如红烧土等，还出土过巨型方木（约40厘米见方，7米多长）和大量陶片，当是一处重要的建筑遗迹。东南约500余米的钟家村也曾发现过玉器。最近在东面的稻田中又发现了很大的石筑墙基，可见那里也有重要建筑。

离莫角山稍远一点，在东北方向有瑶山遗址。那里本是在自然小山顶上修建的一个方形祭坛，中间是红土，外围是灰土，最外围是黄土，前两种土完全是从别处运上去的。祭坛外围用石块砌边。祭坛废弃后这里变成了贵族墓地，同样也出土了大量精美的玉器，其规格仅次于反山墓地。从莫角山往西则有汇观山祭坛遗址，祭坛的大小和形状几乎和瑶山相同，只是所在位置比瑶山低得多，只可算是一个小土台子。这祭坛废弃后同样也做了贵族墓地，只是墓中的随葬品稍逊于瑶山罢了。莫角山周围的其他遗址大多数也是出土过玉器的，有的还有大型建筑（如庙前遗址），它们同莫角山都应存在着这样那样的联系，是一个统一规划的整体。现在看来，它很可能就是整个良渚文化的统治中心。

良渚文化不止一个中心。例如在浙江嘉兴雀幕桥遗址周围不大的范围内就分布着20多个遗址，其中有的规模较大，很像是一个稍逊于良渚遗址群的另一中心。又如上海福泉山、江苏的武进寺墩、吴县的草鞋山等都发现过随葬玉器的墓葬，而且遗址本身也是人工筑成的贵族坟山，每处坟山附近又都集中有若干遗址，很像是一些较小的中心。近来已有人注意到这些遗址中可能有一些是环壕城址，这种情况同石家河大中小城的格局可说是具有同等的意义。

良渚文化的人工坟山主要安置规模较大、随葬品较多又较贵重的那些墓葬，换言之是专为贵族而修建的。一般平民的墓则多在居址附近，虽也是集群埋葬，但墓坑小，无葬具，随葬品质次量少，往往只有几件烧得很差的陶器。这说明良渚文化的社会至少已经形成贵族和平民两个阶级，而且界线是很分明的。正同前面已经谈过的那样，以莫角山遗址为中心的整个良渚遗址群是被贵族所把持的。几个祭坛废弃后都当作了贵族的墓地，说明祭坛本身和在那里所举行的一切宗教活动都是由贵族所垄断的；当时最重要的宗教法器玉琮差不多全部出在贵族墓中也充分的说明了这一点。贵族墓中还往往随葬玉钺，它不同于专作实用武器的石钺，而是制作精良，有的玉钺上用近乎微雕的手法刻着一位戴大冠的尊贵人物，虽然眼下对他的身份还难以做出确切的判断，但不论他是神、祭司或王者，总之都不是一般的人物，他有时刻在琮上，当是表明墓主人有沟通神明天地的法力与特权。而刻在钺上则是表明他具有指挥军队的至高无上的权力。墓中随葬大量的玉器和漆器之类的器物，不但是表示他不同于一般平民的贵族身份，而且表示他拥有巨大的财富。他既能组织大量人力物力构筑诸如莫角山等那样巨大的台基和殿宇，还为他们死后建造那样大的坟山，显然是握有调动千万民众的强有力的机构和权威。这样的机构总不是原始的氏族—部落所能容纳的。正如我们在对石家河城址分析时所说的那样，良渚文化的社会至少也是达到了中国古书上所讲的五帝时代的那种国或邦，或者用个新鲜名字叫酋邦。不过，我们在分析石家河城址时还不敢断定它就是整个屈家岭—石家河文化的唯一中心，不敢保证今后是否还会发现第二个乃至第三个同石家河城同样规格的遗址。但对良渚文化来说，我们就有相当大的把握确定以莫角山遗址为中心的良渚遗址群也就是良渚文化的第一中心或最大中心，而且可以认为这个中心对整个良渚文化大约 5 万平方千米的范围内都具有相当的影响力，对有些地方甚至可以说是控制力量。

通过前面对两地巨大城址和殿宇式建筑的介绍和分析，可知早在公元前 3000 ~ 前 2000 年，即大约在中国夏代以前的将近 1000 年的时期内，长江中下游已经放射出了文明的曙光。这里同黄河中下游一样，对于中国古代文明的形成也起过巨大的作用。从这个意义上来说，中国古代的文明，实际上是东方的大两河文明。

（原载日本《日中文化研究》第 7 号，勉诚社，1995 年）

良渚随笔

一

良渚遗址的发现与第一次发掘，至今已近 60 年了。记得 1986 年 11 月初，在杭州开过一次纪念良渚遗址发现 50 周年的学术讨论会。会上回顾了良渚文化研究的历史，总结了成绩，也分析了存在的问题，并且为今后进一步的工作提出了一些设想。那是一次颇有收获的会议。会上最令人难忘的是见到了将近 90 岁高龄的董聿茂先生，并聆听了他的讲话。董老原是西湖博物馆的馆长，对考古事业非常关心。正是在他的热情鼓励与支持下，年轻的助理员施昕更才得以完成那值得永恒纪念的历史任务。所以大家在缅怀施昕更历史业绩的同时，也都不约而同地表达了对董老的敬仰与感激之情。那次会召开的时候，余杭反山的发掘刚刚结束。东道主带领我们参观了现场和出土遗物，墓地的规模和随葬器物的精美程度都是前所未见的，真正使我们大开眼界。我在会上也做了题为“良渚文化研究的新阶段”的发言。我认为通过反山和其他良渚遗址的发掘，使我们对良渚文化有了崭新的认识，同时也给学术界提出了新的研究课题。我认为良渚文化即使没有进入文明时代，起码也已走到了文明社会的门口。过去谁也没有想到浙江在我国古代文化发展中会有如此重要的地位，河姆渡的发现曾使人们大吃一惊，现在良渚的发现再次加深了人们的认识。看来中国文明起源的单中心说肯定要让位给多中心说了。良渚的发现也给我们的田野考古工作提出了新的课题，为什么良渚遗址就有那样的大墓呢？墓主人在生时的房子肯定不同一般，那么又要到哪里去寻找呢？良渚附近有非常密集的遗址或古物出土地点，它们之间是否存在着什么关系呢？因此，我再一次提出要用聚落考古的观点来全面考察良渚地区以及整个良渚文化的遗址。要从思想观念、工作计划到组织形式都来一个转变。将近十年过去了，良渚遗址和良渚文化的研究又取得了许多新的成果。我想现在来纪念良渚遗址发现60周年，不是什么例行公事，确实又有了新的内容。而对良渚遗址和良渚文化遗存的保护、勘探和研究的任务，再一次迫切地摆在我们的面前。

二

良渚在历史上原属钱塘县，其得名至少可以追溯到宋代。成书于民国年间的《杭县志稿》即云"宋有良渚镇"。良渚近旁的安溪大概也是宋已有之。北宋著名的博物学家沈括即出身于钱塘县，去世后归葬于钱塘安溪太平山（见明万历《钱塘县志》及《钱塘沈氏家乘》），今沈括墓犹存。沈对古物颇有研究，在他所著的《梦溪笔谈》中，曾经批评《三礼图》中所载蒲纹与谷纹玉璧图纯系想象之作，与战国时的蒲璧、谷璧实物的纹样完全不同。但笔谈中没有记述在他的家乡是否有玉器出土的情况。良渚玉器的大量出土，大概是直到清代才有的事。开始可能是在修整农田等动土工程中偶尔有所发现，后来知其宝贵便有意识地寻找，有时甚至成窖（墓?）地出土，成为当地农民的一种副业收入。传世有乾隆题款的许多良渚文化的玉器，很可能就是出自良渚一带的。据说清朝末年安溪一位姓洪的就曾挖到几担玉器。而一些古董商也便乘势收购，其中不少流传到了欧美和日本。例如1915年法国吉斯拉（G. Gieseler）发表了他收购的良渚式玉琮。该琮分为七节，上面有许多刻划记号，是他收购品中较重要的一件。又如1915～1919年间，美国的弗利尔（C. L. Freer）在上海收购了大量良渚式玉器，其中有4件玉璧和一件玉镯上有风格相似的刻划符号。此外还有许多玉钺、山形器、冠状饰和半圆形饰等，据说有些出自浙江，现在看来很可能出自良渚。自从前些年在安溪出土有类似刻划符号的玉璧以后，这种推测就显得更有说服力了。尽管如此，由于那些玉器不是经过科学的考古发掘而出土的，缺乏判断年代的根据，一般都认为那是汉玉，或者说是周汉玉器，不知道那些玉器原来是出自一个巨大的史前遗址群中的。

1936 年，原西湖博物馆地质矿产组助理研究员和绘图员、年仅 25 岁的施昕更到他的家乡良渚一带进行考古调查，发现了石器和黑陶片等，接着便在荀山附近的棋盘坟等处进行试掘，又对 13 处遗址进行了调查，取得了丰硕的成果。在那之前，梁思永和吴金鼎人已在山东历城县龙山镇的城子崖进行了卓有成效的发掘，1934 年出版了大型发掘报告《城子崖》。施觉察到良渚一带发现的石器和陶器同城子崖的相比颇多相近之处，因而增强了信心。后来梁思永和董作宾访问杭州，亲自指导施进行整理和研究。施的同事钟国仪也给予了许多帮助，才得以于 1937 年完成发掘报告《良渚》。后来又因抗日战争的爆发而几经周折，终于在 1938 年出版。从此，良渚遗址在中国新石器时代考古研究中便成为引人注目的一个地点。

良渚遗址的被认识既与城子崖有很大关系，所以在很长一段时间内，与良渚遗址相同的一类遗存都是被划分在龙山文化或黑陶文化之内的。梁思永首次把龙山文化分为三区，良渚一类遗存被划分为杭州湾区。1958 年，我们在编写中国新石器时代考古教材时，觉得良渚一类文化遗存固然与龙山文化有相近之处，但毕竟还有明显的差异，地理分布上又不相连续，因而将它从龙山文化中划分出来，单独命名为良渚文化。1959 年，夏鼐在长江文物考古队长会议上又正式提出了良渚文化的名称，很快为学术界所接受并一直沿用至今。

在良渚文化一名确定之前，已有吴兴钱山漾和杭州水田畈等遗址的发掘。这些工作不但丰富了良渚一类文化遗存的内涵，也为良渚文化一名的确立提供了比较充分的条件。后来良渚文化遗址的发现日益增多，分布范围遍及于江苏南部和浙江北部，包括上海市在内，大体上是环绕太湖的周围，而以太湖东部、东北和东南为多。

良渚文化的年代也逐渐明确起来了。以前因为被划分在龙山文化范围以内，所以在估计其年代时，总是认为与山东的龙山文化同时甚至更晚。后来山东和江苏北部发现了大汶口文化，其中明显地包含有良渚文化的因素，而良渚文化中也有大汶口文化的因素，所以应把良渚文化的年代适当提前。碳－14 年代的测定也与这一情况基本相合，兹将其结果列表如下：

遗址	标本	出土层位	碳-14年代（公元前）	高精度表校正年代（公元前）
吴兴钱山漾	千箭	甲区 T16④	2295±85	2882～2528
吴兴钱山漾	炭化稻谷	乙区 T22④	2750±100	3496～3100
吴兴钱山漾	竹绳	乙区 T13④	2190±85	2857～2464
吴兴钱山漾	木杵	乙区④	2745±90	3375～3101
余杭安溪	梯形木	T3④	2385±85	2915～2628
嘉兴雀幕桥	木板	M1 盖板	1990±95	2463～2141
德清辉山	木头	M2 葬具	1790±75	2134～1900
青浦凤溪	木头	T6④	2130±100	2590～2340
青浦福泉山	炭化木	T3	2780±80	3499～3142
青浦福泉山	炭化木	T6	3060±80	3777～3538
金山亭林	炭化木	T2	2370±70	2910～2629
金山亭林	树干残段	T1②	1890±95	2294～1989
金山亭林	人骨	T4M12	1690±150	2131～1689
武进寺墩	炭粒	T108②	2320±200	3013～2470
吴县张陵山	木炭	T2②	3210±230	4037～3535
吴江龙南	稻谷炭	T103③F1	2330±125	2910～2580

在上表所列的16个数据中，张陵山和福泉山T6的两个显然偏早，其余数据若按高精度表校正年代的中心值计算，大抵落在公元前3300～前2000年，相当于大汶口文化的中晚期和龙山文化的时期。

三

我第一次考察良渚遗址是在1967年。那时“文化大革命”的狂飙正席卷着全国，机关学校完全瘫痪。我和几个朋友借着大串连的名义来到杭州，游遍西湖的各个景区，大家觉得很是惬意。我却兴犹未尽，一个人揣了两个馒头跑到良渚镇附近，想看看良渚遗址的风貌。根据《良渚》一书的提示，主要在小溪和池塘岸边来回察看，想找到哪怕一小段文化层或者捡到一些陶片。因为时间短促，又没有专人指引，终于不得要领而回。但对于良渚附近的山山水水、肥沃的稻田、美丽的农舍，还是留下了深刻的印象。事隔十年，1977 年在南京参加长江下游新石器时代文化学术讨论会之后，同几位朋友历经常州、无锡、苏州、上海，最后到达杭州。沿途参观了许多遗址和博物馆藏品，对长江下游的新石器文化遗存有了一些实际感受。到杭州后跟苏秉琦先生会合了，一起受到浙江省同行的热情接待。记得有一天牟永抗把我们领到良渚遗址参观，先是在荀山一带看了几个地点，看了施昕更曾调查和试掘过的水塘，又看了几个曾出玉器或良渚陶器的地方，最后坐在大观山果园的一块草地上，一边休息一边聊天。苏先生问我：

"你说良渚这个遗址怎么样?"

"很大，但是一下子看不很清楚。"我知道苏先生还要进一步提问，所以只说一个初步的印象。

"我是说，它很重要。你看重要在什么地方？它在历史上应该占一个什么位置?"

"我看很像是良渚文化的中心。打一个不恰当的比方，假如良渚文化是一个国家，良渚遗址就应当是它的首都。"我答。

"你说得也对"，苏先生停顿了一下。"我本来是想说良渚是古杭州。你看这里地势比杭州高些，天目山余脉是它的天然屏障，苕溪是对外的重要通道。这里鱼肥稻香，是江南典型的鱼米之乡。杭州应该是从这里起步，后来才逐渐向钱塘江口靠近，到西湖边就扎住了。把良渚比喻成首都，也有道理。杭州也做过首都，南宋的首都，那个时候叫临安。这是从政治上说。如果从经济文化上说，杭州应该是丝绸之都，是古越文化的中心。考古学更重视经济文化的研究，所以你说这里是良渚文化的中心或者首都，我说是古杭州，好像我们坐在这里大发奇想，其实都是有道理的。只是还要做许多工作。没有扎实的工作当然不行，但是没有一个想法就去做工作，也难得达到理想的效果。"

这一段谈话给我留下了十分深刻的印象，至今还能清楚地记得当时的情景。有趣的是我们坐下休息谈话的地方，当时从地形分析就觉得重要，也仔细地踏查过，可惜一块陶片都没有找到。只是在十年后的 1987 年，因为扩建公路而发现了大量良渚文化的红烧土坯，才引起了我们极大的关注。

此事后文还要细说。

的确，做考古工作也跟做任何事情一样，事先总要有个想法，而想法又往往是在有关的发现和研究的基础上才能形成的。施昕更发现良渚遗址，是受到《城子崖》发掘报告的启发，同时也有在杭州古荡遗址发掘的亲身体会，所以他特别注意黑陶和石器的关系。尽管他知道良渚出土过许多玉器，因为一般人总以周汉玉视之，而城子崖和古荡也都没有发现玉器，所以他和在他以后的许多人都不曾把两者联系起来。

良渚本来有许多小土墩，也曾引起过学者们的注意。但只是在草鞋山和张陵山等一系列其名为山，而实为人工筑成的土墩上不断发现良渚文化的大墓，并且在墓中出土了许多精美玉器之后，人们才会对良渚的那些土墩刮目相看，才会把至少从清乾隆以来不断在良渚出土的玉器同良渚文化联系起来。再把良渚遗址同其他良渚文化遗址作一比较，才会有良渚文化中心或古杭州的想法。我想正是因为对良渚遗址群中的土墩有了一定认识，所以在1986年一个制动材料厂在扩建工程中将要触及雉山村的反山时，浙江省文物考古研究所便采取了坚决的措施，并且及时地、有控制地进行了发掘。收获是多方面的，仅就所揭示的大墓的集中程度，出土随葬物品数量之多和规格之高，在良渚文化和同时代的其他文化中都是罕见的，良渚遗址的中心地位于此得到了一定的证实。

反山的地位提高以后也产生了负面的影响，盗玉之风又曾一度刮了起来。一些不法分子在苕溪北面的一个叫作瑶山的小山头上挖了许多坑穴，挖出了许多玉器。在当地政府严肃查处之后，省考古所立即组织发掘，发现那里原来是良渚文化的一个祭坛。那祭坛的做法大致是先把山头削平，然后从山下运去不同颜色的土，筑成层层相套的方块，外面贴筑石头护坡。这在良渚文化中是首次发现，或至少是首次被认识。更有进者，这祭坛后来又当成了贵族墓地。发现的12座墓葬同样出土了大量精美的玉器等物，其规格仅略逊于反山墓地。

在良渚，类似反山、瑶山的地点还有许多，其中必然还包含有一些墓地和祭坛。人们自然会想到，这些墓地和祭坛的主人应该有在生时的住地。根据墓地和祭坛的情况可以推知，这些人是相当富有的，掌握有军事指挥权和宗教权力的，甚至已组成为一个脱离人民的统治集团。他们活动的地方一定不同一般，应是良渚文化的中枢所在。这个中枢机构的遗址究竟在哪里呢？

事有凑巧，在瑶山发掘之后不久，104 国道余杭段动工扩建，在通过大观山果园的公路两侧发现了大量的经火烧过的土坯。省文物主管部门一方面及时上报国家文物局，一方面组织考古人员进行清理。国家文物局派我去了解情况，对发现的文化遗存做出估计，以便及时采取必要的保护措施。1987 年 12 月 1 日，我和李水城到了工地。一看正是十年前我和苏秉琦先生休息和谈话的地方。公路的北侧拓展较宽，省考古所在那里开了 13 个探方，各探方中都有厚薄不等的红烧土坯的堆积。这些土坯被一层一层地夯筑紧密。有的地方夯层较平，厚薄也较均匀，大致厚约 15～20 厘米。有的地方有些起伏，夯层较薄也较短，层层相咬接。总厚度也有很大变化，厚的地方超过 1 米，薄的地方只有一二十厘米。夯层中夹杂了许多灰烬和炭末，薄的地方则以灰烬为主，呈黑灰色。土坯因大部分已被砸碎，原有尺寸已无法量度。个别较完整的仅从剖面上看也难以测到准确的数据。勉强可测的大约长 25～30、宽 16～20、厚 8～10 厘米不等。一般表面已被烧成红色，里面因没有烧透而呈灰黑色。我用步子量度，东边的一段东西断断续续延伸约 100 米，较宽的地方南北约 20 多米。往西隔三四百米，在路南的断面上又可看到约 30 米长的一个剖面上，有用红烧土坯夯筑的情况。特别值得注意的是，这一段夯土中夹杂了许多良渚文化的陶片而根本没有其他时代的遗物，可见这些用红烧土坯筑成的夯土是属于良渚文化的。看到这些从来没有见过的遗存，心里真有说不出的兴奋和激动。

为了让我更深一层地了解这一发现的意义，牟永抗和王明达向我展示了一张万分之一的地形图，图上清楚地显示这观山果园实际上是一个长方形土台子。这个台子基本上是正方向的，东西长约 670 米，南北宽约 450 米，相当规整，只有西头有一小块地方凸出去。自然力量是不可能形成这样一种长方形土台子的，换句话说，这个面积 30 万平方米、高 5～8 米的土台子竟是人工筑成的，至少也应该是依托自然土岗，由人工裁弯取直、填平补齐，才成为现在这个样子的。王明达还特别补充说，在已经开挖的 13 个探方中，在红烧土坯以下的看似生土的地层，实际是经过人工搬动的，是人工用自然土筑成的，其最深的一处已达 7 米。听到这里，我真是惊呆了：良渚文化时期果真有能力营建这么巨大的工程吗？这么整齐的台子，我怎么来了几次都没有看出来呢？于是我拉着他们两位沿着台子边缘走了一圈，才知道每边的确是很直的。除南边外，地势也是相当陡峭的。平常因为只在上面走，又有许多果树，加上台子的体量极大，所以不容易看清楚。真所谓“不识庐山真面目，只缘身在此山中”。现在总算看到庐山的轮廓线了！

重要的发现接踵而来。1991 年 2～6 月，省考古所对余杭瓶窑镇的汇观山遗址进行了发掘，发现了一处与瑶山大小相若、形状相似的祭坛遗址。除顶部系凿平风化岩石并铺以三层相套的土外，北部缺口还有石头护坡，东西两边坡下则有在石头上开凿出来的排水沟，沟外低处又凿成平台，这些是瑶山祭坛所未见的。有意思的是这祭坛后来也被作为贵族墓地，只是多已破坏，仅清理了 4 座大墓。其中除随葬玉器和陶器外，还有较多的石器，规格似比瑶山者又略逊一筹。

1992～1993 年，省考古所在观山果园中的大莫角山西南和乌龟山东侧的长命印刷厂院墙内发掘了 1400 平方米。发现下面全是良渚文化的夯土，而且四周都没有到边。1992 年 12 月 26 日，我曾专程赶赴良渚察看杨楠和赵晔挖的夯土。虽然冒着小雨，我却不肯放过任何一个细节。他们的工作做得很仔细，我看到那些夯土面上密密的夯窝，简直跟二里头文化的夯土差不多。其筑法是先铺一层泥，撒上沙子，然后密密地夯筑；再铺一层泥，又撒上沙子，然后密密地夯筑。如此反复达 9～13 层之多，总厚度为 50 厘米左右。这是在良渚文化以及整个龙山时代诸考古学文化中所见的加工最好的夯土。如此大面积地精心夯筑，说明它很可能是一个大型建筑的基址。在印刷厂外西北和小莫角山的南侧，也曾发现过一片夯土基址，上面有成排的柱子洞，只是夯筑方法没有前者那么讲究。据初步钻探表明，这些夯土基址附近还有大片的分布，总面积不少于 3 万平方米，估计是一个大型建筑群的地基。那么它上面应该是什么样的房屋建筑呢？

大量的土坯应该是房屋建筑的重要材料。考古发现表明，土坯是龙山时代发明的。在龙山文化、中原龙山文化和良渚文化的福泉山、赵陵山等遗址中都有发现，但数量都很少。莫角山遗址发现的土坯数量超过了同时代诸遗址土坯的总和，说明其建筑的规模大，技术先进。据当地老乡说，过去在长命印刷厂修围墙时，曾发现有一条壕沟内出土几米长的大方木。不久以前，在莫角山遗址东北不远处的马金口，也发现过同样的大方木，并且与良渚文化的陶片共存。在良渚镇附近的庙前遗址中，发现了良渚文化的大型房基，其柱子洞也是方形的。把这些情况联系起来，可以得到一种比较合理的推测：就是在莫角山这个长方形土台子上，一定有成组的大型房屋建筑。虽然我们暂时还不知道这些房屋的具体形状，但可知道它们都有精心夯筑的地基，有用大方木构建的梁柱和用土坯建造的墙体，房子外面还可能有壕沟。这在当时的条件下，可以算是颇为雄伟和气派的了。很有可能，它就是我国最早的宫殿！我们甚至还可以进一步推测，因为房子内有大量的木柱梁架，一旦失火，就会引发熊熊烈焰。有的梁柱倒下掉进了壕沟，长期在淤泥中有幸保存了下来。土坯墙倒塌了，散乱的土坯被烧成了砖红色。人们清理废墟，把那些烧过的碎土坯运走，铺在大方台子的边缘，并加以层层夯实。这样就出现了扩建 104 国道时发现大量红烧土坯被夯筑的情况。火不能烧掉所有的屋宇。人们清理废墟并精心夯筑大土台，是为了重建他们的宫殿。所以在莫角山遗址上应不只一层建筑遗迹。要详细地搞清楚这些情况，自然不是短期内能够完成的，但这些建筑的规模和规格还是可以大致勾画出来的。

近些年在龙山时代的各考古学文化中发现了许多城址，小的几万平方米，较大的多为十几万或 20 多万平方米，只有湖北天门的石家河城址特别大。莫角山那个长方形土台子的面积已经超过除石家河以外的较大型的城址，它是否就是良渚文化的一座城呢？

现在对整个长方形台子还没有进行普遍的勘察，要做出确切的判断还比较困难。不过根据它的规模和一些建筑遗迹的规格来看，应该就是良渚文化最高贵族集团的一个统治中心。既然在这个时期许多地方都已出现城堡，这样一个统治中心自然也不应没有坚固的防卫设施。土台子的长方形可能出于某种礼制的需要，而它周围之所以修成陡坡并且用红烧土坯等夯筑结实，使人很难爬得上去，则应是为了某种实际的需要。如果在边缘加修一条小土垣，或者建造篱笆栅栏，栽些荆棘之类的防护带，当可起到有效的防护作用。山东城子崖的“龙山城址”，实际上就是这么做的，有的学者把它称之为台城。也许莫角山遗址就是良渚文化的一座台城。这并不排除在它的外围还会有其他的防卫设施的可能。

有了这个想法以后，整个良渚遗址群乃至整个良渚文化的社会就似乎看得明白了。莫角山城（姑且这样称呼）的中心地位不但表现在大型建筑群和城址本身，还在于这台城中有三个更高的土墩，即大莫角山、小莫角山和乌龟山，自然原因很难形成这样鼎立的小土山，推测它可能是人工建造的中心祭坛之类的设施，这需要以后通过勘察发掘来证实。

紧靠莫角山城的几处遗址的地位也是非常突出的。反山就在它的西北不足200米处，那是一座人工堆筑的坟山。现在仅发掘了它西头约三分之一的面积，发现的11座大墓就已震动了学术界，是良渚文化所有大墓中规格最高的。剩下的三分之二要是发掘出来，你能保证它不会有更惊人的发现吗？那这反山到底是贵族坟山还是应该称为王室陵墓呢？

莫角山城西南约200米处有一个桑树头遗址，过去曾出土过大型玉璧等物，推测也是一处贵族墓地。莫角山东北约500米是马金口遗址，那里有许多红烧土和良渚文化的陶片，还出过7米多长、约40厘米见方的大木柱或横梁，显然是一处重要的建筑遗址。莫角山东南约500米的钟家村发现过玉器，东面的稻田里又发现了很大的石筑墙基，表明那里也有重要的遗迹。

把眼光放大一点，我们就会看到所谓良渚遗址，实际上是以莫角山为中心的一个大型遗址群。它位于浙西山地与东部平原的交接地带。西天目山的余脉向东伸展，至彭公分为南北两支，良渚遗址群即位于这两支山脉之间的谷地，东西长约8千米，南北宽3～5千米，总面积约34平方千米。其间共发现有50多处遗址或墓地。除前面谈过的几处外，荀山周围几处也曾出土过大量玉器，附近的庙前遗址发现过有方形大柱洞，面积达80平方米的大型房基，以及用大量木桩护坡的水沟，同时也发现过一些小型墓葬。吴家埠、梅园里等处也有一些小墓。据统计，迄今已有17个地点发现了玉器，看来这个遗址群的结构还是很复杂的。加强勘探，配合试掘，尽快了解各遗址的内涵、性质及各遗址间的关系，是今后一个时期内的重要任务。

良渚文化不止一个中心。例如上海的福泉山、江苏昆山的赵陵山和武进寺墩等处都有人工筑造的贵族坟山，周围往往集聚许多较小的遗址，它们都各自构成一个中心。但就其规模及出土遗迹遗物的规格来看，都不如良渚遗址群。以莫角山城为代表的良渚遗址群既是良渚文化中最大的中心，是不是就可以看成是整个良渚文化的中心呢？假定莫角山城是某个统治集团的权力机构所在地，是否就可以称为都城？反山墓地是否就可以称为王陵？这里牵涉的问题很多，不是几句话就能说得清楚的。但是我想要强调的是，由于一系列令人鼓舞的新发现，这些问题已经现实地摆在我们的面前，理所当然要继续深入地研究。哪怕花几代人的努力，也要探索出一个究竟。每想到这些，就越发感到良渚遗址重要。可以毫不夸张地说，良渚遗址是探索中国文明起源的一块圣地。值此经济建设的大潮汹涌澎湃，良渚三镇的现代化建设也正突飞猛进，我的心可说是亦喜亦忧。因为建设要动土，稍一不慎就会对遗址造成威胁。不法分子因觊觎良渚玉器，不时有盗掘事例发生。如何保护好良渚遗址，现在已经成为一件非常迫切而又困难的任务。但愿我们的各级主管部门，当地群众和专业人员通力合作，下决心把这件事情办好，让现代化的良渚同时焕发出中华古老文明的光彩！

（原载《文物》1996 年第 3 期）

良渚文化与中国文明的起源

从良渚遗址的发现和被初步认识，至今已将近七十年了，作为一个考古学文化而被正式命名也已四十六年。在这么长的时期中，良渚文化的发现和研究可说是一浪接着一浪，不断有新的突破。不但对良渚遗址本身的研究已经大大深入，而且发现和发掘了一大批像寺墩、草鞋山、福泉山、庄桥坟等重要的遗址，获得了十分丰富的珍贵资料。在当前探讨中国文明起源的众多著作中，良渚文化已成为首先被关注的焦点之一。中国国家博物馆推出良渚文化文物精品展，向观众展示四五千年以前长江下游先民的伟大成就和走向文明的特殊道路，是很有意义的。

现在知道，良渚文化主要是分布于江苏南部和浙江北部的一个新石器时代末期或铜石并用时代的考古学文化。主体部分大致可分为太湖以南、以东和以北三个较大的群落。太湖以南的群落以良渚遗址群为中心，还包括杭州地区的老和山、水田畈、辉山、横山，嘉兴地区的荷叶地、雀幕桥、庄桥坟、新地里、普安桥、千金角以及宁绍平原的慈湖、名山后和浦江的阔塘山背等一大批遗址。太湖以东群落的中心不甚明确，以上海福泉山比较突出，吴县草鞋山、张陵山和昆山赵陵山三地相邻，年代互有先后，似乎也是一个中心。其他还有苏州地区的东渚、俞家墩、绰墩、少卿山和上海地区的马桥、松江广富林和金山亭林等一大批遗址。太湖以北的遗址发现较少，可能与考古工作不够有关。不过江阴高城墩和武进寺墩都有规格甚高的贵族墓地，当是本区前后相继的中心遗址，其他遗址有常州和无锡地区的高城墩、城海墩、罗墩、嘉陵荡、仙蠡墩等，镇江磨盘墩和地处太湖西北的江宁昝庙也有良渚文化的遗存。此外在太湖以西的溧阳洋渚也是一个重要的良渚文化遗址，它南面的小梅岭可能是良渚文化玉料的主要产地之一。由此可见良渚文化的主体部分基本上是环绕太湖而发展的，只是因为西面多山遗址甚少。但良渚文化并不局限于太湖周围，它还不断地向外扩张，主体部分之外的边缘地区可达江苏北部、浙江南部和安徽东部；至于某些文化因素的影响所及，则北达山东，西至江西，南到福建和广东。甚至对山西的陶寺类型和陕北的神木石峁一类遗存也有一定的影响。

良渚文化是以快轮制造的黑陶和雕工精细的玉器而著称的。陶器的种类主要有鼎、豆、簋、圈足盘、双鼻壶、宽把带流杯和小口高领瓮，还有少量的大口缸、鱼篓形壶和捏流鬶等。在良渚遗址群中还常见长椭圆形的盛鱼盘和带漏斗形过滤器的圈足碗等。圈足器特别发达是其特点。器物表面多打磨光滑，显得素洁高雅。只有在一些特别讲究的陶器上才有朱绘或针刻的花纹，其母题有龙蛇纹、鸟纹和云雷纹等。这些陶器的制作工艺之精湛，造型之优美，在同时代或稍晚的诸考古学文化中，只有山东龙山文化者可以比美。

良渚文化的玉器特别发达。仅良渚遗址群中的反山墓地就出土了1100余件组。如果按单件计算则多达3200余件。其中有用作仪仗的斧钺，有用于宗教法事的琮、璧等，有用于装饰的璜、玦、项饰、佩饰、手镯等，有餐具匕、勺等，有纺织具纺轮等，有穿着上用的带钩、纽扣和穿缀于衣服上的各种动物形饰品如鸟、龟、鱼、蛙、蝉等。有在漆木器上镶嵌用的各种形状的玉块、玉片和玉珠，还有许多不知用途也难以正确命名的玉器，如三叉形器、锥形器、柱形器、圆形和三角形牌饰以及各种形状的端饰等等，种类繁多。其加工更是十分精细。现代加工玉器的基本方法，如线割、锯切、管钻和抛光等，当时均已采用。有的学者甚至认为在某些高档玉器上还应用了先进的砣具。管钻的直径小的只有一二毫米，大的可达四五厘米，长度可达20厘米以上，而且两头对钻，如果没有稳固的钻架是无法操作的。许多玉器上都有美丽的花纹。例如在一件号称琮王的玉琮上就雕刻了8个神人兽面纹，一件柱形器上更雕刻了12个神人兽面纹，只不过其中的6个稍有简化。有的钺、三叉形器、璜和半圆形牌饰上也雕刻有相同的图形。神人头戴羽冠，身披皮甲，并带一兽面护胸，显得十分威严神圣。整个画面只有3厘米见方，却刻得非常细致复杂。有时在1毫米宽度内就有四五道刻纹，看过的人无不叹为观止。人们注意到这种图形仅仅出现在良渚文化中心最高等级墓葬中的高档玉器上，而次一等级的贵族墓中则以各种不同的简化形式出现，其覆盖面遍及整个良渚文化的主要分布区，成为联系整个文化的精神支柱。

良渚文化的漆器也有很高水平。从某些大墓中发现的漆盘、漆壶和漆杯来看，都是黑地朱绘，并且镶嵌了许多玉饰，显得十分珍贵。

良渚文化的木工和建筑水平也是很高的，它继承了河姆渡文化和马家浜文化的传统而又有新的发展。斧、锛、凿等木工工具比以前制作得更加精良。房屋的梁柱多加工成大型方木，例如在莫角山旁的马金口便发现有40 厘米见方、长数米的木构件，在庙岩发现的两座大型房基，其柱洞也都是方形的。用大型方木而不用圆木，可见其房屋建筑比较讲究。许多地方都发现了良渚文化的水井，其中有不少木构井圈。有的是用木板拼成圆筒形，有的是拼成井字形，也从侧面反映出当时木工的水平。至于生活用具中的木器，因保存不好只有零星发现，有椭圆形鱼盘和篾等。

历来传说黄帝的妻子嫘祖发明了养蚕缫丝，是否属实无从稽考。现在知道，至少在良渚文化时期便已经有丝织物了。浙江吴兴钱山漾遗址中就发现有丝带和绢片。后者每平方厘米的经纬线各达 47 根，已经是很细的丝织物了。须知钱山漾并不是一个很高规格的遗址，只不过因为保存条件好而发现了一大批有机物，其中包括丝织品。可以设想在最高等级的墓葬中，如果保存条件好的话，会发现多么精彩的丝绸织物啊！

江浙地区的稻作农业历来是比较发达的。良渚文化继承了这一传统，并且在中国最早实现了犁耕。许多遗址都已发现了石犁，还有破土器、“耘田器”、石镰和石刀等成套的农具。对于石犁是不是真的可以作犁来使用，或者说是不是早在良渚文化时期就已经有了犁耕农业，人们是有过怀疑的。因为文献记载商周时期还是用耒耜而没有犁。有人根据甲骨文说有“犁”字，但是没有实物的证据。孔子的弟子冉伯牛名耕，有人据此推测春秋时期有了牛耕，牛耕当然是用犁的。北方发现最早的犁是战国时期的铁犁，准确些说是铁犁头即铧，所以战国已经有犁耕是没有问题的。不过前些年在江西新干大洋洲发现了两件商代的青铜犁，看来南方的水田确实可以比北方更早用犁耕。良渚文化的石犁既然很像后来的犁铧，当然也可能真是作犁来用的。过去牟永抗和宋兆麟曾经对石犁的用法进行过复原的尝试，最近在平湖庄桥坟发现了安装在木质犁底上的石犁，将有助于这种农具的科学复原。犁耕不但提高了劳动生产率，也提高了翻地的质量，因而大幅度地提高了农作物的产量。所以在农业发展史上，总是把犁耕农业的出现看成是高于锄耕农业的新阶段的重要标志。正是因为良渚文化首先迈出了这决定性的一步，给社会提供了较多的粮食和其他生活资料，才能使手工业获得全面的发展，诸如玉器、漆器、丝绸乃至陶器的制造等方面，都超出了同时期其他考古学文化的发展水平。这就使得良渚文化的农业与手工业的分工比同时期的其他考古学文化更为彻底。由于大部分手工业的高级产品几乎都为贵族所掌握，使得良渚文化的社会发生了明显的分化甚至分裂，这正是文明社会产生的必要前提。

良渚文化本身有一个发展过程，一般可分为早中晚三期，年代为公元前3300～前2000年。不过近年来从过去认为是良渚文化晚期的遗存中分离出了一个所谓广富林遗存，其年代相当于黄河流域的龙山文化。因此良渚文化结束的年代应适当提前，也许在公元前2500年比较合适。

良渚文化的早期是继承马家浜文化的崧泽期（也有称崧泽文化的）而发展起来的，因而还保留某些崧泽期的特点，同时又有显著的质的变化。一个明显的例子是贵族坟山和高规格祭坛的出现。例如上海福泉山、江苏的吴县张陵山、昆山赵陵山、常州罗墩等都是在良渚文化早期堆筑起来的人工坟山。有的是在人工土台子上建房埋墓，例如浙江的桐乡普安桥便是这种情况。这些坟山上埋葬的多是较大的有玉器随葬的墓，也就是贵族的墓葬。当然也有一些较小的墓，但比起平地掩埋的墓葬还是有明显的区别。这是社会分化在埋葬制度上的反映。

早期的祭坛有良渚遗址群中的瑶山和汇观山。因为瑶山上有几座早期的墓葬（1、4、5号墓等）打破了祭坛，祭坛的起建年代当不晚于早期墓葬。汇观山出过早期玉器，也有可能是早期起建的。还有卢村的高台则可能是在早期人工建筑的祭坛。前两个祭坛都建在小山顶上，顶面分别用不同土色筑成回字形的图案，四边斜坡修成几级台阶并用石头护坡。到良渚文化中期这两个祭坛都成为贵族的墓地，可见当时最高等级的祭祀活动完全是由贵族把持的。

值得注意的是崧泽期主要分布于太湖的东部和北部，东南只到嘉兴地区，杭州地区极为少见，良渚遗址群所在的良渚—瓶窑一带基本不见。可是一到良渚文化早期，这里便建立起高规格的祭坛，也出现了一些等级较低的聚落如庙前和吴家埠等遗址所表明的那样。这些居民显然是从外地迁来的。这好像是有组织有计划的行动，它的背后显然存在着一个拥有很大支配权的权力中心。这一行动应该是具有战略意义的。因为这里是浙西山地与浙东平原的交接地带，两边的资源都可以很方便地加以利用。从地形上看，这里被西天目山两支余脉南北夹持，形成一个东西长约 8 千米、南北宽 3 ~5 千米、面积约 34 平方千米的小盆地，东苕溪从中间穿过，既便于防守，又利于交通，是建立政治中心的理想处所。这种情况到良渚文化中期可能会看得更加清楚。

进入良渚文化中期，良渚—瓶窑一带形成了一个以莫角山为中心的巨大的遗址群和以荀山为中心的规模稍小、规格也较低的遗址亚群，我们统称为良渚遗址群。至今在这里发现的遗址已多达 120 多处，其中许多地点因限于初步调查而无法准确分期，但从已发现的一些情况来看，似乎主要是属于良渚文化中期的。

莫角山平面为长方形，东西约 670 米，南北约 450 米，面积约 30 万平方米。它的整体高出周围地面数米，像个长方形的土台子，上面还有三个较小的台子。在小台子的前面曾发现过大面积的夯土基址和数以万计的经火烧过的土坯。这些火烧土坯又被推到大土台的边缘并加以层层夯实以起到加固的作用。这样巨型的建筑当为宫殿或类似礼制性建筑之所在，而整个莫角山可能即是一座台形的城址。这台形城址的始建年代尚不清楚，但至少在良渚文化中期是已经存在了。城里面的遗迹也还没有经过全面而仔细的勘查，因而更为具体的布局和功能也还难以推定。不过那里有超过其他任何遗址的大规模高等级建筑，近旁的反山又有良渚文化中最高等级的贵族墓地，因而把它看成是整个良渚遗址群乃至整个良渚文化的最高权力中心，应该是没有多大问题的。

前面已经谈到，良渚遗址群所代表的人群本来就是由一个强有力的权力中心有组织地从各地移民而来的，它在一定程度上打破了原先的基于血缘的社群组织，是重新组织的复合体。在这个复合体中有莫角山那样的政治权力中心，有姚家墩和马金口等处贵族宅第，也有若干平民居址。有塘山等那样的制玉作坊和荀山附近制造高档陶器的作坊，甚至还有水运码头的设施。有贵族专用的祭坛、坟山，也有普通平民的墓地。尽管大多数遗址点的具体内涵尚不得而知，仅从已知的一些情况来看，这是一个按社会等级和职能划分而不是按血缘组织划分的大聚落群，有远超过一般聚落的人口规模，很像是初级形态的城市。说明良渚文化已经从简单社会向复杂社会转变，从而迈开了向文明社会演进的决定性步伐。

良渚遗址群同各地的联系和控制，可以从贵族阶层的埋葬制度和高等级玉器的雷同等方面进行观察。例如早期的常熟罗墩、吴县张陵山、昆山赵陵山和上海福泉山等墓地都在人工堆筑的土台上，头向基本上都朝南。罗墩出土的龙首纹圆牌饰与良渚遗址群的瑶山和反山所出十分相似。张陵山的镯式琮和作为梳背的所谓冠状饰与瑶山同类器基本相同。中期的江阴高城墩、昆山少卿山、海宁荷叶地等处的琮、璧、钺组合及其用料与制法也跟良渚遗址群相同或相似。玉琮上的神人兽面纹更是与瑶山、反山的简化形态一致。因此我们可以推测，当时的一些高档玉器可能是统一生产和分配的，而掌控权自然是操之于良渚遗址群的权力中心。

到良渚文化晚期，以莫角山为中心的良渚遗址群是否还是整个文化的中心，抑或文化中心有所转移？是否像有些学者说的向北迁移了？应该说直到目前的考古发现还难以清楚地做出回答，只能从一些相关的线索进行分析和思考。早在 1919 年，美国人弗利尔从上海购买到一批据传出自浙江的玉器，现存弗利尔博物馆。其中有几件玉璧上有用极细的针刻的图画，画面是一只鸟站立在阶梯形台子上，或站在台上竖立的柱子上。大家都认为这是良渚文化晚期最高级别的玉器，只是具体出土地点不明。很幸运前几年在安溪百亩山也出土了一件形体和质地都很相像的玉璧，而且也有针刻的阶梯形台子。因此弗利尔博物馆的玉璧很有可能也出自良渚遗址群。

事实上，在良渚遗址群出土玉璧或传说出过玉璧的地点至少有 20 多处，其中有不少可以明确知道是属于晚期的，如文家山、钵衣山、钟家村、桑树头、庙前等处都是。由于绝大部分地点并未进行发掘，很难说其中没有几个最高规格的祭坛或墓地。甚至莫角山台城也可能一直使用到晚期，至少现在还没有到晚期就停止使用的证据。特别值得注意的是，在良渚遗址群近旁的横山发掘过两座晚期的高等级墓葬，墓中出土了琮、璧、钺等代表最高等级的玉器组合。2 号墓更出土了 132 件石钺，数目之多是良渚文化中所仅见的。墓主人也许是一位掌握武器生产和保管的头领。这说明良渚遗址群在一定程度上仍然部分地控制着最高水平的玉器和武器的生产和分配，证明良渚遗址群的权力中心的地位直到晚期也没有完全改变。但这只是问题的一个方面。从另一方面来看，良渚文化晚期毕竟发生了许多深刻的变化。首先是次级中心遗址的扩大和独立性的加强，这从福泉山和寺墩两个遗址的情况可以得到说明。

福泉山位于上海青浦县重固镇，为一东西长 94 米、南北宽 84 米、高 7.5 米的长方形土台，在良渚文化早期就在崧泽期的遗址上堆筑起一个土台并埋设墓葬。到良渚文化晚期土台增高，墓地面积扩大，墓葬的规格也显著提高，一般有彩绘的木质葬具。随葬器物比较丰富，不少在百件以上。其中有制作精美的玉璧、玉琮、玉钺和各种装饰用玉器。从材质、制作工艺和纹饰来看，有的应来自良渚遗址群，有的似来自寺墩，但总体规格均略低于良渚遗址群。和良渚遗址群不同的是各墓都随葬较多的陶器，有的陶器上饰有十分繁复而美丽的针刻花纹，与草鞋山所出十分相像，可能是太湖以东的地方特色。有的墓还随葬有长达 25.4 厘米，两面都刻着兽面纹的象牙器。其雕工之精美，实为前所未见。福泉山还出有大汶口文化的背壶和绿松石片等，说明它与远地也有交流关系。福泉山的中心部位有一处阶梯形的祭坛，周边用土坯镶砌，最上一层的西南角埋一口大陶缸。整个祭坛上都撒有介壳末，地面和砌边的土坯都被烧得通红。遗址的北部有一大坑，中间有一个圆形土台，坑中堆满灰烬，推测也是一处祭祀场所。这些与祭祀相关的遗迹与瑶山和汇观山祭坛的结构明显不同。所有这些都说明在良渚文化的晚期，地方中心在继续保持与良渚遗址群一定联系的情况下，大大发展了自己的特点，或者说是独立性明显加强了。

寺墩遗址位于江苏常州市东北约 15 千米，属武进县郑陆乡，面积约 90 万平方米，是良渚文化晚期兴建的大型中心遗址。遗址的中间可能是一个大的圆形祭坛，外面是墓地，两者间有水沟相隔。墓地外围是住地，住地四周也有围沟。墓地的西北部曾因取土破坏了墓葬而发现过一些玉璧和玉琮。墓地的东南部曾经发现了四座大墓，呈东西排列，均有丰富的随葬品。其中仅 3 号墓便随葬有 100 多件器物，包括 24 件玉璧和 33 件玉琮，是良渚文化中随葬玉琮最多的一座墓葬。墓中的玉琮围绕死者摆放一周，这种特殊的葬俗不见于福泉山，也不见于反山、瑶山。5 号墓被宋代和近代坑打破，仍然残存 80 多件器物，且大多数为玉器。其中有多节玉琮、玉钺、玉璧和带钩等。这些玉器从材质、制作工艺都与良渚遗址群大不相同，推测是本地制造的。所有这些说明寺墩作为太湖以北的地方中心，与良渚遗址群的联系已远不如以前的高城墩。这是地方独立性增强的又一实例。

良渚文化晚期的一般聚落遗址比较小，墓地也很小，以 10 ~ 30 座墓者为多。但桐乡新地里有 100 多座，平湖庄桥坟有 236 座，除少量属于中期者外，大部分是晚期的。聚落小可能与水田稻作农业生产的特点有关。水田地区的交通没有旱田地区那么方便，农户要尽量接近自己耕作的水田，只好分成比较小的聚落。与此相适应墓地也比较小，有的墓葬就埋在自家房屋的近旁。大型墓地可能是为了强调血族关系，并不一定对应某个大型聚落，而可能是若干有血缘关系的聚落的公共墓地，因此在墓地中还可以分片分组。在小型墓地中，有些有人工坟山，有较大的墓葬随葬较多的玉器、石器和陶器，有的整个墓地只随葬石器、陶器和少量简陋的玉珠。在大型墓地中，较大的墓葬往往聚成一片。由此可以看出一般聚落也是有分化的，也有小中心聚落和普通聚落之分。各地葬俗除保持头向朝南等传统习俗外，在器物组合和陶器风格等方面都有不少差别，说明在良渚文化的基层也出现了分化的现象。不过即使普通聚落，墓葬中也随葬不少器物。这一方面说明当时有厚葬的风气，另一方面也说明良渚文化的社会还是一个比较富裕的社会，全然没有衰败的迹象。

良渚文化的晚期还是一个势力大扩张的时期。往北直达江苏北部边界与大汶口文化发生了激烈的碰撞，这可以从新沂花厅村墓地的埋葬情况清楚地反映出来。那里原有的中小墓葬都是大汶口文化的，后来出现一批大墓，其中随葬许多良渚文化的玉器和部分陶器，也有许多大汶口文化的陶器。特别引人注目的是在这些大墓中还用妇女、小孩和牲畜一起殉葬。对于这种现象在学术界存在着不同的解释。其中一种解释是良渚文化的远征队打败了当地部落，当地部落的男人逃走或战死了，剩下妇女和儿童则被当作牲畜一样殉葬，掳掠来的器物也同自己的器物一起埋葬。另一种解释说这是文化的两合现象。不论怎么解释，良渚文化的势力已经扩张到了江苏北部边缘的事实是毋庸置疑的。

良渚文化往南则越过了钱塘江，势力直达浙江南部。近年发现的遂昌好川墓地及相关遗存是一个很有特色的地方性文化，年代大约相当于良渚文化晚期到马桥文化初期，在其早期遗存中就有不少良渚文化因素。例如陶器中的双鼻壶、圈足簋、圈足盘、宽把带流杯、捏流鬶等，玉器中的钺、锥形器和某些镶嵌饰片等，都跟良渚文化相同或相似。特别是一些漆器上镶嵌的台阶形玉片，其形状与良渚文化玉璧上的刻划符号完全相同。一件石钺上的针刻豹纹，与良渚文化玉璧上的针刻纹有异曲同工之妙。这些都说明良渚文化的势力已到达浙江南部的好川一带。至于在安徽、江西、广东乃至晋南、陕北发现的具有良渚文化特征的玉琮等遗物，年代都在良渚文化晚期，证明良渚文化晚期不但没有衰落，其势力反而有大面积的扩张，影响所及几乎达到半个中国。

良渚文化之后发展起来的，在上海是所谓广富林遗存，同类遗存在南京等地也有发现。现在考古工作刚刚开始，对于它的分布范围和发展水平还难以做出恰当的估计。不过从已知内容来看，明显是继承良渚文化而同时受到龙山文化和所谓造律台类型的影响。再往后在江浙地区兴起了马桥文化。它同良渚文化并不是直接承袭的关系，加上它继续受到中原地区二里头文化等的影响，文化面貌与良渚文化差别极大。在广富林一类遗存被确认以前，一般认为马桥文化是紧接良渚文化而出现的，两个文化的巨大差异被看着是良渚文化突然消失而为马桥文化所替代。为此一些学者便想从各方面探讨和论证良渚文化消失的原因。这些研究固然是有价值的，不过从历史的长河来看，任何考古学文化都有一个发生、发展和消亡的过程，良渚文化也不例外。如果今后对广富林一类遗存有更多的发现和研究，良渚文化的消亡也许不会像现在看到的那么突然。它在行将消亡的晚期的势力扩张，一方面造成了中心地区过度的消耗，另一方面又给广大地区播下了文明的种子。只要看一下良渚文化的许多因素，诸如玉器中的琮、璧，武器中的钺，漆器，丝绸，陶器中鼎、豆、壶的组合，以及纹饰中的饕餮、云雷等母题，都为后来中国的主体文化即夏商周文化所继承和发扬，成为中国古代文明的有机构成部分。良渚文化对于中国古代文明的贡献可谓大矣，它像一只涅槃的凤凰，经过炼狱烈火的考验而得到永生！

良渚古国，文明奇葩

浙江良渚是个很吸引人的地方，国内外很多学者都希望参与到良渚遗址的发掘与研究中来。我也曾先后十多次到良渚遗址学习和考察，并被聘为良渚遗址群保护专家组成员。虽然未能直接参与良渚遗址的发掘，但看到浙江省文物考古研究所的同仁有了一个个的重大发现，心里总是特别高兴。

良渚遗址最初的考古发掘至今八十年了，这八十年可以分为三个阶段。

第一阶段五十年。1936 年末到 1937 年初，当时西湖博物馆的绘图员施昕更，在梁思永先生主持山东历城县龙山镇城子崖发掘，并出版了中国第一部大型田野考古报告的启发下，在自己家乡良渚镇附近的棋盘坟、茅庵里等六个地点进行了考古试掘，获得了大量石器和黑色的陶器。1938 年正式出版了《良渚——杭县第二区黑陶文化遗址初步报告》，引起了学术界的关注。因为城子崖在龙山镇，故被称为龙山文化。又因为出黑陶器，所以也称为黑陶文化。良渚既被称为黑陶文化遗址，明示与城子崖属于同一文化。梁思永先生将龙山文化分为三区，良渚一类遗存被划为杭州湾区。后来类似的遗存陆续有所发现，文化特征明显不同于龙山文化，到 1959 年夏鼐先生才正式提出应命名为良渚文化。此后虽然有草鞋山和寺墩等重要遗址的发现，初步知道良渚文化有较高等级的贵族墓葬，并随葬有琮、璧、璜、玦等玉器，但对整个文化的研究进展较为缓慢。

第二阶段二十年。1986 和 1987 年连续发掘了良渚遗址核心区的反山和瑶山两处高等级的贵族墓地，瑶山还有明确的祭坛遗迹。王明达告诉我，反山是人工堆筑的土山，用土量大约有 2 万立方米。山顶建墓，这次发掘的 12 座墓只占整个墓地的一小半。两处墓地都出土了大量精美的玉器，单是反山 12 号墓就出土了 600 多件。其中的琮王更是精美绝伦，上面就用极细的线条刻划出八个神秘莫测的神人兽面纹。同样刻有神人兽面纹的玉钺，其柄部还通体髹漆并镶嵌无数细小的玉粒，尽显豪华与威权。墓中还有镶嵌玉饰的彩绘漆盘与漆杯，以及象牙“笏板”等，还有很多穿缀在衣服上的玉饰件。如此高等级的墓葬，被葬者生前地位的显赫可想而知，我想他应该是一位总揽神权、军权与财权的良渚王。旁边那些大墓埋葬的是什么人？我想无非是最高统治集团的成员。他们的朝廷设在哪里，是首先要弄清楚的问题。很巧的是，就在 1987 年将近年末的时候，因为要扩展 104 国道，就在紧靠反山的莫角山东南发现大批良渚文化时期的红烧土坯，跟着这个线索追寻，发现莫角山竟是一个人工筑成的长方形大土台，面积达 30 万平方米。当时就设想这应该是一个台城，上面的大莫角山、小莫角山和乌龟山应该是宫殿或神庙所在。而在它周围的几十个遗址，应该是跟它有密切关系的一个遗址群。此后又连续发现了汇观山、卞家山和姚家墩等重要遗址，直到发现了良渚古城才进入第三阶段。

第三阶段十年。2006 年，刘斌在瓶窑葡萄畈首次发现了古城墙的一角。墙基垫大石块，上面夯筑黄土，工程浩大，由此展开了探查整个城墙的工作。经过一年多的努力，终于探清了一座约 300 万平方米古城的范围。记得我曾经特地来杭州参加良渚古城的新闻发布会，当场书写了“良渚古城，文明圣地”的题词。古城发现的意义重大，竟然引起了多方面的质疑。但省考古所的各位对自己的工作充满信心，他们知道只要严格按照田野考古操作规程办事就不会出错。经过不懈的努力，整个古城的布局和结构越来越清楚，事实本身回答了那些冒充内行的质疑。不久，在城东约 30 千米发现一个以玉架山、灯笼山、横山和茅山等组成的遗址群。其中茅山发现有大面积的水稻田和配套的道路与水渠等，显然不是一般农户所能有，而应该是一个公共机构经营的农场。在古城以西的矮山区更发现有岗公岭等十处水坝形成的大小水库群，集水面积达 100 多平方千米。并且与古城北边长达 5 千米的塘山水渠连接，共同构成了一个集防洪、灌溉与漕运多种功能于一体的庞大的水利系统。建设如此浩大的工程，需要成千上万的劳力持续多日的施工，还需要大量后勤物资的保障，如果没有一个强有力的机构来组织是难以想象的。同样，如果没有一个精英阶层的“水利工程师”来勘察设计，以至到现场组织施工，也是无法实现的。

三个阶段，一个比一个时间短，一个比一个成绩大，这与考古学理论和方法的进步有关，与考古团队持之以恒、锲而不舍的努力有关。我认为良渚考古工作成功的经验值得很好地总结，可以作为类似遗址如何开展考古工作的典范。

如此发达的良渚文化，到底是不是进入了文明社会，是不是建立了国家，是人们普遍关心和思考的问题。人们往往把文明和国家联系在一起，说国家是文明的总结。我觉得两者固然有关系，毕竟还是两个不同的概念。文明是对野蛮而言的。从良渚贵族的衣食住行就可以看出文明化的程度。衣服虽然看不到了，但衣服上装饰的各种玉制品，包括玉带扣等，还是可以想见服饰的华贵程度。头发看不到了，却有插发的玉笄，梳子是象牙做的，为了装饰还镶上一个精致的玉梳背，身上则佩戴玦、璜、项链、手镯等玉器。不但高等级贵族如此，普通贵族和地方贵族也莫不如此，只不过有程度的差别，那可能体现着某种礼制！当时饮食也很讲究，一是饮食器复杂多样，除了一般的簋、豆、盘、碗、碟、杯，还有特制的椭圆形鱼盘和滤酒器。可谓食不厌精，脍不厌细。良渚到处是水，但是还要凿井，可见十分讲究卫生。房屋的情况可以从莫角山上层层夯实的地基再铺上木板，庙前房屋的柱子不用圆木，而加工成40厘米见方的，可见住房也很讲究。这样的生活还不算文明吗?

良渚是不是产生了国家，这要问什么是国家。过去讲国家，总是说国家是阶级斗争不可调和的产物，是统治阶级镇压人民的工具，但在良渚似乎看不出这种情况。良渚社会很和谐，也比较富裕。你看庄桥坟或新地里那些基层平民的墓葬中仍然有不少随葬物品，卞家山的普通墓葬也有独木棺，随葬陶器、石器和少量玉器。当然良渚社会已经有明显的阶级分化，有贵族和平民，有高等贵族和普通贵族。同时还有职业分工。士农工商，前三种人的分工很明确。有没有商不好说，但远近产品的交换肯定是有的。工本身还可分为玉、石、漆、木、陶、丝绸等行业。钟家港和塘山两个玉器作坊又有分工，前者做工明显比后者精细。这显然是一个高度组织化的社会！如果把眼光放大，从整个良渚文化来观察可能会更加清楚。

良渚文化是广泛分布于太湖流域的考古学文化，良渚古城同如此广阔的地区是否只有文化上的联系，还是存在着某种程度的实际控制？我们知道良渚古城的核心地区之外还有不少著名的遗址，包括上海的福泉山、江苏吴县的草鞋山、昆山赵陵山、无锡邱承墩、武进寺墩、江阴高城墩等，都是用人工堆筑的小土山做墓地，苏秉琦先生形象地比作土筑金字塔。上面埋葬的多是大小贵族。这些贵族墓中随葬的也多为玉琮、璧、璜、玦、钺、梳、带钩等，样式跟良渚核心地区的十分相似。特别是玉琮等上面刻划的神人兽面纹，也跟良渚核心区的一致，只是多为简化的形式。这说明什么？说明这些地方的贵族也有同样的礼制和宗教信仰，他们很可能是秉承良渚最高统治者的意志治理各自所属的地区，好像后来的州县一样。因此，良渚应该是一个广域王权的国家。恩格斯讲国家有两个特点，一是公共权力的设立，二是按地区划分人民。良渚古城和巨大的水利工程的建设，正是体现了强大的公共权力；地方贵族各自治理一方也就是按地区划分人民。这样看来，良渚时期明显建立了国家，而且是一个很像样的广域王权的国家。良渚文化至今没有发现金属器，生产工具主要是石器，最多属于新石器时代晚期。如果强调玉器的作用而划为玉器时代也未尝不可。没有青铜器，更没有铁器，在这种情况下能产生国家吗？良渚做了肯定的回答。即使是一种特例，在社会发展的理论上仍然是一个重大的突破。

良渚作为一个考古学文化也值得好好地总结一下。良渚文化有以古城为标志的核心区，有环太湖的主体区。还有一个扩张区，扩张到长江以北，比如蒋庄、花厅，那是用武力征服的。西面扩张到江西和安徽，南面扩张到浙江南部的遂昌好川。最后还有一个影响区，比如山东的大汶口文化、广东的石峡文化、山西的陶寺文化、陕西的石峁等。如果把良渚文化画一个圈，你画哪一层圈？显然一个圈难以如实反映情况。我们在研究别的考古学文化时，是不是也要考虑类似的情况。

探索中国文明的起源，首先要从中国特有的自然地理环境出发，分析这样的环境怎样孕育和滋养出具有如此特色的文化。同时要考察从旧石器时代以来逐渐形成的文化传统。中国文明是在不同的自然环境和不同的文化传统下，以不同的方式发展起来的，同时又发生复杂的相互关系。张光直先生曾经提出一个中国文化的相互作用圈，认为最早的中国就是在这个相互作用圈内逐渐形成的。实际上这个相互作用圈主要在长江流域和黄河流域，圈内有多个比较发达的文化。其中良渚文化所在的自然环境是最优越的，文化的发展也是比较成熟的，因而率先形成了古国。良渚古国应该是中华文明开创时期的一朵奇葩。如果说中华文明有五千年的历史，良渚文明应该是最有说服力的。所以我在会上题词："中华文明五千年，伟哉良渚！"还在良渚考古工作站题词："良渚古国，文明奇葩！"

（2016年11月26日在良渚遗址考古发现八十周年学术研讨会上的总结发言）

弗利尔美术馆的良渚玉器

美国收藏家弗利尔（Charls Lang Freer，1856～1919年）从1917年起，曾经从上海和纽约古董商那里购买了大批中国玉器，收藏于1923年建成的弗利尔美术馆。据说其中有些出自浙江省。当时对这些玉器的年代无法确定，只能推测。一般认为可能是商周乃至汉代的遗物，简称周汉玉器。事隔半个多世纪，在我国东方沿海的山东、江苏和浙江等省的新石器时代遗址中不断发现玉器，其中有不少与弗利尔收藏的玉器非常相似。人们不得不重新考虑那些玉器的年代和意义。日本学者林巳奈夫1980年访美时见到了那些玉器，认为是属于良渚文化的①。美国人莫瑞（Julia K. Murray）在弗利尔美术馆建馆60周年时发表的一篇文章中，比较详细地介绍了这批资料，认为其中一部分像良渚文化的，一部分像大汶口文化的②。我于1986年访美时也特地参观了那些玉器，知道确实是良渚文化的。

这批玉器的数量甚多，按种类分别有钺、琮、璧、璜、环、梳背、手镯和佩饰等，其中以玉璧居多，尺寸变化也较大，且均系软玉制成。最吸引人眼球的莫过于那四件具有精细刻划纹的玉璧。四件均通体磨光，据台北故宫博物院的邓淑蘋反复核对，各璧的直径分别为24.6、31.75、23.65和17.62厘米。其中最小的一件上有多道弧形琢痕，应当是轮锯切割所致。这些玉璧上都有非常精细的线刻图画。第一件画一鸟直接歇立在有台阶的基座上，基座上画一个圆形符号，圆形中又画出七个排列成梅花状的云纹，符号下面则画一个新月形符号。这件璧的外缘略显内凹，上面刻一对飞燕和一

---

① 林巳奈夫：《良渚文化玉器的若干问题》，日本《博物馆》杂志360号，1981年。

② J. K. Murray, Neolithic Chinese Jades in the Freer Gallery of Art, *Orientation* 1983. 12.

对鱼刺纹，各自相对，且均按顺时针方向飞翔和游动，中间则以云纹填充。这对燕子均画出嘴和双眼，剪刀尾上有小点或线纹。这么小的图形，还是刻在狭窄的双向曲面上，线条都很流畅，真可谓巧夺天工（图一，1）！第二件画一鸟停歇在一个有基座的柱头上。柱子的下面有三个圆形，基座有三级台阶，上面画一个“四”字形符号（图一，2）。第三件的图样大致与前者相同，只是鸟尾稍向上翘起，似乎是振翅欲飞。柱子和基座都用双线勾勒，基座上有一个比较复杂的符号（图一，3）。第四件只有一个简单的“四”字形符号。

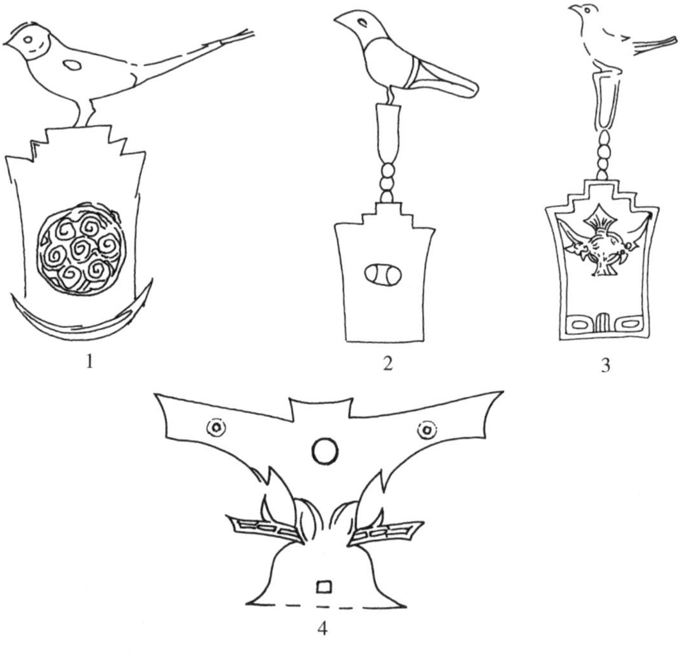

图一　弗利尔美术馆藏良渚玉璧和玉镯上的刻划纹

在弗利尔之前，法国收藏家吉斯拉（G. Gieseler）即曾发表其收藏的良渚玉琮及其上面的刻划符号。此琮现藏于巴黎吉美博物馆。邓淑蘋是研究玉器的著名专家，她曾经于1992～1993年两度赴美专门考察弗利尔的玉璧上的神秘符号，接着就发表了《中国新石器时代玉器上的神秘符号》的重要论文①。

① 邓淑蘋：《中国新石器时代玉器上的神秘符号》，《故宫学术季刊》第一卷第三期，1993年。

类似的玉璧近年来已出土多件。在良渚遗址群北面安溪乡的百亩山，在一位老乡的厨房或后院一个元代瓷坛上盖着一块玉璧，上面刻划了一个类似基座的长方形符号，上面刻划一个似龟又似飞鸟的图画，对称的一面则刻划玉璋形的符号，现藏浙江省博物馆。台北故宫博物院收藏的玉璧和北京首都博物馆收藏的玉琮上也有相同的一对符号。良渚博物院也收藏了一件刻划有鸟立基座的玉璧，鸟足端更刻出了六个鸟爪，基座上也刻划似龟又似飞鸟的图画，与百亩山玉璧的符号别无二致。后来我在台湾一个私人收藏家的蓝田山房库房看到一件跟百亩山一样的玉璧，开始根本看不清上面有什么图样，只是拿了带电灯光的放大镜才勉强看出来，显得特别神秘。近年来在上海福泉山 M40 随葬的一块玉璧上刻划一个很草率而不明含义的符号。江苏东台县蒋庄也发现同百亩山相似的玉璧。这类玉璧厚不过 1 厘米，边缘稍稍内凹，上面往往刻划有非常纤细的飞鸟和云雷纹，刻划方法跟璧面图像的刻法一致。都是特别纤细，若隐若现。这些玉璧上的立鸟和飞鸟等符号具有神秘感，良渚文化晚期的年代跟龙山文化和肖家屋脊文化的年代基本相同，后二者玉器上的鹰鸷纹饰应该是当地传说中的祖先神的形象，良渚文化玉璧上立于高台上的鸟纹应该具有同样的意义。正如古埃及雕刻的站在宫殿或国王头顶上名为荷乐斯的鹰表示其祖先太阳神的意思一样，是人类文明起源时期民神杂糅，不可方物，此其事也。问题是这种玉璧都是良渚文化晚期的作品，年代基本一致。不同地方出土玉璧的制作技术与刻画的纹样也基本相同或相近。上面刻画的纹样那么纤细，普通肉眼都不容易看清楚，不是一般的玉工所能制作出来的。我猜想这可能是一位超高水平的技师的作品而传到各地的。

该馆收藏的玉琮也很多，都是良渚文化中所常见的。有两类。一类似环，四边呈弧形，外壁以转角线为中心刻划出四个简化的神人兽面纹，高 6.5 厘米。另一件转角不明显，近似手镯。也有四个简化的神人兽面纹。外径 7.1、高 3.5 厘米。另一类琮为分节的方柱形，发表的三件分别为二、五和十一节，高度则分别为 4.5、17.5 和 28.5 厘米。

钺有两件软玉质的，器身扁薄，略呈梯形，通体磨光，用管钻法穿孔。其一为赭红色，长 16.2、宽 11.9 厘米，两边略凹，弧刃；另一件为墨绿色，长 22.6、宽 15.7 厘米，亦为弧刃，唯刃部更为突出。此外还有一件灰色石英质钺，长 17.7、宽 13.3 厘米，也是通体磨光，器形接近墨绿色玉钺，唯穿孔较大，孔径达4.5 厘米。弧刃钺流行于江苏南部和浙江北部，早在马家浜文化时期即已出现，只是数量少，磨制不精，穿孔也没有用管钻。其后的崧泽文化和北阴阳营文化则已较普遍，均为石质，通体磨光，且多用管钻。到良渚文化时期才出现玉钺。上述三件钺与江苏武进寺墩的良渚文化墓葬中出土的石钺和玉钺，在形制和大小上都十分相像，应该是良渚文化的器物。

镯也有两类，一类为圆筒形，有两件，分别高 3.9 和 5 厘米，直径 6.4 和 7.3 厘米。前者有两个纤细的刻划纹，一为圆下一个新月，另一个符号略似一个猛禽站在钟形基座上，张翅欲飞（图一，4）。后者有简化的神人兽面纹。另一类似环，剖面有圆形、椭圆形和方形几种。

梳背有两件，以前不认识，自从浙江海盐周家浜 M30 发现安放在象牙梳上，才知道是作梳背用的。

玉牌有两件，上圆下方，上面有简化的神人兽面纹。此外尚有一件玉璜，长 9.4 厘米。

由上可知弗利尔所藏玉器都是良渚文化的。实际上良渚文化的玉器早在两千六七百年以前的吴越贵族就注意到了。江苏吴县严山春秋时期的玉器窖藏就出土有璧、琮等多件良渚玉器。浙江安吉递铺垄坝的战国墓中也出土过良渚的玉璧。宋代更出土过不少良渚玉器。后来盗宝之风起，最早发现和发掘良渚遗址的施昕更就已经注意到了出土玉器的窖实际上是墓葬，包括出土大量玉器的高等级贵族墓葬。在《良渚》考古报告结论的列表中，他把出土玉器的墓葬和少部分晚期黑陶列于铜石并用时代，是很有见地的①。在《良渚》考古报告第四章“遗物”中的其他类还专门谈到玉器。他推测那些玉器“都是墓葬物”，玉器摆放的情形有所谓梅花窖或板窖之称。他注意到一座墓葬的玉器“多者竟达百余件，摆放有序”。器类则有“琮、璧、环、瑗、圭、璜、珇、勒及其他饰玉、佩玉等”。他还注意到葬玉的墓“所在地不同，而玉有优劣之别。一方面固因环境不同，一方面更

① 施昕更：《良渚——杭县第二区黑陶文化遗址初步报告》，浙江省教育厅出版，1938 年，45 页。

为当时殉葬的阶级制度不同所致”①。这是多么有见地啊！在该考古报告插图二的地图上分别标明了玉器墓葬和黑陶等遗物的出土地点，其中有玉器墓葬的地点自西向东有钟家村、金家巷、后湖村、棋盘坟、荀山和荀山塔下、茅庵前和近山等共9处。可惜这些地方至今仍没有进行正式的考古调查与发掘。直到1972年江苏吴县草鞋山发掘的良渚文化墓葬中发现了璧、琮等玉器与良渚陶器共存，才知道良渚文化确有高等级的玉器；到1986年和1987年反山和瑶山相继发现高等级的贵族墓，并出土了大量极为精致的玉器，才看出良渚文化有多么高超的技术与艺术，良渚文化的社会又有多么高的发展水平。

（1984年10月初稿，2019年6月修改）

① 施昕更：《良渚——杭县第二区黑陶文化遗址初步报告》，浙江省教育厅出版，1938年。

良渚文化的人头盖杯

2005 年 11 月，在良渚文化核心区的卞家山一条水沟内与大量木构件和漆觚等一起发现了一个人头盖杯，编号为 G1②：223，是用线切割的方法切下顶盖，局部可见切割的痕迹。切割面不甚平整。前后各穿两孔以便系绳。里面从前往后有两行各六个很浅的小钻孔，排列不甚整齐（图一）。为什么人头盖杯会被抛弃在河沟里，还是同多件珍贵的漆觚、漆豆、漆盘等一起抛弃？只有战争能够解释。正是在这个时期，也就是良渚文化的晚期，整个良渚古城都毁掉了，那场战争的规模与惨烈可想而知。

图一　良渚卞家山河沟里的人头盖杯

2010 年在上海福泉山吴家场良渚文化墓地的 M207 中又出土了一个人头盖杯，做得比较讲究。从前往后用线切割，切口经过研磨。表面也经过磨光并涂朱砂，部分涂黑。前后各钻三孔以便系绳。同墓还出土了 100 多件器物，其中最重要的是一个象牙权杖。它是将象牙切成长 97 厘米的薄片，前宽后窄，前头切平，后头插入也是用象牙做的镦部。镦为椭圆柱形，高 9.8 厘米。权杖表面上有十组神人兽面纹的浅浮雕和细密云雷纹的地纹。镦上有两组鸟纹和兽面纹，也有云雷纹的地纹。这是前所未见的重器，说明该墓的主人身份不同一般。持权杖的人应该是具有指挥权的首领，他持有的头盖杯很可能是用敌方首领的头骨做的，用以显示自己的权威与战功。

后来在 2011 年至 2015 年发掘的江苏东台蒋庄良渚文化的墓地中，于 M158 二人合葬的二次葬墓中，在独木棺脚头的挡板外更发现了三个人头盖杯，做得都不甚讲究。旁边还有一个人头骨，头部挡板外也发现了一个人头骨和一个下颌骨。这是发现人头盖杯最多的一例。墓中埋葬的人骨一大一小，性别和年龄均不甚清楚。墓中仅随葬一件陶鼎和一件双鼻壶，不像是贵族或首领级人物。为何有这么多人头盖杯随葬？耐人寻味。这个墓地除一次葬外还有超过半数的捡骨葬和烧骨葬，三者基本上是分区埋葬，与良渚文化其他墓地的埋葬方式均不相同，也是非常特别。这个墓地尽管分为三期，但从大型玉璧来看都是良渚文化晚期的。从几乎每个墓葬都有很讲究的大型独木棺来看，这个聚落还是很富足的。

以上几个人头盖杯的做法基本相同，并且都比河北邯郸涧沟人头盖杯的制作讲究得多，年代也早了许多。良渚文化的年代，据多个碳－14 数据的测定和校正，为公元前 3300～前 2250 年。因此，这些人头盖杯是世界上最早的标本。这与良渚文化最早进入文明时代是有密切关系的。

江淮地区的文明化进程

2006年11月25日在江淮地区文明化进程学术研讨会上的讲话

这次会议主题是江淮地区的文明化进程，做文章要切题，我想就这个题目谈一些自己的看法。先谈一下中国文明起源研究的基本情况，因为研究江淮地区文明化进程的问题，固然要分析江淮地区的有关资料，但是要把问题说清楚，还是要放到全国文明起源研究的大背景下来进行认识和讨论。

中国文明研究的热潮是从20世纪80年代开始的。我记得在1985年，夏鼐先生把在日本发表的几篇演讲编成了一本书，题目就叫《中国文明的起源》。夏先生是一个很严谨的学者，他不到一定的时候不会提出什么新的看法。他在书里面是从殷墟的发掘开始讲起的，说在殷墟经过发掘以后，证明商代晚期已经进入文明时代。然后向前追溯，到50年代，郑州商城的发现证明商代前期也已经进入文明时代。再往前追溯到二里头文化时期，二里头遗址的那些遗迹和遗物表明那个时候也应该进入文明时代了，至少二里头文化的晚期是这样。然后，他又讲文明的起源和文明的形成不是一回事，文明的起源还应该到新石器时代晚期去追寻。他在讲这个问题的时候，并不是没有一点根据，因为在这之前有大汶口文化和陶寺文化的发现，两者从墓葬看贫富分化和社会地位的分化已经非常明显，跟一般的新石器时代遗存中看到的人人平等、物质文化非常简单的情况有点不一样。80年代初，又有红山文化牛河梁遗址中十分壮观的“坛、庙、冢”和甘肃大地湾仰韶文化晚期的所谓“原始殿堂”的发现，在学术界引起很大的反响，所以夏先生很明确地讲中国文明起源应该到新石器时代的晚期去追寻。从那以后，中国一些地方有关文明化时期的遗存不断发现。1986、1987年在良渚文化遗址群里的反山、瑶山贵族坟山中大量精美绝伦的玉器和漆器等的发现，引起学术界普遍的关注，甚至是很大的震动，没有想到在新石器时代的文化中会有那样高规格的墓葬和随葬物品。人们纷纷议论：到底良渚文化是走近了文明时代的门口，还是已经进入文明时代了呢？这时期另一值得注意的事情是在各地不断发现史前的城址。在湖北天门石家河发现屈家岭文化时期的城址，面积达 120 万平方米，里面有很明确的功能划分，说明长江中游也正迅速走向文明化的进程。所以，1989 年在长沙召开的第五届中国考古学大会上，苏秉琦先生做总结发言时就明确提出：在今后相当长的时期里，我们中国考古学界的任务之一就是把探索中国文明起源当成一个头等重要的任务。苏先生很早就关心中国文明起源的研究，从 20 世纪 80 年代以来发表了一系列的讲话和文章。他的观点集中反映在 1997 年出版的《中国文明起源新探》一书中。这本书是苏先生口述、由郭大顺先生记录整理的。书中的基本观点可以概括为三条：第一，中国文明是多元起源，而不是由某一个中心起源然后向周围扩散；第二，既然是多元，在各地文明化进程的内容和方式是不一样的，各有特点，所以在研究中国文明起源时既要有宏观的把握，又应该研究各个文化区系的具体情况；第三，以中国之大，各个地方文明化的时间有先有后。黄河流域、长江流域比较靠前，在那里首先产生了夏商周文明。周边少数民族地区后来也陆续建立了自己的文明。这些文明从来不是彼此孤立而是紧密地联系在一起的，共同组成一种多元一体的结构，这种结构乃是形成以汉族为主体的多民族统一中国的基础。我觉得，苏先生以上的观点对于今天研究中国文明起源应该具有重要的参照和指导意义。

现在探索中国文明起源的热潮正方兴未艾。在这样的背景下，国家想用更大的力度来支持中国文明起源的研究，启动了“探源工程”。可以看出，我们现在的工作是有相当基础的，也是有理论指导的，不是从头开始，不是前人没做过工作，现在突然来个工程让大家去做。

探源工程之前，有一个“夏商周断代工程”，夏商周断代工程的原有班子曾经做过一些探源工程的预研究，而且当时就打算基本上由这个班子把探源工程继续下去。我们当时觉得夏商周断代工程只是一个断代的研究，内容比较单纯，过去的研究也有比较好的基础。而所谓探源，就是探索中国文明的起源，性质完全不一样，研究的内容复杂得多，年代更久远，地理范围也广阔得多，又没有多少古文献或古文字的资料可作参照。所以，像夏商周断代工程的组织形式恐怕不合适，也不利于发挥全国各单位和各位学者的积极性。因此，我们当时提议这个项目要吸收各有关方面的力量参加，各个单位、各位学者，只要是研究中国文明起源的，都可以申报。当然，还要组织专家来审查你的申报，如果合适的，就应该支持。为了保持公平和公正，专家组的成员虽然可以有自己的研究，但不得申报项目。现在基本上是采取这种方式在运作。鉴于文明起源的问题非常复杂，涉及的方面非常广泛，短时期内不可能完成，甚至也很难说在某一个时期内取得某种明确的阶段性成果。探源应该是一个永恒的课题，而不是一个可以一蹴而就的，只有某些具体课题才可能在一定时期内完成。用工程的方式来操作不见得好，我一直不赞成叫什么工程。不过叫什么名称也没有多大关系，只要国家支持，大家努力，至少可以加速这一课题的进行。

江淮地区文明化进程的研究乃是中国文明起源研究的组成部分。江淮地区不限于安徽，但主要在安徽。讲江淮地区文明化进程主要是研究安徽新石器时代文化发展的过程。在这个会上提供了很多资料，说明安徽的新石器时代考古有不少新的发现，研究也有很大的进展。但是，说实在话，比起周围的山东、江苏、浙江、河南等考古强省来，还是有比较大的差距。也许我了解得还不够，但愿这个说法不很确切。

安徽比较早的新石器时代遗存，如小山口、石山子、双墩和侯家寨一期等这样的遗存，究竟是一个考古学文化，还是属于不同的考古学文化，它们之间的早晚关系和文化关系如何，都还需要进一步研究。晚一点的遗存有三块：一个是皖北，以尉迟寺遗址为中心的一类遗存，应该是大汶口文化在皖北地区的一个地方类型，现在做了不少工作。之后是一些相当于龙山文化的遗存，面貌比较接近王油坊类型，但工作做得并不太多。第二个就是江淮地区的西边，以薛家岗遗址为代表的薛家岗文化这类遗存，也做了不少工作。尉迟寺出了一本考古报告，薛家岗也出了一本报告。第三个就是江淮地区东部，以凌家滩遗址为代表的一类遗存，现在《凌家滩》报告也出来了。这三类文化遗存之间是什么关系？好像薛家岗文化和凌家滩文化比较接近，应该是江淮地区的主体文化。尉迟寺一类遗存则是另一个文化系统，其发展水平远不如大汶口文化和龙山文化的中心地区，文明化的迹象也并不显著。

江淮地区文明化进程，从薛家岗文化和凌家滩文化可以看出一些端倪。薛家岗文化主要分布在安徽西部的长江北岸，长江南岸和湖北东部也有少量遗址。其中心遗址薛家岗面积不过10万平方米。从墓地情况看，早期（第一至第三期）都是小墓，看不出有分化的迹象。中期（第四、五期）出现较大变化，晚期没有发现墓葬。其中第四期个别墓随葬较多石器和少量玉器。第五期才出现几座较大的墓葬。如M44随葬陶器3件、石器9件和玉器33件，石器中有多孔石刀和画花果纹的石钺，玉器中有钺、镯、璜和管珠等，超出一般墓葬的规格。应该说这个时候已经迈开了走向文明的脚步。但薛家岗遗址的中期无论从器物特征还是从碳-14年代来说，都已经相当于良渚文化的时期，而文明化的程度却远远不如良渚文化。相比之下，凌家滩文化就发达得多了。

关于凌家滩文化，这次会上大家谈得比较多的是玉器，包括玉器的质地、产地、种类、形制、纹饰的解读及与文明起源的关系等各个方面都谈到了。我还是谈谈本行，想从遗址本身做一些观察，看看凌家滩到底到了一个什么样的发展阶段。这也就是我在《凌家滩》报告序言中谈的内容。我注意到凌家滩是一个大的遗址，是一个100多万平方米的遗址，在安徽是独一无二的。但是对这个遗址基本上没有做全面的勘探和发掘，只做了些试掘，发现有大面积的红烧土堆积，估计是大型房屋的遗迹。其他情况并不清楚。墓地有两个，其中一个做了全面揭露，这给我们提供了分析的基础。墓地有不同的层位，墓葬之间有复杂的叠压打破关系，但是要分期却很困难。一则是随葬的陶器较少，有些陶器又难以修复，不大好进行全面的类型学研究；二则也说明前后经历的时间并不很长，从陶器和其他器物上看不出明显的规律性变化。如果从平面来看，好像能够比较明确地分成几组。这种情况到底只是表面现象，还是反映一定的社会内容，则需要做具体的分析。我注意到，每一墓组中早晚墓葬的性质都差不多，说明墓组的划分不是随意的，从早到晚是比较稳定的。具体而言，墓地的南区是大墓的集中区，从早到晚都是如此，一些重器也出于此处。很明显，这个地方在墓地中占有很特殊的位置。西南、东南、西北的墓葬规模稍小，是第二等级的。但是，西南、东南的墓组，好像宗教性质比较浓，西北墓组从早到晚好像都是石匠、玉匠，墓中出了许多石器、玉器以及石料、玉料。东区的墓，陶器出土比较多一些，其他东西不太多。中区的墓则比较穷，而最穷的是北区的墓葬，规模小，随葬东西也最少。每一个墓组的墓葬数目不多，应该只有一个家族的规模，是一个家族在一定时期死亡者的墓葬。整个墓地的规模也不是很大，最多是一个氏族的规模，是一个氏族在一定时期内死亡人员埋葬的墓地。如果这个估计不至于大错，就说明在凌家滩时期氏族内部发生了分化。有比较富的家庭，代表社会的上层；也有比较穷的家庭，他们是社会的平民。在职能上也有分工，有的是宗教人士，有的是军人，有的是工匠。这种分化正是社会文明化进程中的重要表现。

凌家滩墓地的年代大致相当于薛家岗文化的早期，而发展水平远高于薛家岗文化。可见江淮地区新石器时代文化的发展是不平衡的，文明化的进程在东西两边有很大的差别。不但如此，即使在全中国的文明化进程中，凌家滩也是起步比较早的，在同时期文化中是发展水平比较高的。但是，为什么以后在安徽看不到其更进一步的发展？我想原因可能有两个，一个是考古工作还没有做到，一个是文明中心的转移。

中国史前文化有不同的区系，几个大的区系文化的发展具有相当的稳定性。像山东及其左近的海岱文化区，从后李文化、北辛文化、大汶口文化、龙山文化一直到岳石文化，都是前后相继、稳步发展的，还不时对邻境文化有所影响或冲击。到商代华夏势力才大举东进，到周代建立了齐、鲁等诸侯国，也还保持当地文化的许多特点。中原地区从裴李岗文化（以及白家文化）、仰韶文化到中原龙山文化，一直是强势文化，也是前后相继、稳步发展的。以后便成为夏商周三代的重要舞台。长江中游的两湖文化区，从彭头山文化、大溪文化、屈家岭文化到石家河文化，也是前后相继、稳步发展的，之后发生一些曲折，但深厚的文化底蕴并没有消失，所以到周代又出现了强大的楚国。江浙地区的情况也大抵如此。文化底蕴厚，不是随便就会消失的，中间或许有一些变化起伏，但是在一定的时期还是会起作用的。

在几个大的文化区系之间还有比较小的区系或亚区系，江淮地区特别是安徽应该属于这种情况。亚区系或小区系的稳定性较差，容易受大区系强势文化的冲击，往往变化比较大。凌家滩文化中心的转移，或许可以从这里得到解释。

关于江淮地区特别是安徽的文明化进程，我们现在的认识仅止于此。至于如何开展进一步研究的问题，我想提几点意见，不见得合适，仅供参考。

第一，要优先抓紧弄清楚江淮地区的文化区系。现在文化分区多少有些眉目，但是各个小区新石器时代文化的分期多不清楚或不完善，在文化分期基础上的谱系做得更不够。只有薛家岗文化的研究算是开了个头，也还没有完全解决。因此，首先要开展普遍而深入的考古调查，并适当地进行一些试掘，把各地文化分期搞清楚。这并不是很难的，但要定下心来认真去做。

第二，在基本上弄清楚文化谱系的基础上要找一些重点遗址进行发掘，包括在基本建设工程中发现的重要遗址。要改进发掘方法，严格按照经过修改的田野考古操作规程办事。要有聚落考古的意识，通过聚落形态演变的研究来扎扎实实探索江淮地区特别是安徽的文明化进程。

第三，要加强科技考古的投入，开展多学科合作，以便尽可能多地提取文明化过程中的各种信息，使研究的结果有血有肉，有立体感，而不只是干巴巴的几条。还可以经得起科学的检验。

第四，要加强与各个地方和各个考古单位的联系。因为邻近几个省相关问题的考古工作和研究都有不少值得安徽的同仁学习和借鉴的地方。当然你安徽做得好的地方人家也要学习，相互交流沟通总有好处。如果从这几个方面进行努力，我想江淮地区文明化进程的研究将会有更大的进展。

文明化进程中的一个实例——凌家滩

安徽含山凌家滩是以出土玉器出名的，许多人发表了研究文章，并且专门出版了玉器图录。但玉器是从墓葬中出土的，那些墓葬又与祭坛处在同一个地点。而墓地与祭坛所依托的，乃是一个约160万平方米的大型遗址。通过1987年6月、11月和1998年秋季三次考古发掘，墓地和祭坛均已发掘完毕。本报告即是这三次发掘的总结。据说本墓地以北隔沟相对还有一片墓地没有发掘。至于遗址部分的调查和发掘情况，将等到工作告一段落后再整理出版。

凌家滩墓地位于一条从太湖山脚下伸向裕溪河边阶地的长土岗的尽头，像一个天然的坟岗，所以从清代到近现代都不断有人埋墓，考古发掘前还是一个乱坟岗子。墓地的发现就是因为1985年有人挖墓坑时发现了许多玉器和石器，由当地文物干部收缴上报，然后由省考古所派张敬国等调查试掘才得以确定的。据此推测，那么多近现代墓挖坑时还不知破坏了多少座新石器时代的墓葬。现在发掘的44座墓葬应该不是原有的数目。换句话说，当我们依据现有墓葬的情况来做出种种历史的或社会的结论时，应该适当地留有余地。

这里所谓祭坛，是指在原有土岗上筑成的中间平坦并略向周围倾斜的可能是长方形的台子。因为后期的破坏，原有形状已经难以确定。祭坛的底层是黄斑土，比较硬，似为夯筑。中间一层系用灰白色胶泥掺和石英碎块、大粒黄沙和小石子搅拌夯筑而成，非常坚硬。上面一层则是用灰黄色黏土掺和小鹅卵石、石英碎块和黑色玛瑙颗粒等铺垫而成，中间掺杂有红烧土碎块和碎陶片，表面平整。祭坛上面有三个“祭祀坑”和四个积石圈。单凭这些情况尚难以对它的性质和功能做出确切的判断，姑且以祭坛视之。

墓葬大约都打破祭坛或叠压在祭坛之上。祭坛是否叠压墓葬，因为没有发掘不得而知。但是墓葬本身也是有早晚关系的。根据报告提供的资料有以下几种情况：

被第 1 层叠压而打破第 2 层的墓葬有 87M2、87M3、87M6、87M7、98M3、98M4、98M7、98M17，共 8 座墓。

被第 2 层叠压而打破第 3 层的墓葬有 87M1、87M8 ~ 87M14、98M5、98M6、98M8、98M9、98M13 ~ 98M15、98M18 ~ 98M30，共 28 座墓。

被第 3 层叠压而打破第 4 层的墓葬有 87M4、87M17、98M16、98M31、98M32，共 5 座墓。

被第 4 层叠压的只有 87M15 一座。

我不知道各个探方的地层是不是统一划分的，比如 T1207 的第 2、3 层是不是相当于 T1214 的第 2、3 层。所以以上述划分来作为分期的依据只可能作为参考。报告认为被第 3、4 层叠压的是早期墓，打破第 2、3 层的是晚期墓，这是大致的情况。在局部的地方也许还可能划得更细。

墓葬相互之间有打破关系的有以下几组：

（1）87M1→87M4

（2）87M7→87M8→87M15

（3）98M9→98M15

（4）98M9→98M18

（5）98M24→98M18

（6）98M13→98M8

（7）98M25→98M26→98M30

（8）98M25→98M27

这些打破关系可以对上述地层关系作补充和校正。

由于有些墓葬已被破坏，整个墓地的布局难以准确把握，但也不是毫无章法可循。初步看来，大致可以分为南、中、北、西南、西北和东六个墓区，有的墓区之间还有一些零星的墓葬难以归入某一区。

南区位于整个墓地南侧的正中央，顶级的大墓都在这一墓区。这里共有 5 座墓葬，有两组打破关系。估计东边还有几座大墓被现代坟丘破坏掉了。本区最早的墓当是 87M15，因为它是唯一被第 4 层叠压的，后来又被

87M8 打破。这墓出土玉器 93 件，石器 17 件，陶器也有 17 件，合计 127 件，数目仅次于较晚的 87M4。这墓出土的玉璜达 29 件，除 87M15：48 一件为宽体外，其余全部是窄体的。后者又有半环形和中间平直、两端上翘的倒桥形两类。在倒桥形的玉璜中，有的是分两段对接，末端有虎头或鸟头装饰，这种装饰乃是凌家滩大墓所特有的。这墓随葬的石器主要有钺（7 件）和锛（8 件）。钺均为圆弧刃，大孔；锛多扁薄，仅有一件大锛厚宽比近于 2/3。陶器有壶、罐、豆、盘等。豆盘外有凸棱，豆把为喇叭形，有圆形镂孔。

紧靠 87M15 的正南面是 87M4，它被第 3 层叠压打破第 4 层，年代上比 87M15 略晚。这墓出土玉器 98 件、石器 30 件、陶器 8 件，合计 136 件，是整个墓地中随葬器物最多的一座。最引人注意的是出土一副玉龟，在背甲和腹甲之间夹一块玉板。玉板中央的小圆中刻八角星纹。小圆外刻一大圆，两圆之间等分为八格，每格中刻一圭形纹指向八方。大圆外刻四个圭形纹指向玉板的四角。玉板的三边有牙口并有若干穿孔，可能是连缀在某种有机物上的。这套奇特的玉器吸引了许多人的兴趣，试图给予适当的解读。论者多以为是占卜用的原始栻盘。果如是，则 87M4 的墓主人当是一位有权势而又富有的宗教领袖。

87M4 的玉璜也有 19 件之多，器体较 87M15 者略宽，多为半环形，仅 3 件为倒桥形，且未见两件对接或末端刻鸟兽头者。石钺仍多圆弧刃，也有个别为梯形弧刃者。石锛、石凿厚宽比从 1/2 到 1. 2 不等，明显厚于 87M15 者。最大石锛长 34 厘米，最大石钺也长 34 厘米，当非实用器而是最高权力的象征。

打破 87M15 的 87M8 被第 2 层叠压而打破第 3 层，年代上比 87M4 要晚。它的北部被 87M7 打破，只剩了半截墓，仍然出土了 64 件器物，其中有玉器 43 件、石器 18 件、陶器 3 件。如果不被破坏，原来器物一定更多，也是一个大墓的规格。这墓出土半环形宽体玉璜，其中 2 件的两端为虎首，1 件外弧有细齿，这都是晚期的特点。玉镯和玉环甚多，还有玉玦和圆玉片，后者可能是镶嵌在漆木器上的。有 3 件梯形弧刃玉钺，也是晚期墓才出现的。同出石钺有圆弧刃和梯形弧刃两种，石锛则有薄体和厚体两种。

位于 87M15 和 87M4 之间的 87M1 是最早发现和发掘的，没有找到墓边。在层位上跟87M8相当，都是被第2层叠压而打破第3层，它本身又打破87M4，因此是比87M4更晚的墓葬。这墓的出土物不多，但很特别。主要有三个形状几乎完全相同的玉人。每人头戴介形帽，双耳似戴玉玦，嘴上有稀疏的胡须，显为男性。双臂各佩五、六个玉镯，并且上屈开掌紧贴胸部。腰系宽带，双腿直立，赤脚。人体扁薄，后背有一对隧孔，当是穿缀在某种有机物上的，是巫师作法的器具，墓主人可能是专职的巫师，也许是87M8墓主人的副手。

从87M15经87M4到87M8，前后三座最大的墓都处在墓地南侧正中的位置，这绝不是偶然的，而应该是一种精心的安排。可是再往后到87M7就发生变化了。87M7打破第2层又打破87M8，是墓地中最晚的墓。前面的3座大墓全是南北向，而87M7却是东西向，说明那时有一个大的变化。

87M7有玉器28件、石器11件、陶器5件，合计44件，在4座东西向的墓中还算是最多的。主要有玉瑗、小玉璧和玉玦等装饰品和石斧、石锛、石凿等工具，没有明确的宗教性器具。

总之，凌家滩顶级的大墓都在南区，尽管前后有些变化，南区的中心地位并没有多大动摇，这一点是很清楚的。

南区之北偏东为中区。有4座墓。因为南北两边都被现代坟丘破坏，估计原来会有更多的墓葬。这4座墓相互打破，其中98M30最早，98M26和98M27次之，98M25最晚。98M30出土玉器5件、石器41件，仅石锛就有39件之多。这墓被98M26和一座汉墓打破，出土器物可能不全。其规模至少是一座中等墓，墓主人也许是石匠或木匠。

98M26和98M27都是穷人墓，前者仅出1件陶钵，后者也只有4件小玉环和2件残陶豆。98M25同时打破98M26和98M27，是中区墓中年代最晚的。出土器物有玉钺、玉环、玉璧、石钺和陶鬶等，合计24件，是一座普通的中小型墓葬。由此可见，中区在整个墓地中的地位是并不显著的。

北区有8座墓葬，即98M3~98M6、98M8、98M11、98M13和98M17。其中98M13打破98M8。98M12在北区和中区之间，不知道该划分到哪一区。这些墓都很小，例如98M3仅1件玉环和1件陶鼎，98M4仅1件鼎足和1个罐底，98M5只有几件石锛，98M6只有1件玉钺、1件石锛和1件陶钵。98M13只有1件石锛和几件陶器，98M17只有1件玉璜、2件残石钺和

1 件陶鼎足。98M8 和 98M11 出土器物稍微多些，也都只有 13、14 件，没有任何特殊物品。所以北区是一个穷人的墓区。

西南区只有 3 座墓，其中以 98M31 最早，98M29 次之，87M6 最晚。98M31 是一座小墓，仅随葬 2 件玉璜、1 件石钺和几件残陶器。墓主人身份不是很高。

98M29 是比较大的墓，层位上和 87M1 一样，也是被第 2 层叠压而打破第 3 层。出土玉器 52 件、石器 18 件、陶器 16 件，合计 86 件。特别有趣的是墓中也出土三个玉人，而且整个身条、穿戴和手臂贴胸的姿势等细节都和 87M1 的玉人一模一样，只是不见上腿，应为正面的坐姿。玉人的背后有隧孔，应该是穿缀在有机物上用以作法的道具。这座墓中还有一件特殊的器物是玉鹰。它头部侧向，双翅展开，翅端雕刻成猪头形，身体部位旋出两个同心圆，两圆之间刻划八角星纹。这样奇特的造型可能具有宗教的寓意在内。可见这墓的主人也是一位颇为富有的巫师。

87M6 被第 1 层叠压，打破第 2 层。出土器物以石器最为突出，仅石钺就有 32 件，石锛 22 件，另有玉器 11 件、陶器 5 件，合计 70 件，也是一座较大的墓。石钺绝大多数为圆弧刃，只有两三件为梯形弧刃。石锛多薄体，个别最厚的也只相当于宽度的一半。有几件石锛甚大，最大的一件长达 42.6 厘米，可算是巨锛了。从随葬品来看，墓主人好像是一个专职的石匠。

西北区有两组墓，一组包括 98M9、98M15、98M18、98M22、98M24 和 98M28，旁边一组包括 98M19～98M21 和 98M23，一共 10 座墓葬。本区中有几座墓的主人明显是玉石匠，其中最突出的是 98M20。该墓随葬玉器 12 件、石器 45 件、陶器 4 件。玉器中有玉钺、宽体细齿玉璜和玉环等，石器中有大量钺和锛。另外还有 111 个玉芯和 4 块磨刀石，看来墓主人是一个颇为富有的专职玉匠。据说墓中的玉芯没有一个可以与凌家滩出土玉器的穿孔吻合，说明所制玉器都已外销，这是很值得注意的。

98M18 被 98M9 和 98M24 打破，出土器物不全。其中有 9 个玉芯和两块玉料，墓主人也应该是玉匠。

98M9 和 98M15 除出土玉器和石钺外，还有若干玉芯、玉料和石料。98M23 更出土石钻和石芯。

本区 10 座墓就有 5 座的墓主人可以确定为玉匠或玉石匠，其余 5 座墓都只随葬少量一般性物品。98M20 留存的大量玉芯不仅说明其生产规模很大，而且是为外销的目的而生产的。本区死者生前应是一个以玉石制作为主要职业的家族。

东区只有 4 座墓葬，即 98M7、98M14、98M16 和 98M32。其中以 98M16 为最早，也是本区较大的一座墓葬。该墓被 3 座近代墓打破，出土器物仍然有 42 件。其中比较特殊的有一件玉龙，身体卷曲成圆形，近尾部穿一孔，当是坠饰。还有加工极精致的玉耳珰和喇叭形器。此外还有玉坠、玉管和玉玦等。石器仅石钺 1 件，陶器则有鼎、壶、盆、钵、杯、豆等共 23 件，是整个墓地中随葬陶器最多的一墓。其余 3 座墓则很一般。98M7 出土玉璜、玉玦、玉环、玉斧等，也有陶器 21 件。98M14 出土玉器和陶器不多，均破碎难以复原。98M32 是东西向墓，只有 9 件陶器，多可复原。总之东区的特点似乎是比较重视陶器。墓葬的规格略低于西边两区，而比中区和北区为胜。

以上便是墓地的基本情况。假如它是以氏族为单位的墓地，则每个墓区可能代表一个家族。既然各个墓区的情况有比较大的差别，说明各个家族的社会地位、从事职业和财富状况都有差别。其中西北区的家族明显是以制造玉石器为主要职业的。其产品除供应本氏族中的各家族外，还有很大一部分外销，用以交换自己所需要的物品，所以一些墓主人表现得比较富裕。西南区的家族中有的人是巫师，其社会地位和财富状况也比较优越。东区的墓葬随葬陶器较多，不知道是不是与该家族从事陶器生产有关。不过凌家滩墓葬随葬的陶器质量并不很好，好多是专门为随葬用的明器，难以反映当时的制陶水平。中区的墓葬缺少特点，它所代表的家族似乎只是一般的平民。而北区墓所代表的家族则是一些穷人。这些家族的死者既然合葬在同一个墓地，说明相互之间存在着非同一般的密切关系，很可能属于同一个氏族。而统治整个氏族的则是以南区顶级墓葬为代表的家族。

这种分析自然只可能是极粗略的，不一定完全符合真实的情况。因为凌家滩还有一些墓葬被后期破坏，墓地本身就不是很完整的。又因为酸性土壤的关系，所有人骨一点痕迹都没有保存下来，以至于墓主人的性别、年龄等这种对判别身份和相互关系极为重要的资料都无法获取，甚至连头向都无法判断，这完全是不得已的。由于有机物全部腐烂，无法知道葬具的情况。随葬物品中只知道有玉器、石器和陶器，其实许多玉器是穿缀件，有少量是镶嵌件，结合良渚文化中一些漆器镶嵌玉片和玉粒的情况来看，凌家滩很可能有漆器，似乎也应该有骨器和象牙器。在这些物件全都不知道的情况下，对判断各个墓主人的地位、身份和财产状况自然会产生影响。

不过仅就现有资料而言，凌家滩还是一颗耀眼的明星。从各种器物特征来看，它的文化性质最接近于南京北阴阳营墓地，两者甚至可能属于同一个考古学文化。这个文化的中心自然在凌家滩而不在北阴阳营。凌家滩也受到薛家岗文化的一些影响，或者反过来说是影响了薛家岗文化。但发展水平远远超过了北阴阳营和薛家岗。可以毫不夸张地说，在长江下游，凌家滩人是首先走上文明化道路的先锋队。虽然直到目前为止，我们还不知道他们的后继者是一个什么情况，是不是曾经拿过接力棒进一步奔向文明社会。但从各种情况分析，在凌家滩之后，文化发展的重心可能有所转移。至少玉石工业的重心转到太湖流域的良渚文化那里去了。因为良渚文化前身的崧泽文化玉器很少，加工技术也不高。良渚文化的玉器工业则发展到了登峰造极的地步。如果没有技术上的传承，这样突然爆发式的发展是难以想象的。事实上良渚文化玉器制造的各种技术，除了微雕式的线刻不见于凌家滩外，其他技术在凌家滩都已经采用。今后如果有更多发现，这问题可能会看得更加清楚。

要把凌家滩关涉的所有问题都进行适当的解读是不容易的。报告编写者的分析也好，我个人极粗略的分析也好，都可能有很不恰当的地方。好在本报告把所有资料都发表了，读者可据以从不同角度进行分析和考察而不一定拘泥于既有的认识。

要进一步认识凌家滩，还有待于北区墓地和整个遗址的发掘情况，这是我们大家所期待的。

（原载《凌家滩——田野考古发掘报告之一》，
文物出版社，2006年）

石家河考古记

20 世纪 80 年代初期，中国考古学界出现一派生机，甘肃大地湾和辽宁牛河梁等重大考古发现一个接着一个。按照传统的观念，这些新石器时代晚期的遗址理应属于原始社会的范畴，与文明一词搭不上边。但事实上这些遗址中所发现的遗迹遗物与同时期的一般新石器时代遗址颇多不同，处处闪现着文明的火花，而它们所在的位置都远离号称文明发祥地的中原地区。这一事态的发展开始时可能使人感到有点迷惑，不过更多的是感到兴奋，感到有必要从理论上进行反思。当时我想，从部落到国家或者从野蛮到文明，乃是人类社会发展中的一个巨大的飞跃。如果我们相信唯物主义，相信社会发展的动力主要在社会内部而不是上帝安排的话，就必须承认这样巨大的变化不可能在一个早上完成。应该有一个较长的过程，有若干相互衔接的发展阶段，好比一个文化发展的链条是由若干链环连接起来的一样。过去由于考古工作做得不够，许多失去的链环没有找到，一旦找到几个又连接不起来，自然会感到有些突然。况且中国那么大，不会只有简单的一根链条，很可能有一个由若干链条组成的复合体。大地湾和牛河梁应该是各自所在地方文化发展链条中的一环，更多的链环有待于考古学家去寻找。我们根据当时已经捕捉到的一些信息，认定浙江的良渚和湖北的石家河两个遗址群可能是属于最重要的链环之列的，它们都可能成为探索中国文明起源的突破口。能不能选择其中的一个尝试一下呢？

1987 年 4 月底至 5 月初，我在四川参加了广汉三星堆和成都十二桥遗址的学术座谈会，5 月 16 日之前要到山东烟台和长岛主持一个胶东考古座谈会，中间正好有几天时间可以顺路到石家河去看看。于是事先跟湖北荆州博物馆张绪球馆长联系了一下，绪球非常高兴，亲自陪我到石家河遗址群进行考察，初步决定在那里做些工作。6月间请张江凯代表北京大学考古系同湖北省文物考古研究所和荆州博物馆商量三方合作的事宜，并于6月26日签署了“关于湖北省天门县石河区新石器时代遗址群的发掘与研究会谈纪要”，决定由三方联合组成石家河考古队，从当年起对石家河遗址群进行系统地勘探、发掘和研究工作。考虑到省博物馆和荆州博物馆过去都做过不少工作，有一定的基础，所以无论在人事的安排还是在计划的制定方面都尽量考虑前后的衔接。当9月初大队人马开赴工地进行发掘时，早在1955年就主持过石家河遗址发掘的王劲同志带着我们一个一个遗址地查看和介绍，张绪球同志除进行业务指导外还担负起了全队行政管理的重任。当时我们约定，参加人员不论来自哪个方面，都是属于石家河考古队的，工作上不分彼此，统一安排。在这种思想指导下，大家精诚团结，一切为了搞好石家河的考古发掘与研究工作，从而比较顺利地取得了重要的成果。

从1987年秋到1990年秋，我们先后进行了八次发掘，发掘的遗址有邓家湾、谭家岭、肖家屋脊和土城等处，重点在邓家湾和肖家屋脊。邓家湾主要是一处从屈家岭文化到石家河文化早中期的墓地，发现有近百座中小型墓葬。紧靠墓地的东边发现有几种可能与宗教有关的遗迹：一是屈家岭文化的长筒形陶器首尾相接地排成弯曲形，这些长筒形陶器形体各异，有的素面像炮弹，有的像是缠满绳索，有的中段膨大并有许多长乳丁，状如水雷。过去只发现过个别器物，这次是几个连在一起，而且靠近墓地，值得注意。二是石家河文化的陶臼或缸形器首尾相接地排列，有单列的也有并列的，排列的形状有呈直线的，也有半圆形的。器物通体多饰篮纹，有的上腹有刻划符号。它们的形制、纹饰、刻划符号的部位和刻法都跟大汶口文化的陶尊相似，只是刻划符号有所不同。大汶口文化的陶尊都是个别出土的，有的用于随葬；而邓家湾则是连续排列，值得注意。三是发现两个不规则形坑中埋藏有成百个陶俑和数千个陶塑动物。陶俑形体几乎千篇一律，差不多都是头戴平顶或微弧顶浅沿的帽子，身穿细腰的长袍，双膝跪地，手捧大鱼，而且总是左手托鱼尾，右手压鱼头。如此规范化的制作似乎是反映某种宗教的祈祷仪式。同出的数千个陶塑动物中有家畜猪、狗、羊、牛和家禽鸡，有野兽象、虎、猴，有鸟类，多为长尾，其中可能有孔雀和雉，还有爬虫类的龟、鳖等。它们可能是宗教仪式中使用的道具。过去在石家河文化的遗址中也发现过一些陶塑动物，但没有这样集中，种类没有这样多，也不是与陶俑出在一起，所以这次的发现特别值得注意。看来邓家湾除墓地外还可能是一个宗教活动的重要场所。

在我们正式发掘之前，肖家屋脊遗址上已经建立了一座石河镇砖瓦厂，遗址的南部已遭受严重破坏。考古工作开始后，该厂仍未能停止生产。考古队不得不把主要精力投入到肖家屋脊，因而在这里发掘的次数最多，发掘的面积也最大。除发现有少量屈家岭文化的遗存外，绝大部分是属于石家河文化的。有居址，也有墓地，还有一些宗教性遗迹。墓地分为若干片，从屈家岭文化到石家河文化晚期，墓葬的分化越来越显著。屈家岭文化的大墓只有几十件器物，石家河文化的大墓则有一百多件器物。到石家河文化晚期，仅在一座瓮棺中就随葬有56件玉器，包括人头像、虎头像、蝉、飞翔的鹰和许多装饰品。少数瓮棺只有几件玉器，而大多数瓮棺则一无所有。由于发掘规模仍然有限，无法肯定是否已经挖到了石家河遗址群中最大的墓葬；仅就肖家屋脊的这部分材料来看，石家河文化时期社会的分化实已达到了相当尖锐的程度。在肖家屋脊也有像邓家湾那样的陶臼或缸形器相互套接成列摆放的情况，同时还有一处把器物倒扣起来并且成列摆放的。其中不少器物上也有刻划符号。符号的种类和邓家湾略有不同，但我们不能肯定这种不同是否具有实质性的意义，或者仅仅是偶然性的差异。两地多数符号的意义不明，有些符号似可作些揣摩。其中有些像号角，也有像石钺或玉钺的，似与军事有关；有的像石镰，当与农事有关；还有像高柄杯或红陶杯（因其形状与遗址中所出红陶杯别无二致）中插一小棍的，似乎又与祭祀有关。肖家屋脊还有一件陶罐上刻着一位武士，头戴花翎帽，腰系短裙，脚着长靴，右手高举一把石钺或是玉钺，俨然是一位军事首领。军事、农事与祭祀是当时最重要的事情，反映在刻划符号上也是情理中事。

谭家岭遗址过去曾做过一些试探性发掘，这次的发掘仍然属于试探性质。发掘表明那里从大溪文化、屈家岭文化到石家河文化都是一个集中的居住区，尤以石家河文化的早中期最为发达。现代的谭家岭村整个儿坐落在遗址的中央，村子周围到处可以发现红烧土，那是被烧毁的房屋残迹，其面积远远超过10万平方米。在发掘的几个小区中见到的虽然多是小房子，有单间的也有分间的；但也曾挖到大房子的一角，其墙壁厚度即达1

米。或许那里存在着礼制性的中心建筑，可惜因为时间限制没有完全揭露出来。

早在计划发掘石家河遗址群的初期，我们就曾想到要进一步探索各个遗址的性质和相互关系，进而对整个遗址群的形成及其发展水平有一个基本的认识。如果一开始就做这件工作，一是心中无数，二是学生实习时间紧迫，工作上不容易安排。当发掘取得实质性进展后，进行全面的调查研究不但有了实际可行的基础，而且是为了规划下一阶段的工作所必需。因此在 1990 年春季，我请北京大学考古系的赵辉和张弛对遗址群进行一次全面的勘察。当时全国已陆续发现了多处龙山时代的城址，因而在石家河有没有城址便成为勘察中注意的中心。原来以为土城是石家河遗址群的中心，但规模太小，试掘证明它是西周的遗迹而不是新石器时代的。于是把注意力转向遗址群西边的那道大“堤”，它是那样的大，看起来跟现代的河堤都差不多。我们天天看到它，却不敢想像它会是新石器时代的遗迹。正巧它的中段有一座窑，把那道“堤”挖了一个半拉子缺口。从剖面上可以清楚地看到人工夯筑的不大规则的层理，筑造的技术跟许多龙山时期的城址差不多，跟广汉三星堆城垣的筑法也差不多。夯层中捡到的陶片几乎全是屈家岭文化晚期的，说明它不会早于屈家岭文化晚期，但它的下限却难以确定。幸好在它的最南端向东拐弯的地方，发现有一片石家河文化早期的地层压着它，这样它就不会晚于石家河文化早期了。根据这个重要的信息，再把整个遗址群所在的地形和微地貌做了仔细考察，并且对各个遗址暴露的遗迹遗物做了详细分析和全面的估量，结果证实这里存在着一座从屈家岭文化晚期到石家河文化时期的巨大城址。其形状大致呈不甚规则的长方形，南北最长约 1200 米，东西将近 1000 米，总面积超过 100 万平方米。除了高大的城垣，外面还环绕着宽大的壕沟，这样巨大的规模，在龙山时代是首屈一指的，其重要性可想而知。不过这座城址保存并不完整，它的东北部被土城打破了一个大缺口，东南部又有很大一段了无痕迹。将来如果对地下进行仔细的探测，一定会看得更准确一些。

城垣确定以后，对这个遗址群的格局就可以看得比较清楚了。城内的中心区在谭家岭，邓家湾是一个小型墓地和宗教活动中心，西南部的三房湾应是另一个宗教活动中心，那里堆积有 10 万件以上的红陶杯。这种陶杯十分粗糙，容量极小，不可能是实用器，很可能是一种祭器。在一个地方堆积了如此大的数量，表明在那里曾经长期举行过大规模的宗教活动。城外最重要的地方当是东南部的肖家屋脊和罗家柏岭。肖家屋脊的情况已如前述，那里是一个比较重要的墓地和宗教活动的地方，也是一个小居民区。罗家柏岭则有比较大型的建筑，在那里发现过玉器，表面那里确实是一个重要的场所。城周围大约8平方千米的范围内，还分布有二三十个遗址，其中大多数是一般性村落遗址，它们应该和石家河城有密切的关系，只是现在还没有仔细研究，各自的功能还不甚清楚。

鉴于第一阶段的工作已基本上告一段落，有必要进行适当总结，以便于规划下一步的工作。于是在1991年5月23～25日召开了队长扩大会议。大家一致认为前一阶段的工作取得了重要成果，由于资料十分丰富，不但可以对石家河遗址群进行比较细致的分期研究，而且对每一期的文化特征、各期文化的联系以及与周围文化的关系等方面都可能获得比较充分的认识，从而为江汉地区新石器时代文化的发展谱系树立了一个可靠的标尺。不但如此，由于运用聚落考古的方法对整个遗址群进行研究，结果发现了一座龙山时代最大的城址，对城内城外的情况也进行了初步的调查研究，从而为研究江汉地区文明的起源及其在我国文明起源中的地位与作用提供了十分重要的资料，为今后这类课题的研究打下了良好的基础。为了及时总结成绩，尽早地发表资料和研究成果，会议决定暂时停止大规模的田野工作，把业务活动的重点转移到资料整理和编写报告方面来。当时商定先出三部报告，一部是肖家屋脊遗址发掘报告，由张绪球负责，组织荆州博物馆有关人员编写；一部是邓家湾遗址发掘报告，由杨权喜负责，组织湖北省文物考古研究所有关人员编写；一部是石家河遗址群考古调查报告，由赵辉和张弛编写。现在调查报告已经发表（见《南方民族考古》第五辑），肖家屋脊的报告已经完成，就是本书，邓家湾的报告正在编写。这些成果尽管还有一些不能尽如人意的地方，毕竟是许多人辛勤操劳的结果，在学术上具有重要价值，因此是弥足珍贵的。

记得在1991年的队长扩大会议上，大家充分肯定了三方联合建队、各方发挥自身优势的组队形式，认为这是考古队能够取得重要成果的主要原因之一，表示今后要将这一形式长期坚持下去。我希望在完成第一阶段的各项工作之后，在坚持三方合作的体制的基础上，认真总结经验和不足之处，继续开展工作，努力提高田野考古水平和研究水平。石家河遗址群的研究将会是长时期的，可以几代人做下去的。因而在工作的安排上不必急于求成，可以分阶段有节奏地进行。做完一个阶段做一次总结，使我们的考古水平不断提高，研究的问题不断深入，这应该是我们全体考古队员的心愿。

（原载《肖家屋脊》，文物出版社，1999 年）

邓家湾考古的收获

记得在1987年，北京大学考古学系同湖北省文物考古研究所和荆州博物馆合组石家河考古队，全面规划石家河遗址群的考古工作的时候，邓家湾遗址的勘探与发掘是首选项目之一。这个遗址之所以被特别看重，是因为在历年的考古调查与试掘中，曾经不止一次地出土过陶塑小动物和陶筒形器等特殊物品，而且相当集中地分布在墓地的旁边，这种情况在别的遗址是很少见的。为了深入了解邓家湾遗址的性质及其在整个石家河遗址群中的地位与作用，我们决定对它进行重点发掘。1987年春、秋两个季度的发掘，发现在遗址的西部有一个屈家岭文化和石家河文化的墓地，同时发现有一大批宗教性遗迹，确立了邓家湾遗址的特殊性质与地位。1990年至1991年春对石家河遗址群的全面勘探，首次发现了石家河古城，并且基本上弄清了城址的范围、结构与形状大小，其中西城垣和南城垣的西段至今仍然高耸于地面之上。根据城垣的走向，邓家湾遗址应当位于古城以内的西北角，但是在遗址边的地面上毫无城垣踪迹，估计是被后来改造田地和建设村舍时破坏了。虽然地面看不到城垣遗迹，地面下应该还有残留的城基。为了证实这一推断，同时也为了把遗址的西部边缘弄清楚，于是在1992年春进行了补充发掘和局部的勘探。先后几次考古的结果相当喜人，主要的收获是进一步确定了石家河古城的年代、城垣的基本结构和在西北角的走向，发现了一大批颇具特色的宗教性遗迹，同时还揭示了一个从屈家岭文化到石家河文化的比较完整的墓地，基本上弄清了从屈家岭文化到石家河文化的演变轨迹。

1990年春首次发现并确定石家河古城时，主要是根据地面暴露的城垣和钻探的结果，还有西城垣因为挖窑破坏而看到的剖面，再结合整个遗址群主要文化堆积等情况。推定城垣的始建年代应该在屈家岭文化在当地有了一定程度的发展之后，古城的繁荣时期主要在石家河文化早期，到石家河文化晚期也许城垣依然存在，但是原有城内的格局和功能都发生了明显的改变，意味着当时也许发生了某种重大的社会变动。通过邓家湾的发掘，进一步证实了这一判断的正确性。在第6～8号探方发现的一段城墙残迹，其下部叠压着屈家岭文化的地层和104号墓葬，又被屈家岭文化晚期晚段即本报告第二期的文化层和多座墓葬叠压或打破，足见其始建年代是在屈家岭文化在当地发展一个时期之后。由于城墙紧贴墓地，所以在使用时期就有某些墓葬挖破城脚是可以理解的，并不意味着城墙在屈家岭文化晚期之末就废弃了。事实上邓家湾的墓地和宗教性遗迹基本上不越出屈家岭文化晚期和石家河文化早期，这也就是石家河古城兴盛的时期。通过发掘，这个问题总算更加明确了。而古城在西北角的结构与走向也获得了一些新的认识。

邓家湾遗址的宗教性遗迹是一项重大的发现。虽然保存不很理想，但是通过发掘和资料整理与分析，还是可以获得一个基本的认识。在屈家岭文化时期，主要的宗教性遗迹有似乎是祭坛的地方、筒形器和相关的房屋建筑等，它们很可能是一个互有联系的整体，范围几乎遍及整个发掘区的大部，而中心当在T10～T11及其附近不足100平方米的区域。在那里发现有两个小土台，其中一个的中部有被烧过的石头，周围的灰烬中有烧过的骨头，还有石斧和彩陶杯等；另一个有两层红烧土面，可能曾经两次建造。它的中部和近旁有三个柱洞，有的柱洞中还残留有烧过的木柱痕迹。这三根木柱与房屋建筑毫无关系而立于烧土台之上，应当是与宗教活动有关的遗迹。特别是在这两个小土台的北面有一片排列有序的扣碗和盖鼎，旁边还有小孩骨架；南面则有许多筒形器残片，其宗教性遗迹的特征就更加清楚了。至于这两个小土台南边与西边的房屋遗迹，在层位上要比小土台晚一些。其中3号房屋北边有规律地摆放着8口陶缸，似乎也应当视为宗教性遗迹。因为整个邓家湾遗址西部就是一个墓地和宗教活动场所，不是人们日常居住生活的地方。有一两所小房子即使能够临时住人，也应当与祭祀祖先或其他宗教活动有关才是。

至于中心区域以外的宗教性遗迹则主要是陶筒形器。这种器物早在20

世纪 50 年代初发掘屈家岭遗址时就发现过，只有一件，上细下粗，通体甚高，外面有三十四道箍状附加堆纹，上端有子母口，表明上面还应该连接别的器物。由于不明用途，无以名之，就根据形状名曰筒形器。从那以后发现的屈家岭文化遗址不下千处，经过发掘的也有好几十处，除了邓家湾，就再没有发现过这种器物。这本身就是一个十分值得注意的情况。邓家湾不但有这种器物，而且品种齐全，数量极多，还有成组排列的现象，特别能引起人们的注意。

邓家湾的筒形器有三种，一种是粗筒形器，形状和屈家岭发现的基本相同，只是高矮粗细稍有差别，外面的箍状附加堆纹则从十余道至三十余道不等。一种是细筒形器，又细又长，外表为素面，顶部有尖圆形封口。还有一种筒形器明显分为三段，上部像细筒形器，下部像粗筒形器，中部像球形鼓出，球面上有许多长乳丁，可称之为乳丁筒形器。三种筒形器往往在一起出土，而且粗筒形器上有子母口，说明它们是结合在一起使用的。根据器形推测，理想的结合方式应该是粗筒形器在下，细筒形器在上，乳丁筒形器在中间。或者乳丁筒形器在下，细筒形器在上，因为乳丁筒形器下部可以代替粗筒形器。第三种结合方式可以是粗筒形器在下，乳丁筒形器在上，因为乳丁筒形器上部可以代替细筒形器。最简化的方式就是只用一个乳丁筒形器，三者都可以代表了。不过这种推测从出土的情况得不到证明。

筒形器在邓家湾出土的地点至少有 15 处，绝大多数出在灰坑中。其中集中出土的地点有 5 处，一处在中央土台南边，因为太碎，摆放方式不明。一处在离中心土台不远的 AT6，一处在东部的 AT607，一处在西南部的 H28，最后一处在东南部的 H59，后两处的情况比较清楚。H28 出土有七八件粗筒形器的碎片，其中可以复原的有 4 件，下面压着一件长达 95 厘米的乳丁筒形器，旁边还有 3 件细筒形器，其中两件相互套接。H59 及其近旁出土大体平行摆放的三组筒形器，第一组是 3 件细筒形器相互套接，第二组是 2 件乳丁筒形器互相套接，第三组是 4 件粗筒形器两两对接，另外还有 2 件素面的残片，似是细筒形器。假如第一和第二组还可以竖立起来的话，第三组无论如何是竖立不起来的。由此可知灰坑中筒形器摆放的情况并不一定是实际使用时相互套接的情况。恐怕三种筒形器依粗细相互套接竖立起来使用的可能性还是比较大的。而多数灰坑中的筒形器碎片，则可能是每次宗教性活动后将筒形器砸碎掩埋的结果。

总之，邓家湾在屈家岭文化时期是一处重要的宗教活动场所，主要的宗教道具是三种陶筒形器。由于这个宗教活动场所与同时期的墓地几乎重合，很容易把它理解为墓祭的遗迹。假如真是如此，当时应该有用筒形器举行墓祭的风俗，别的墓地就应该有筒形器遗迹，而事实上并非如此。要么邓家湾墓地的死者有特殊的身份，因而才有这种特殊的安排。但邓家湾都是中小型墓葬，埋葬方式上也看不出有什么特殊的地方，因此也难以说通。看来邓家湾的宗教性遗迹在屈家岭文化中是非常特殊的，是只有像石家河古城这种规格的遗址中才可能有的设施。与它同在一起的墓地如果有关系的话，则可能是与这种宗教活动有关人员的葬地。换句话说，邓家湾首先是宗教活动的圣地而不是墓祭的场所，墓葬中的死者可能是为宗教活动服务的而不是主体。

邓家湾作为重要的宗教活动场所到石家河文化时期达到了更加突出的地步。这时主要的宗教活动遗迹有经过平整的场地，在场地上摆放大量的陶缸，还有数量极多的陶偶和陶塑动物等。场地是用黄土或黄褐土掺红烧土末和碎陶片等筑成的，由于后期的破坏，现在只剩了一些残片。不知道原先是一整片还是分成几片。其中最大的一片在遗址西边紧贴城墙的地方，南北长有 20 多米，上面放置成组的陶缸。其中北面和南面的陶缸均已压成碎片，摆放的方式已不大清楚。中间的陶缸大体完整，缸口多朝西横置，也有少数朝东的。推测原先可能是竖立的，就像肖家屋脊 JY7 的情况一样。在发掘区的东南和东部各有一片经过平整的场地，边上横置许多陶缸互相套接，陶缸高度与地面平齐。东南部的陶缸有三排，平面略呈“S”形，长约 10 米，两端都没有到头，原先应该更长一些。有些陶缸已经破碎或被扰动，中间的一排保存较好，有 24 口陶缸相互套接。东部的陶缸有两排，东西排列，基本上成一直线，只是略微向北弯曲。延长有 9 米多，两端也都没有到头，原先应该更长一些。在这两组相互套接的陶缸上覆盖有红烧土、碎缸片、红陶杯和陶塑动物等。

上述陶缸造型相当一致，一般是夹粗砂红褐陶制，尖圜底或小平底，胎壁极厚，越近底部越厚，最厚处可达 5 厘米以上。体形较大，多数高达半米左右。样式像缸，但如果真是做缸来用，似乎不必把底部特别增厚，所以《肖家屋脊》报告称之为臼。摆放整齐的陶缸，比较完整的就有 120 多件，如果把大量破碎的陶缸计算在内，不啻有大几百件，那是多么壮观的一个场面！这样多的陶缸集中在一起，而且许多是相互套接的，明显不是用来做缸盛物的，在邓家湾这种场合也不像是实际用来舂米的。至于本来的用途，似乎两者都有可能。这些陶缸的外表一般分为上下两段，上段多饰篮纹，下段素面，有时下段的上半部也饰篮纹。有些陶缸的上半部刻划一个符号。邓家湾陶缸上的符号有十几个，比较突出的有镰刀、杯子和类似号角的图形。杯子的造型跟遗址中的红陶杯十分相似，只是里面插了一根细棍。邓家湾的红陶杯成百上千，大概是跟祭祀活动有关的用品。在石家河文化中，类似的陶缸虽然不是第一次发现，但是像邓家湾那样集中，又有特殊的刻划符号的，确实绝无仅有。只有同属于一个遗址群的肖家屋脊才有类似的情况，但规模也小一些。这是非常值得注意的现象（图一、二）。

在邓家湾，与上述宗教性遗存相关的还有大批陶偶和陶塑动物。这个遗址最初被引起注意就是因为在那里采集到了大量的陶塑动物。这些陶偶和陶塑动物除了与红陶杯和碎缸片等一起出自覆盖陶缸的堆积中外，还大量地出自灰坑和洼地等。据统计，至少有 17 个灰坑出土陶塑动物，其中单是 H67 就有数千个，H69 也数以千计，H116 与陶塑动物一起还出土铜矿石（孔雀石）碎块。在发掘区西南角的一片洼地的底部也出土成堆的陶塑动物。由于许多陶偶和陶塑动物已经被挤压成碎块，难以精确统计，只能做出大概的估计，其总数当在 1 万以上。过去在石家河文化的遗址中曾经多次出土陶塑动物，多只几件或十几件，肖家屋脊也只有几十件（包括混入晚期地层的），像邓家湾这样巨大数目的陶偶和陶塑动物也是绝无仅有的。

邓家湾的陶偶数以百计，姿态各异。绝大多数头戴浅沿帽，身着细腰长袍，也有不戴帽和露胳膊露腿的。一般头后挽髻，耳、鼻显著，眼、嘴等细部往往被忽略。有的跨腿站立，有的举腿起步，有的挥手抬足似舞蹈状，而绝大多数为跪坐抱鱼式：双膝跪坐，左手托鱼尾，右手按鱼头，显得端庄而虔诚，像是在上祭的样子。

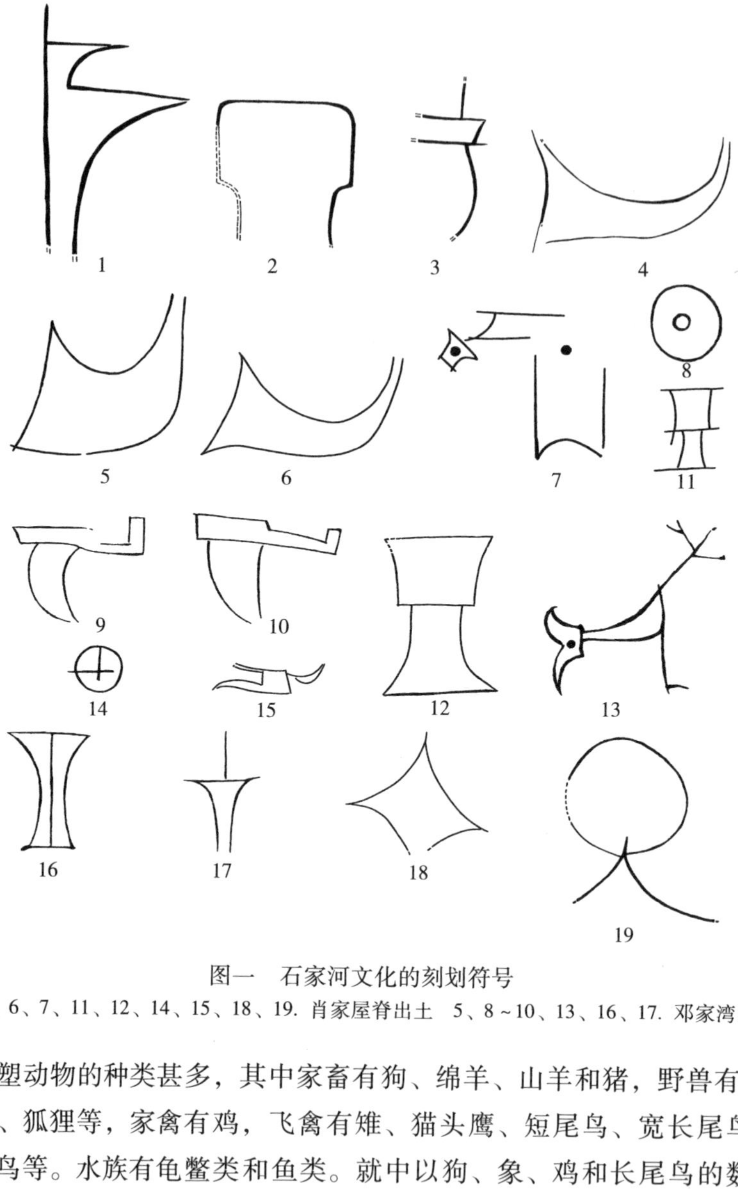

图一　石家河文化的刻划符号

1～4、6、7、11、12、14、15、18、19. 肖家屋脊出土　5、8～10、13、16、17. 邓家湾出土

陶塑动物的种类甚多，其中家畜有狗、绵羊、山羊和猪，野兽有大象、猴、兔、狐狸等，家禽有鸡，飞禽有雉、猫头鹰、短尾鸟、宽长尾鸟和分叉长尾鸟等。水族有龟鳖类和鱼类。就中以狗、象、鸡和长尾鸟的数量最多。石家河文化的动物骨骼中常见的家畜水牛和捕猎最多的鹿在陶塑动物中不见踪影，应该不是偶然现象而可能是有意思的回避。动物的造型往往突出特征而忽略细部，例如象突出长鼻、大耳、柱足和长长的门牙，羊突出卷曲的角，雄鸡突出鸡冠等，所以绝大部分动物容易辨认。也有极少数

动物难以确认种属，有些做得既像禽又像兽，还有尾部连在一起的连体鸟等，也可能是有意做成的。

图二 邓家湾套缸上的刻划符号

当时的陶工还特别着意表现不同动物的各种姿态。例如狗的姿态就非常多，有昂首翘尾站立的，有拖尾行走的，有俯身卷卧的，有侧卧翘首的，有的背上驮一只小狗，有的嘴里好像叼一大块肉，有的像是在汪汪叫，真是千姿百态，活灵活现。大象的姿态也很多，有抬头伸鼻卷物的，有低头伸鼻寻物的，有大门牙前伸作攻击状的，有伫立憨厚可掬的。我想当时长江中游一定有许多大象，而且一定跟人们的生活发生了密切的关系，不然人们不会那么熟悉大象的特征和行为举止。雄鸡的数量特别多，大概是因为雄鸡的特征比较容易把握，各种姿态的表现也非常丰富，同时还有母鸡和小鸡，其特征也是一望可知的，足证人们对鸡特别熟悉又特别喜爱。鸟的数量之多超过了鸡，分叉长尾鸟和宽长尾鸟尤其多，但究竟是什么鸟难以确指，其中也许有孔雀，很难说哪一种更像一些。

所有这些陶偶和陶塑动物都可以看作是艺术的杰作，但它们那样集中，又同宗教性遗迹联系在一起，那么它们的意义和价值就不仅仅是在艺术方面，还应该是某种宗教活动的重要物品。

综合邓家湾石家河文化时期的宗教性遗存，可能是反映一种庆贺丰收的祭祀活动。大批陶缸或陶臼摆放在那里虽然不是实际用来盛放食物（粮食或米酒）或舂米的，却可能是在重大的祭典中代表丰盛的粮食收获和加工场面。陶缸上刻划的镰刀也具有同样的意义。陶缸上刻划的杯子和遗址中成百上千的红陶杯可能是一种祭具，而大量的陶塑动物则可能是代表祭祀时用的牺牲。那些抱鱼跪坐的陶偶可能是代表祭祀者的形象，他们那种端庄肃穆和虔诚奉献的神态给人以深刻的印象。作舞蹈等各种姿态的陶偶完全是另外一种表情，可能表现庆贺的场面。我们甚至还可以设想，这种庆贺丰收的大典不是任何地方的任何人都可以举行的。因为至今在上千处石家河文化的遗址中，还只有石家河古城中的邓家湾和城外边的肖家屋脊发现这样的遗迹，而邓家湾的规模和内容都要超过肖家屋脊。可见这种宗教性活动具有独占性和垄断性，这是在文明起源过程中才会发生的现象。童恩正在论述原始宗教在文明和国家起源过程中的作用时说：“在原始社会后期，宗教仪式的举办和宗教场所的兴建可以说是组织和影响群众最方便的手段，这种凝聚力有时连生产和战争活动也难以比拟。在从事以宗教为目的的社会活动的过程中，氏族的上层集团得以逐渐地掌握了控制人力和资源的方法和途径，并使之制度化和经常化。”① 邓家湾大规模宗教场所的设置，是与贵族集团为组织和影响群众，进而控制人力和物质资源的需要相适应的。这对于认识石家河古城在整个屈家岭—石家河文化中的地位，进而研究屈家岭—石家河文化的社会发展水平和意识形态的特点，都是有重要意义的。

邓家湾考古的收获是多方面的，在此不必一一细述。最后只想提一下1987年秋发现的那件铜片和铜矿石碎块。在我国史前文化中发现小件铜器已经不是新鲜的事了，但在长江流域还一直是个空白，就连良渚文化发展水平那样高的遗存中至今也还没有发现铜器。人们怀疑长江流域的人类在史前时期可能根本就不知道制造铜器。如果真是那样，那么把石家河文化和良渚文化等划归铜石并用时代就失去了根据。邓家湾的发现加上肖家屋脊的铜矿石碎末，正好填补了这一缺环，证明我们过去把长江流域相应阶段的史前文化划归铜石并用时代是正确的。那件铜片可能是一把残铜刀，铜矿石的发现证明当时已经懂得冶炼的技术，这对于理解石家河文化的技术和生产力发展水平是很有帮助的。

（原载《邓家湾》，文物出版社，2003年）

① 童恩正：《中国古代的巫、巫术、巫术崇拜及其相关问题》，《长江中游史前文化暨第二届亚洲文明学术讨论会论文集》，岳麓书社，1996年，第312页。

谭家岭：收获和悬念

谭家岭遗址位于石家河古城址的中心部位。1982 年湖北省博物馆曾经进行过试探性发掘，发现有大溪文化（即油子岭文化）、屈家岭文化和石家河文化依次叠压的地层关系。据说探方底部还发现有类似城背溪文化的绳纹陶片，但资料一直没有整理发表。

1987 年，由北京大学考古学系、湖北省文物考古研究所和湖北荆州博物馆联合组成石家河考古队，决定对整个石家河遗址群进行有计划的勘探、发掘与研究时，即考虑到谭家岭遗址的重要地位，并确定为首先发掘的三个地点之一。但由于这个遗址的大部为现代村落所覆盖，无法进行大规模布方，只好采取试探性的发掘方式。1989 年秋进行的第二次发掘也仍然是试探性的。两次发掘的总面积才 465 平方米，虽然不大，还是对这个遗址有了进一步较实际的认识。我们开始发掘谭家岭时并不知道有一个石家河古城，只是知道它在整个石家河遗址群中处在比较适中的位置，并有不同时期的文化堆积。我们调查时还看到地面上到处暴露出史前房屋被烧毁的残迹——红烧土。遗址面积大约有 20 多万平方米，是整个遗址群中最大的一处。由此可见这里应该是一处重要的大型聚落遗址。等到 1990 ~ 1991 年全面调查的过程中确定石家河古城及其大致的布局之后，谭家岭遗址的地位就显得更为突出了。

两次试掘的收获主要有两条：一是基本弄清了谭家岭遗址连续发展的历史。发掘报告将谭家岭遗址的文化遗存分为六期，前三期属油子岭文化，后三期分别为屈家岭文化、石家河文化和后石家河文化。我们注意到在整个石家河遗址群中，油子岭文化仅见于谭家岭遗址。到屈家岭文化和石家河文化时期，随着古城的修建而有了巨大的发展。根据赵辉和张弛对石家河遗址群的调查，在32个遗址中，发现有屈家岭文化遗存的10处，有石家河文化遗存的22处，另有拟似的4处，有石家河文化晚期即后石家河文化遗存的13处（参见石家河考古队：《石家河遗址调查报告》，《南方民族考古》第五辑，四川科学技术出版社，1992年）。谭家岭遗址则一直处在中心的位置，其规模也明显是一个大型的中心聚落。

油子岭文化一名是近年来才正式出现的，张绪球过去称为大溪文化的油子岭类型，见所著《长江中游新石器时代文化概论》（湖北科学技术出版社，1992年）。其中发表了谭家岭的部分资料。这次经过全面整理，内容可以看得更清楚了。油子岭文化分布的范围不大，从已知各个遗址的关系来看，谭家岭实处在近乎中心的位置。出土遗物中那种薄胎米黄地饰黑彩的陶碗等是所有遗址中数量最多和最精致的，那种似宝塔形的盖纽不但数量多，形态变化也多，颇富艺术造诣，非常引人注目。说明谭家岭遗址在当时已然是一个中心聚落。屈家岭文化和石家河文化的分布范围比油子岭文化大得多，此时的经济文化有了显著的发展，战争开始成了难以逃避和普遍关切的社会问题，各地相继筑起了防卫性的土城，其中规模最大的就是石家河古城。而谭家岭则是这个古城的心脏。1987年和1989年的两次发掘因为面积太小，并没有涉及最重要的位置，也就没有发现大型的宫殿式建筑。但也不是没有露出一点迹象。我们注意到在二区发现的7座属于石家河文化的房基中，已有分间式房屋，第8号和第10号房屋已用土坯砌墙，这在当时是很先进的技术。第10号房屋的东墙厚达80~90厘米，已不是普通住房的规格。更值得注意的是这座房子的隔墙往西打破了另一座未编号的房子，后者虽只露出一小段墙壁，厚度却达到1米，显然是一座更大的建筑。可惜因发掘面积有限，没有继续追索下去。但就是这一点线索已足以说明谭家岭确实有重要的大型房屋，那多半是殿宇一类的礼制性建筑。与此相适应的高等级大墓应不在谭家岭而可能在稍远的某个地方。这都是给我们留下的重要悬念！

我们本来打算在肖家屋脊和邓家湾的发掘报告整理出版之后，再集中精力对谭家岭进行较大规模的发掘，以便更加确切地了解它的具体情况和所达到的发展水平。可是北京大学不久就把考古实习的重点转移到了河南邓州八里岗，无暇同时顾及石家河了。这一晃就是十几年，谭家岭发掘的资料只好坐了十几年的冷板凳。感谢原荆州博物馆馆长和石家河考古队副队长张绪球先生在其退休之后毅然担当了资料整理和编写报告的重任。读者从报告的内容可以大致了解谭家岭遗址的分量和学术价值。毕竟因为发掘面积有限，整个谭家岭的真面目还没有完全揭示出来。我想这个报告应该是未来进行全面发掘和研究的序曲，好戏还在后头。现在的关键问题是要保护好这个极其重要的遗址。希望有关方面采取更加有效的措施，是所至盼！

（原载《谭家岭》，文物出版社，2011 年）

石家河的立鹰纹玉牌饰

天门石家河曾多次出土玉器，最早是1955年由中国科学院考古研究所于遗址东南的罗家柏岭发现44件，包括人头像10件，以及蝉、璧、环、笄、管等，推测是出于瓮棺葬中，其中最引人注意的是一件T32③A：99直径将近5厘米的凤鸟形圆牌饰。整个圆牌由一只凤鸟首尾相接构成，身上的纹饰均为圆润流畅的凸线纹，那是需要很高超的技术才能做成的。1988年和1989年，由北京大学考古学系、湖北省博物馆和荆州地区博物馆合组的石家河考古队，在紧靠罗家柏岭之北的肖家屋脊发现了一大批瓮棺葬。其中的第6号瓮棺即出土玉器56件，残留的人骨经鉴定为25岁以上的成人二次葬。这是一次非常重要的发现。荆州地区博物馆的张绪球馆长有非常详细的研究①。

在此以前的1981年，荆州地区博物馆曾经在汉水以东的钟祥六合发掘了25座后石家河文化的瓮棺葬，发现不少玉器和玉料碎片。其中的1号瓮棺出土了一件立鹰圆雕，高4.9厘米，底部有一个卯眼，应该是套在某个榫头上的。1992年荆州地区博物馆在荆州市郊的枣林岗发现了一大批瓮棺葬，其中有46座瓮棺随葬玉器156件。其中也有一件圆雕立鹰，脚下有一个榫头，原本应该是插在基座上的。全器高5厘米，立鹰仅高3厘米，是一个袖珍品。

后来在石家河古城中心地区的谭家岭发掘了9座瓮棺葬，其中随葬了250多件玉器，数量之多是前所未见的。同罗家柏岭和肖家屋脊发现的玉器一样也都是袖珍品。W8出土一件立鹰纹圆牌，W9则出土一件两鹰相向而

---

① 荆州博物馆：《石家河文化玉器》，文物出版社，2008年。

立的牌饰。牌饰上面的线条都是凸起的，圆润流畅。尽管良渚文化玉琮等上面神人兽面纹的细密程度也是极高技艺的作品，毕竟只是阴线刻。相比之下，石家河立鹰等的凸线纹，刻划起来要困难得多，还都刻得十分圆润而流畅。技艺之精只有良渚晚期玉璧上那种若隐若现的极为纤细的刻划纹可以媲美。但石家河绝不见良渚文化的琮王和大型玉璧那样大气的作品，至今所见都是小件作品。这可能与玉料稀缺有关，也可能是一种崇尚精细的风习。

我们注意到台北故宫博物院收藏的一件大型玉圭，这件圭长 30.5 厘米，上面有清高宗乾隆的题字。该圭两面均有刻划纹饰，一面刻凸线纹立鹰，另一面刻凤尾状凸线纹。雕刻方法同石家河立鹰牌饰别无二致。邓淑蘋将这件玉圭与山东日照两城镇发现的玉锛上面的纹饰做了比较研究，认为两者有颇多相似之处，年代也应该相当①。一般认为两城镇的玉锛应属龙山文化，因此台北故宫博物院的那件玉圭也应该属于龙山文化。而石家河的立鹰牌饰等玉器的年代属后石家河文化或肖家屋脊文化，年代与龙山文化基本一致，两者之间很可能有实际的文化交流，否则难以出现从题材到技艺上都如此相像的珍品。

有趣的是，在河南禹州瓦店龙山文化遗址第二区 T9④A 层中发现一块黑陶片，上面也刻划了一个立鹰。该陶片应该是带子母口的直腹陶尊的残片，原器应该有盖，与山东龙山文化的陶尊相似，应该是比较贵重的器物，显然也值得注意。

我国东方沿海历来有鸟生的神话传说。《左传·昭公十七年》记载郯子对鲁昭公的话说："我高祖少皞挚之立也，凤鸟适至，故纪于鸟，为鸟师而鸟名。"孔子听到之后还专门找郯子学习。传说少昊是东夷的祖先，竟然名挚，是很有意思的。按照郯子的说法，他是鸟族的高祖。古挚、鸷相通，而鸷就是鹰。《左传·昭公二十年》记齐国宰相晏婴追溯首都临淄历史的话说："昔爽鸠氏始居此地，季萴因之，有逢伯陵因之，蒲姑氏因之，而后太公因之。"杜预注曰："爽鸠：鹰也"。说明齐国首都临淄最早也是鹰治理

① 邓淑蘋：《台北故宫博物院藏新石器时代玉器图录》，台北故宫博物院，1992 年。

的。看来齐鲁两地的祖先神都与鹰有关。前述各种立鹰的纹饰和圆雕都做得那么讲究，显然是作为祖先神来膜拜的。而石家河有许多文化因素是来自山东龙山文化的①，于此便可以得到进一步的解释了。

① 杨建芳：《石家河文化玉器及其相关问题》，1992 年。

楚都考古记

在长江流域的早期文明中，其下游、中游和上游分别有吴越文明、荆楚文明和巴蜀文明。其中最光辉的当属荆楚文明，也就是楚国的文明。早年读到楚国伟大诗人屈原的《离骚》等《楚辞》作品，总是禁不住的惊叹和感佩。在东周春秋时的五霸和战国时的七雄中，楚国几乎占了半边天下。1975年一个偶然的机会，让我在楚国的首都做了一段考古工作，可谓平生有幸。这个楚国首都本来叫郢，位置在湖北荆州江陵县北。《汉书·地理志》载："江陵，故楚郢都，楚文王自丹阳徙此。"因为该城址在纪山之南，后人乃称为纪南城。从公元前689年，楚文王首次将都城从丹阳迁建于此，直到公元前278年秦国大将白起拔郢，中间除楚昭王为避让吴国的攻势短期迁都于鄀，地在今湖北的宜城，不久又还都于郢。这纪南城作为楚国首都长达四百余年，留下了丰富的遗迹。至今整个城垣仍然保存完整，平面为长方形，东西长4.5千米，南北宽3.5千米，面积将近16平方千米。大城内偏东有宫城，其中有若干台基，估计是宫殿和相关礼制性建筑所在。

1975年3~5月湖北省成立了以省委书记韩宁夫为首的纪南城文物保护与考古发掘工作领导小组，邀请北京大学等学校的考古专业师生和上海、湖南、四川等七省市文博部门的考古工作人员，对纪南城若干地点进行了考古发掘大会战，具体组织工作由湖北省文物工作队队长谭维四负责。我校派李志义、吕遵谔、俞伟超和我带领72级部分学生和74级全体学生参加了会战。我们是4月份到达工地的，俞伟超因事晚去了一些日子。当时李志义和72级学生主要办亦工亦农考古培训班，72级的高崇文等还发掘了南城垣东段的水门遗址。吕遵谔带部分学生发掘了西城垣的北段，我则主持松柏30号台基的发掘。该台基位于宫城内的东南部，南北长70米，东西宽

50 米，高约 1. 5 ~2 米。我去时发掘工作已于 3 月份开始。省方为了节省工期，预先划分了覆盖全台基的 10 米见方的大探方。为了控制地层，又在大探方内分割成 5 米见方的小探方。并且首先由民工挖去了将近半米深的表土和晚期地层，然后分配给几个单位的考古队继续下挖。西北部分由厦门大学负责，队长是陈国强，老师有苏垂昌、吴绵吉等，同时带领一个年级的学生。上海博物馆考古部负责西南部，队长是考古部主任孙维世。四川大学在东南部，那里还有湖南省文物队的人员。我们去后就在东北部开了一片探方，带领 74 级学生发掘。各单位的发掘进展缓慢，地层简单，又没有什么陶片，却发现有巨大的遗迹现象。当时看到地面有宽约 2 米、长达 20 多米呈曲尺形的灰白色条带，推测可能是特大型建筑的墙基，也许就是明清时期的庙基。上海博物馆的同志从探方剖面上找到几小块青花瓷片，特地找我去看。我看那里土很乱，不像是原生地层。拨弄一下看，更像是田鼠洞内的垃圾。而且无论是台基上或周围地区都没有发现任何砖瓦之类的遗物。我想这里既然是楚国的首都所在，这么大的台基上应该有宫殿之类的礼制性建筑。但是怎么没有留下几块瓦片或陶片呢？是不是因为是宫廷重地，毁坏后被后人及时清理了？这时北大 74 级的同学正在台基的东北部一板一眼地进行发掘，少顷郭引强高兴地跑来告诉我，他发现一眼井打破了那灰白色的墙基。我过去一看，那陶井圈非常醒目，就是当地多次发现过的战国陶井，说明那大型墙基至少是战国的遗迹。我兴奋极了，提醒各单位的考古人员要特别仔细。开始发掘时因为没有及时注意，大部分基址都已经挖去了二三十厘米，探方的剖面上看得非常清楚。我说挖过头了，厦大的陈国强老大不高兴，说他们的老师都是很有考古经验的，怎么会挖错呢？不管怎么样，大家的精神一下子提起来了。我们乘势向台基的北部扩方，竟然发现了一排磉墩。每个磉墩都是用小石子、红烧土和陶片夯筑的，直径达 1 米多。可见这里曾经有过大柱子。因为位置正好在台基的北边，那不是廊柱吗？再往北地势略呈斜坡，地面发硬，有许多红烧土，那就是散水了！一座宫殿式建筑基址总算初露端倪了。

这个时候俞伟超来了，我考虑可以交棒了，让他来继续主持发掘。我觉得 74 级学生初次进行田野考古实习，挖这种大型台基，遗迹和地层都太单纯，又缺乏起码的遗物，不利于田野考古方法的全面训练，应该找个新石器时代或较晚的村落遗址进行发掘。我抽空到大城外面考察了一下，发现紧靠城北和城东都有新石器时代遗址。我就选择城东毛家山的一个很小的遗址，5 月 6 ~ 24 日发掘。发现主要是大溪文化的遗存，同时还有战国时期的陶窑和水井等，应该是一个小小的陶器作坊。陶窑的结构跟我 1960 年在洛阳王湾发掘的西周陶窑别无二致。王湾的陶窑专门烧制陶鬲，毛家山的陶窑专门烧制陶豆，明显是为城内的人员使用的。类似的作坊在城内和城外应该还有一些。

我们在整个考古发掘期间都住在城外松柏大队的老乡家里。当时纪南城内除了一些台基遗址外，几乎都已开辟为水稻田，农民则组织为纪南城人民公社。那里蛇特别多，我们的同学每天上工都要列队走狭窄的田埂进入工地。74 级的班长李有成原来是山西忻州一个公社的民兵队长，高个子，性情刚烈，好像什么也不怕。有一次他带队走在田埂上，不小心踩到一条水蛇，赶快躲闪开来。后面一位女同学刘惠英过来提着蛇的尾巴抖了几抖，李有成吓得一下子瘫软在地上。刘惠英是江苏无锡农村人，那里也常常有水蛇。人称“水蛇艺不高，咬了人长个包”。我住在松柏大队长家里，每天晚上总有一条蛇爬过我的蚊帐顶上。有时候会掉落到我的头边。房东告诉我那是他的家蛇，可以帮助捉老鼠。

纪南城考古大会战过去多年了，由于该城是国家级重点保护单位，此后再没有大规模的发掘，只有一些调查和试掘，难有更深入的研究。但围绕楚都的许多高等级贵族墓则挖了不少。由于当地的地下水位比较高，而贵族墓又挖得比较深，许多棺椁和出土遗物因泡在水里而得到保存。其中最难得的宝贵遗物当属丝绸和漆木器等有机遗物。丝绸的织造工艺本身就很宝贵，上面的绘画和文书，即所谓帛画和帛书更是难得。漆器上的图案和绘画也十分精彩。其中多有人物和动物等神话故事。据说楚王爱细腰，绘画中的女性确实画得细腰长裙，风韵飘洒。可与《楚辞》中的描述相照应。

成都平原文明的起源

成都平原地处长江流域的上游，土地富饶，古称天府之国。但在远古时期，可能因为常年洪水泛滥，难以安居，至今没有发现较早的聚落遗址，仅在平原北部的什邡桂圆桥发现了一个相当于仰韶文化晚期的小遗址，文化堆积很薄，面积不足1000平方米。从陶片看可能是北面与甘肃交界的山地发展过来的，年代距今还不到5000年。1995年，成都市文物工作队在新津县发掘了宝墩遗址，发现有土筑的城垣。之后又在成都平原上发现了温江鱼凫城、郫县三道堰古城、都江堰芒城、崇庆双河古城、紫竹城和大邑高山古城等，文化面貌基本一致，年代约为距今4500~4000年，大致相当于中原地区的龙山时代。其中以宝墩古城最大，又是最早发现的，遂统称为宝墩文化。1996年4月，我曾应成都市文物工作队邀请，在队长王毅的陪同下，考察了宝墩等6座古城。发现那些古城的城垣都不高，除了有一定的防御作用，其功用还应该是防水的（图一）。因为成都平原河流众多，容易泛滥。这也是早前缺乏聚落遗址的原因。

宝墩古城发现时大约有60万平方米，为长方形，后来发现那只是内城。外城有300万平方米，近似圆形。其面积跟时代先后接近的山西陶寺古城、浙江良渚古城和陕西石峁古城相若，只是规格稍逊一些。内城现存较好的东城垣高4米，顶宽8.5米，底宽30多米。城内发现有大型建筑基址，应该是高等级的礼制性建筑。外城的城垣较窄较矮，但有不深的城壕。其他古城多在10万至30多万平方米之间，且多为近方形或长方形，只有鱼凫城为不规则的五边形。各城之间的距离多在20~40千米的范围内。其中宝墩古城虽然在整个城址群的南边，但从其大小和规格看无疑还

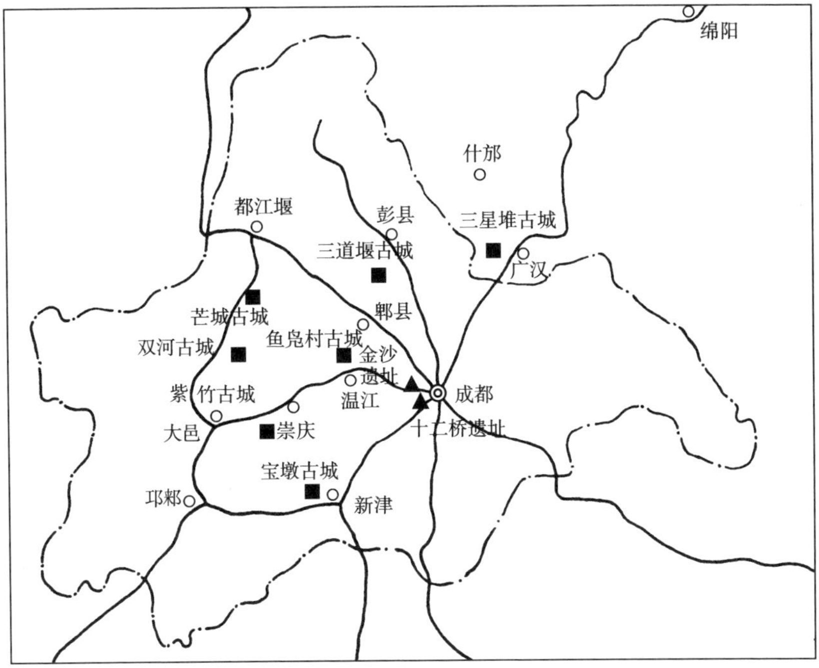

图一　成都平原史前城址群分布示意图

是一个最重要的中心。

郫县三道堰古城长650米，宽500米，面积约32万多平方米。中部发现有一座长50米、宽11米，面积约550平方米的大型房屋基址。房子的墙壁挖基槽后填河卵石，再栽木柱，柱子之间用竹篾编笆并敷以厚厚的草拌泥，跟现代农村的某些房屋的建造方式别无二致。这座房屋的中间有五个方形柱础和一个圆形柱础，没有发现隔墙的痕迹，明显不是一般的居室，应该是一座宫殿式的礼制性建筑。其他古城是否也有类似的建筑，因考古工作不足，难以定论。

宝墩古城所属的宝墩文化面貌独特。陶器多以手制加慢轮修整。陶质在早期以泥质陶为主，往后夹砂陶逐渐增多，最后则以夹砂陶为主。陶色多灰白或灰褐，还有部分黑皮陶。泥质陶多饰划纹、戳印纹、弦纹或附加堆纹。划纹中多水波纹和以平行线构成的几何纹。器形主要为平底和圈足两类，有壶、罐、尊、豆、钵和器盖等。罐口多为宽沿翻领（图二）。根据江章华等人的意见，宝墩文化可分为四期七段。第一期与广汉三星堆遗址

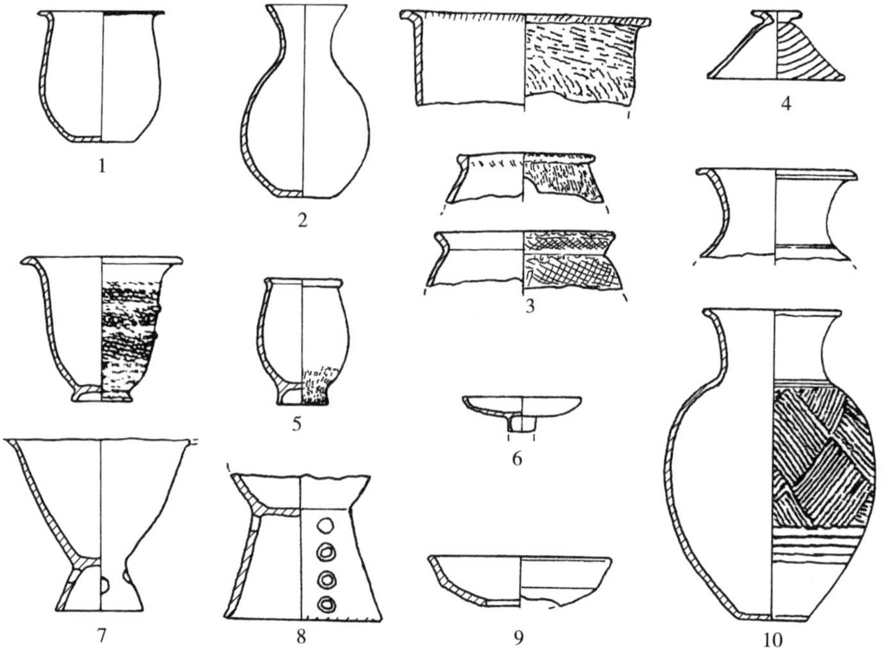

图二　宝墩文化典型陶器

1. 宽沿平底尊　2. 壶　3. 绳纹花边口罐　4. 器盖　5. 圈足罐　6. 浅盘豆　7. 敞口圈足尊　8. 圈足　9. 钵　10. 喇叭口高领罐

第一期基本相同，第四期则已接近于三星堆文化的早期。因此宝墩文化就是著名的三星堆文化的源头，是成都平原文明的起源。传说古蜀人的祖先有蚕丛和鱼凫等，宝墩古城群中就有鱼凫城，真是巧合！问题在于宝墩文化本身的起源至今还是个谜。在成都平原至今没有发现更早的文化遗存，附近也没有更早和面貌相近的文化遗存。有人认为可能与北边山区的绵阳边堆山遗址的文化遗存有关，甚至将宝墩等遗址的文化称之为边堆山文化。实际上只有个别因素相近，最多是有个别因素的影响。而且宝墩文化至今也没有发现多少墓葬，难以通过人体的DNA来追溯来源。看来这个谜团只有通过今后的考古工作来寻求解答了。

我写了一首诗，名为《古蜀文明之光》，兹录如次：

成都大平原，素有天府名，
沃野三千里，孕育蜀文明。

蜀祖蚕丛氏，立都宝墩城。
城址规模大，外城套内城。
面积三百万，比肩陶寺城。
次祖名柏濯，灌县建芒城。
三祖号鱼凫，乃建鱼凫城。
平原河流多，防水建土城。
城群何所似，众星罗苍旻。
继起三星堆，文明大昌盛。
金沙接踵至，古蜀惊世人！

稻作农业、陶器和都市的起源

在日本京都中日共同举办的“稻作农业、
陶器和都市起源”国际会议上的讲话（1998 年 3 月 18 日）

今天我们邀请日本、中国和美国的学者，包括考古学家、农学家和环境考古学家等聚集一堂，共同研究稻作农业、陶器和都市的起源，是很有意义的。我们讨论的课题在人类文化发展史上都占有十分重要的地位，过去有很多人研究，发表过许多有益的见解。但是近年来又有许多新的发现和新的研究成果，需要进行交流和讨论，有些问题要重新认识。各位都是走在研究前沿的学者，一定有不少新的信息和高明的见解。为了便于讨论，我不揣冒昧地先讲一点基本的情况和个人粗浅的认识，请大家不吝指正。

先说稻作农业的起源问题。在几种对人类文明有重要影响的粮食作物中，稻米和稻作农业的起源虽然很早就有人关心，提出过一些重要的见解，但进入实质性的研究则是比较晚的，争论也是比较多的，只是近一二十年才有决定性的突破。过去一般根据苏联植物学家瓦维洛夫的基因多样化变异中心即起源中心的意见，认为栽培稻起源于印度；也有人根据野生稻和现代栽培稻主要产区分布的情况，认为起源于中国南部和印度支那半岛。后来菲律宾国际水稻研究所的张德慈和日本京都大学的渡部忠世提出印度阿萨姆到中国云南的山地起源说，曾经有相当的影响。到 20 世纪 70 年代末和 80 年代初，由于中国浙江河姆渡发现了公元前 5000 ~ 前 4500 年的大量稻谷遗存，加上在马家浜文化和大溪文化中也有较早的稻谷遗存，学术界提出长江流域特别是它的下游及其附近可能是稻作农业起源的中心之一，后来被人们概括为长江起源说。事隔不久，在长江中游的彭头山文化和城背溪文化中都发现了更早的稻谷遗存，年代达到公元前 7000 ~ 前 5000 年，是当时所知全世界最早的稻作农业遗存，长江流域起源说遂逐渐为大多数人所接受。至于最近湖南玉蟾岩和江西仙人洞与吊桶环的发现，则把稻作农业起源的年代提到了公元前1万年以前。玉蟾岩采集的木炭和陶片经过碳－14测定，年代分别为公元前12470±270年和公元前13300±230年，江西两处遗址的年代也差不多，比西亚开始种植小麦、大麦的年代还要早些。

为什么长江流域会成为稻作农业的重要起源地而不是在普通野生稻较多的华南或东南亚的某些地区呢？因为长江流域属于亚热带季风气候，那里冬季较长，食物比较缺乏，需要某种可以储存到整个冬季都可以享用的食物作为补充，稻米正好符合这种需要；长江流域虽然有普通野生稻，但数量比中心区少得多，自然状态的产量不可能满足人们的需要，有必要加以人工培植。也只有通过人工培植，稻种才能安全过冬而得以继续繁殖。这两点在野生稻的中心分布区是不存在的，所以稻作农业的起源首先应在野生稻分布北部边缘的长江流域，这是对考古发现证据的一种比较合乎情理的解释，通常被称为稻作农业起源的边缘理论。

稻作农业另一个重要的起源地应当在印度的恒河流域，那里的考古工作近年来也有了重要的进展。在恒河中游阿什哈巴德附近的比兰河谷的一些遗址中，属于公元前第9千年至第8千年的中石器时代或原新石器时代的地层中只发现有野生稻标本，到公元前第7千年至第5千年的新石器时代地层中则发现了栽培稻，所以印度栽培稻的起源当不晚于公元前第7千年。尽管比中国栽培稻的起源晚些，但没有任何证据证明它是由中国传播过去的。这个地方位于北纬25°以北，而野生稻中心区的北界不超过北纬24°，显然也是野生稻分布的北部边缘地带。我个人认为那里应该是一个独立的起源中心，只不过它对后来文化发展的影响没有长江流域那么大罢了。

大家知道栽培稻有两个亚种，即印度稻和日本稻，由于日本的稻作农业最早是从中国传播过去的，所以有的学者认为应该把日本稻改称为中国稻，中国学者则一般称为籼稻和粳稻。佐藤洋一郎通过DNA的分析研究了栽培稻与野生稻的关系，认为中国稻起源于普通野生稻，即多年生的*O. rufipogon*，印度稻则起源于印度野生稻，即一年生的*O. nivara*。而中国稻或称为日本稻本身又有热带与温带之分，热带日本稻是基本型，温带日本稻则是从热带日本稻分化出来的。不过有的农学家不同意这种说法，认为

O. nivara 不过是从 *O. rufipogon* 分化出来的一支，中国也有 *O. nivara* 的分布，假如籼稻是从 *O. nivara* 培育出来的话，中国也具备这种条件，不能认为中国只能培育粳稻。张文绪则通过稻谷颖壳双峰乳突的分析，认为中国古栽培稻是一个籼粳分化不明显的亚种，只是到公元前3000年才明显地分化为籼稻和粳稻。至于印度古栽培稻的情况怎样目前还不大清楚。这些从不同的研究方法而得出的不同结果尽管有些矛盾，仍然是很有价值的，使得学术界关于稻作农业起源的研究越来越走向深入。

再说陶器的起源问题。以往总以为陶器的产生首先是为烧饭之用，特别是为了煮那些不便于烧烤的小粒性食物，因而与农业的产生有关。但是后来发现西亚很早就有农业而没有陶器，日本很早就有陶器而没有农业，不能认为陶器的起源与农业的发生有什么必然的联系。如果说各地情况有所不同，有的地方与农业的产生有关系，有的地方则与相对定居的生活和集约的采集经济有关系，则是比较符合实际的。陶器起源之后如果又有了农业，当然会促进陶器的发展，这也是为许多考古资料所证实了的。至于人们最初怎么会想到用泥土来做陶器这一点，过去曾经有多种推测，其中最流行的说法，以为最初是用泥土涂在木制容器或篮筐上以免烧坏，后来发现单用泥土经火烧后也可以做容器，于是就发明了陶器。这是根据美洲印第安人用木制容器或篮子涂上泥土以做炊器的做法而做出的逻辑推论，并没有任何考古学的证据。

任何发明的成功，一是要有社会的需要，二是要有实现的可能。在从旧石器时代到新石器时代过渡的时期中，许多人已经过着相对定居的生活，实行集约的采集经济，有的地方出现了农业，需要有各种器皿盛水、烧饭和储存食物。早先用过的葫芦瓶等天然产品已经很难满足这种日益增长的需要，人们不得不设法寻找新的代用品。究竟用什么东西来取代呢？这需要长期的摸索。西亚、埃及和中国辽河流域一度用过石制容器，但制作十分困难，用起来也不见得方便。以往孩子们玩泥巴时会发现黏土掺适量的水就会变软，经过揉搓后可以捏成任何形状的东西；人们在烧火时也会知道泥土遇火变色而发硬的特性，在考虑制造新的代用品时会有人尝试利用这种特性，有意识地用泥土捏成一定形状再加以烧烤，陶器就会应运而生。每个地方的人民，只要条件成熟，都可能进行类似的试验而发明陶器，因此陶器起源的单中心说是不能成立的。只有认识到这一点，才能说明为什么各地早期的陶器在制法、形状和纹饰上都有较大差别的事实。

陶器对于天然产品的优越性是显而易见的。一是作为原料的泥土到处都有，极易取得；二是泥土有良好的可塑性，可以做成任何形状的器皿而不受原有形状的限制；三是泥土陶化的温度甚低，在当时完全可以达到。因为泥土的主要成分是含水硅酸氧化铝，只要加热到600℃以上，就会失去结构水而陶化，应力增强，耐火耐水，这是多么奇妙的事情！所以陶器一经发明，很快就得到广泛的传播，成为日常生活中不可缺少的器具。

陶器到底是什么时候发明的？过去我们只知道最早的陶器出自日本，例如爱媛县上黑岩阴遗址第9层的陶器，据测定为公元前1万年左右。当时有些人不相信，后来发现得多了，干脆单独划分出一个时期，叫作绳纹草创期。最近横滨市博物馆编的一本资料中，出土绳纹草创期陶器的地点遍及青森、岩手、宫城、山形、新潟、茨城、埼玉、千叶、东京、神奈川、爱媛、静冈、长野、福井、京都、福冈、长崎、熊本、宫崎和鹿儿岛，除北海道和冲绳外几乎分布在整个日本列岛。据说最近在长野县下茂内和鹿儿岛县简仙山都出土了公元前一万三四千年的陶片，但后者的烧成温度只有400℃~500℃，还没有完全陶化，是名副其实的土器。在日本之后，俄罗斯远东区的乌斯奇诺夫卡等许多遗址都出土了公元前1万年以前的陶片，蒙古也发现了公元前1万年左右的陶片。近几年来在中国南方不断有早期陶器的发现，例如广西桂林的庙岩、湖南道县的玉蟾岩、江西万年的仙人洞和吊桶环都发现了公元前一万三四千年的陶片或陶器，其中尤以玉蟾岩的陶器最为完整。玉蟾岩的年代如前所述，庙岩的陶片经过碳-14测定为公元前14080±500年和公元前14180±260年，江西两个遗址的年代数据比较分散，但大致与玉蟾岩和庙岩的差不多。在中国北方，继河北徐水南庄头发现约公元前9000~前8000年的陶器之后，又在阳原泥河湾附近的虎头梁这处一向被视为旧石器时代晚期的遗址中发现了更早的陶片，年代远在公元前1万年以上。在印度恒河中游的一些遗址中，也发现了公元前第9千年至第8千年的陶器，当时还没有出现农业。而在巴基斯坦的印度河流域，农业的出现比陶器早，同西亚和埃及一样有所谓前陶新石器。西亚最早的陶器不早于公元前7000年。

日本最早的陶器多属圜底，素面或饰隆起线纹、豆粒纹和爪形纹等；中国南方最早的陶器多圜底，饰刮条纹、绳纹或素面无纹，有的内壁也有纹饰；中国北方早期的陶器为平底，饰浅绳纹、附加堆纹或素面；俄罗斯远东区多平底，素面或饰刮条纹，而西伯利亚南部则为圜底器。各地最早的陶器如此不同，说明陶器的起源是多元的。

假如我们把印度河和恒河的分界线向北延伸，把欧亚大陆分成两半，就会发现一个很有意思的现象：西边的广大地区，包括西亚、中亚、北非和欧洲在内，是种植小麦和大麦的起源地和主要分布区，陶器起源较晚，一些地方有所谓前陶新石器。东边的广大地区，包括东亚、东南亚和东北亚在内，是种植小米和大米的起源地和主要分布区，陶器起源明显早于西方，有的同稻作农业一起出现，有的早于农业的出现。而且两边的人种也不相同，西边是欧罗巴人种，东边基本是蒙古人种。值得注意的是这条分界线在旧石器时代早期就已经出现，以后一直继续到历史时代。这似乎不是偶然的巧合。至于究竟为什么会造成这种情况，一时还说不大清楚；但它确实是一个客观存在的事实，需要我们去认真研究。

关于都市的起源问题，东方和西方也是不尽相同的，这里不拟去进行比较，只谈东方特别是中国都市的起源问题。近些年来，在中国的黄河流域和长江流域发现了不少属于公元前第三千年的龙山时代的城址，引起了学术界的普遍关注，认为是研究中国乃至整个东方文明的重要信息。这些城址大体可分为山东、河南、内蒙古、江浙、两湖和四川六组，除内蒙古有些山坡上的小石城为军事城堡外，绝大部分应是城邑，是区别于一般村落的新型聚落。这些城址中有的有大型宫殿式建筑或大型夯土建筑基址，有的夯土基址用多人奠基，大致也是宫殿或宗庙一类礼制性建筑的遗迹。有的城址中有大量宗教遗迹，有的有手工业作坊，说明这些城邑应该是地区性的政治、宗教、文化和经济中心，也是人口重新组合和相对集中的地方。正因为如此，在战争频仍的情况下，就不惜投入大量的人力物力修筑城池来加以保护。但当时似乎也有不设防的城市，例如山西陶寺遗址有300万平方米，发现有石灰窑、石灰窖和用石灰粉刷的墙壁残块，残块上还残留有彩画的痕迹，说明这里有不同于一般住宅的礼制性建筑。陶寺的墓地极大，推测原有墓葬一万余座，说明这里人口相对集中。在已经发掘的

1000 多座墓葬中，大约有 89% 的小墓没有任何葬具和随葬品，大约 10% 的中等墓有几件到几十件一般性随葬品，不到 1% 的少数大墓不但有棺椁和大量随葬品，而且随葬品的质量也明显比其他墓要好得多，说明当时的贫富分化和社会地位的分化已经相当尖锐。有的大墓中随葬大石磬、鼍鼓（一种用鳄鱼皮蒙的鼓）和龙纹彩盘等特殊器物，有人推测是王者之墓。因此陶寺也可能是一个都城遗址，只是至今没有发现城墙。有人认为它是国力强大、边防巩固的表现。不论怎样，这个时期已经有了许多城邑，其中有的规模较大，面积达 20 万~100 多万平方米，有的只有几万或十几万平方米，在分布上有成组的现象，因此不一定全是都城，也可能有等次，有联合，这需要搞清楚城内结构和城址之间的关系以后才能做出明确的判断。

有国家才有都城，龙山时代既然有许多都城，就应该有许多国家，是小国林立的时代。有人说它不像国家，到夏代才像国家，中国文明应该从夏代算起；也有人说商代才算真正的国家，才是中国文明真正的开始。这很像日本的七五三论争，有人说 3 世纪卑弥呼女王时期就有了国家，有人说 5 世纪倭五王时期才有国家，也有人说要到 7 世纪日本律令国家的成立才算日本国家的正式开始。其实都是国家，只是属于不同的发展阶段。从这个认识出发，中国国家的起源和文明的起源应该追溯到公元前第三千年的龙山时代。起源地区也不限于中原，应该包括黄河流域和长江流域的广大地区。而中国文明的进一步发展的过程，则是逐步走向多元一统的过程。由于中国文明在东方是最早发生的，发展水平也曾经是最高的，因而对东方各国的历史都有着深远的影响。

（原载《稻作 陶器和都市的起源》第 3~7 页，
文物出版社，2000 年）

稻作文明的故乡

一 引子

我从小生长在洞庭湖北岸的一个农村。洞庭湖位于长江中游的南岸，原来是中国最大的淡水湖，有五条河与长江相通。我家就住在其中之一的华容河边，所以我是喝长江和洞庭湖的水长大的。因为住在农村，家里又种了几亩田，主要是稻田，平常放学回家总要放牛、砍柴，做点与农业有关的事情，寒假、暑假就做得更多一些，所以对农业生产是比较熟悉的，对家乡农村有一种特别的感情。记得每年农历大年初一开门首先要看天色，每家的黄历上都写着："岁朝宜黑四边天，大雪纷飞是旱年；最好立春晴一日，农夫不用力耕田。"那时很多人迷信，相信天象跟人事有联系，总想得个吉祥的兆头。家门口贴的对联多半是"爆竹一声除旧，桃符万象更新"，粮仓上贴着"五谷丰登"，牛圈上贴着"牛羊满圈"，鸡笼上贴着"鸡鸭成群"。有些人家初一那天还要把牛牵到田里，拉上犁，扶犁的人头上顶着一本书，表示不忘耕读为本的祖训。过完正月十五，不到开春就忙起来了。有的田要上肥、翻耕，不久就要整治秧田，泡种、催芽、下种，有些田里种的绿肥逐渐长高要翻耕压到泥里做底肥；有些田里种的油菜、蚕豆、豌豆、小麦等逐渐成熟要及时收割，再上肥、翻耕和初耙，修理田埂并做掩塍，再耙、耖、滚，稍稍沉淀后才能插秧。秧苗长大后要耘田，有时候要耘两次，不仅除草，还要搅和泥土以免板结。不久秧苗拔节、打苞、抽穗、扬花，此时稻田绿油油一片，清风略过，香飘四野，沁人心肺，说不尽的农家乐趣。有时遇到天旱要车水灌田，雨水多了又要车水排涝，那是一种很强的劳动，一天要吃四五餐饭才能顶得下来。如果遇到虫害，更是令人不得安眠，要设法迅速扑灭。稻谷黄熟后应该是最令人高兴的日子，有时也是最紧张和犯大愁的日子。因为这时的长江和流入洞庭湖的湘、资、沅、澧四水都已进入汛期，如果同时涨水，南北顶托，洞庭湖水无法下泄，就有可能淹没圩子，冲垮垸子。所以要日夜巡视，发现险情赶快抢救，如果平安无事就要道一声万福了。收割稻子不是一下子完成的，因为稻子有许多种，时间是叉开的。早稻收割后紧接着要整田栽晚稻，然后收割中稻，收割晚稻之前还要收割一种生长期极长的桐子糯。等晚稻收完就要及时犁田，有的田要灌水过冬，叫冬水田，有利于防止某些虫害。有些田要种油菜、豌豆、小麦等春收作物，有些田要种红花草、兰花草等绿肥。然后还要挤出时间到湖里去打丝草积肥，一直忙到农历腊月，各家收拾准备过年。所有这些情节，就像一部风俗纪录片那样至今还清晰地印在我的脑海里。可是为了求学和以后的工作，从上高中起就不得不离开故乡的沃土，一别就是几十年，虽然时常记念，却再也难得回家看一看了。

在给中国造成深重灾难的“文化大革命”中，我们这些书生要下放到农村去进行思想改造和劳动锻炼，没有想到正好把我们放到了江西鄱阳湖边一个新围垦出来的农场。那里的自然风光、生态环境、气候条件、泥土的芬芳以及下到水田里面的感觉，都和我在家乡时几乎一模一样。我们在那里的工作主要是种稻，北方来的同事很不习惯，对我来说倒是比较适应。当时我们这些大学教师放下了书本和笔，像人民公社的农民一样天天下田干活。我又一次当上了牛司令，放养一大批水牛。还同大家一起犁田、耙田、耖田、下种、插秧、施肥、除草、收割、打谷、扬场，差不多样样都做，一干就是一年、两年。心情固然同小时候很不一样，但对种水稻的整套技术又重新熟悉了一遍，也算是一个不小的收获。

从鄱阳湖边回到北京的校园，还是教我的考古学。到20世纪70年代后期，各方面的工作都逐渐步入正轨，考古学界也开始出现新的气象。各地陆续发现了一些重要的农业遗存，一时间几乎形成了一个研究农业考古的热潮。由于我有前面那一段经历，很自然地对农业考古特别感兴趣，尤其是关于稻作农业的起源、发展以及它对人类文化和文明演进所起的作用等课题，成了我从事考古学研究的重要内容。过去关于稻作农业的起源地有所谓印度说和日本说，所以栽培稻的两个主要亚种就被命名为印度稻和日本稻。后来知道日本不是稻作农业的起源地，日本的稻谷最初是从中国传播过去的。印度说却一直很占势力，接着又出现了东南亚说和中国南方（指五岭以南的广东和海南岛等地）说。前不久的一二十年内，从印度阿萨姆到中国云南的所谓山地起源说也曾风行一时。不过从考古发现的证据和各方面的研究来看，稻作农业的最重要的起源地还应该是长江流域，稻作文明最早的发生地也是长江流域。这样一来，稻作农业起源的故乡和稻作文明的故乡就和我自己的故乡发生了密不可分的关系，这是多么有趣的事情！我知道，这种故乡情结可以激励我研究的热情，却不可以影响我研究中实事求是的科学精神。我要十分细心谨慎地对待一切可能收集到的证据，站在一个科学工作者应有的客观立场来进行研究，以便得到尽可能符合实际情况的结论。读者可以从下面的叙述中看到我是怎样把握这一标准来从事研究的。

二　伟大的长江

中国有一首古诗，讲一位少妇思念丈夫的心情。诗中说“我住长江头，君住长江尾；日日思君不见君，共饮长江水”。为什么不说别的河流而单说长江呢，因为只有长江最长，说明她的情思绵绵，即使像长江那么长也是扯不断的。另一首古诗描写送朋友乘江船东去的情景是“孤帆远影碧空尽，唯见长江天际流”。说明长江十分广阔，烟波浩渺，水天不分，看起来像是在天上奔流一样。

亚洲的第一大河　长江发源于青藏高原唐古拉山脉主峰各拉丹东雪山的西南侧，主干流经青海、西藏、云南、四川、重庆、湖北、湖南、江西、安徽、江苏、上海九省二市，东流入海，全长约 6300 千米，若以当曲为源头，全长则为 6408 千米，为亚洲第一大河。长江的上源称沱沱河，往下称通天河，再往下称金沙江；宜宾以下，在四川境内的称川江；奉节以下至宜昌 209 千米通过著名的长江三峡，称峡江；从枝城至城陵矶一段称荆江；扬州、镇江以下称扬子江，通称长江。长江的水量十分丰富，平均年径流量 9793 亿立方米，等于黄河的 20 倍以上。而且水质较清，平均每立方米含沙量仅及黄河的1/20。长江的支流非常发达，其中流域面积超过1万平方千米的有48条，最著名的在上游有雅砻江、岷江、沱江、嘉陵江，中游有汉江、元江、湘江、赣江等，下游的支流较少也较小。长江两岸的湖泊也很多，中国主要的淡水湖都在长江流域，单是湖北一省，六七公顷以上的湖泊就有一千多个，有千湖省之称。最著名的大湖则有洞庭湖、鄱阳湖、洪泽湖、太湖和巢湖等。河湖之间还有大量的自然河与人工河相通，形成密集的水网，不仅水上交通运输十分便利，而且有利于发展水田农业。长江及其支流的水力资源非常丰富，理论蕴藏量达2.68亿千瓦。正在开发的三峡水利枢纽，其中水电站的装机容量达1300万千瓦，居世界第一位。

优越的自然环境 长江流域面积约180余万平方千米，除山地和丘陵外，还有著名的四川盆地和长江中下游平原，包括江汉平原洞庭湖平原、鄱阳湖平原、苏皖沿江平原、里下河平原和长江三角洲。这些平原大部分为长江及其支流冲积而成，土壤中腐殖质含量甚高，特别适于发展水稻生产。这里属湿润的亚热带季风气候，冬冷夏热，四季分明，年降水量约1000~1500毫米，水热同步，是地球上同纬度地区气候条件最好的地方。这里的自然资源十分丰富，山区有大量的森林和动植物，出产各种山珍野味。江河湖泊里集中了绝大部分淡水鱼类，主要有鲤鱼、青鱼、草鱼、鲢鱼、鳊鱼、鲫鱼、鳜鱼、银鱼，还有洄游性的鲥鱼、鲈鱼、鲟鱼和鳗鱼等。湖边有十分丰富的芦苇、莲藕、菱角、茭白等，是中国水生植物分布最广，产量最丰富的地区。单是洞庭湖边的芦苇林，过去号称八百里柴林，是老百姓盖房子的主要材料，又是造纸的重要原料。正是因为长江流域有如此丰富的自然资源，所以历来经济文化都很发达，到现在已经成为中国人口最密集和经济最发达的地区。据1990年的统计，整个长江流域有人口3.86亿，工业产值约占全国的60%，农业的复种指数高，单位面积产量也高，是中国最重要的粮、棉、油生产基地。中国的稻米产量居世界第一位，例如1985年中国产稻谷1747.9万吨，占世界总产量的37.1%，其中80%产于长江流域。

悠久的历史 长江流域开发的历史也很早。这里有亚洲最古老的巫山人（重庆巫山）和元谋人（云南元谋）遗址，距今分别为200万年和170万年。其后还有郧县猿人、和县猿人和南京汤山人等一系列古人类化石或文化遗址。到旧石器时代晚期，有些地区的遗址已经非常稠密。进入新石器时代以后，这里同黄河流域一样成为全中国和整个东亚文化最发达的地区。这两个流域分别成为粟作旱地农业和稻作水田农业的起源地，并且共同孕育了光辉灿烂的中国古代文明。作为稻作文明来说，长江流域也是最古老的。这个结论不是随便说的，而是由考古学家、历史学家、农学家和其他有关学科的专家共同努力，辛勤探索的结果。

三　从屈家岭到河姆渡

探索稻作起源的序幕　早在1921年发掘河南省渑池县仰韶村史前遗址时，曾经在一块陶片上发现有稻谷的印痕。因为那是中国第一次进行考古发掘，水平不高，地层关系没有弄清楚，学者们对它的年代表示怀疑。不过在那个遗址中出土的器物无非属于仰韶文化和中原龙山文化，所以那块有稻谷印痕的陶片最晚也当属于中原龙山文化，即约公元前2600~前2000年，无论如何还应算是一次重要的发现。

后来，曾经担任中国农业科学院院长的丁颖在广东等地发现了不少普通野生稻，将它们与现代栽培的籼稻杂交，发现有很好的亲和关系。所以他认为华南应是栽培稻的起源地区，而最早的栽培稻当是籼稻。等到稻谷向北方或比较高的地方传播后，因为气候生态条件改变而逐渐分化出了粳稻。但周拾禄不同意他的意见，认为中国固然是栽培稻的起源地，但本源不是一个，籼稻和粳稻应该各有起源。这些见解因为一时得不到考古发现的证实，只能属于假设的性质。

屈家岭遗址的发现　1955~1956年，考古学家在湖北省的京山屈家岭、天门石家河和武昌洪山放鹰台等处发现了大量属于新石器时代晚期的稻谷遗存。单是屈家岭就发现有约500平方米的房基垫土（已经被火烧过而变成了红烧土）中掺杂了大量的稻壳和稻草，有的地方密结成层，偶尔也有一些稻谷和炭化稻米。丁颖根据它们的稃毛、粒形和所测长、宽及长宽比的数据，认为“这些谷粒当属于粳稻，且在我国是比较大粒的粳型品种，与今天栽培的粳型品种最为相近”①。他推测距今约三四千年的江汉平原已

---

①　丁颖：《江汉平原新石器时代的稻谷考查》，《考古学报》1959年第4期。

有不少粳稻栽培。由于那时还没有测定绝对年代的方法，估计的年代保守一些。后来根据碳-14年代测定，那些稻谷的年代应是距今约5000~4600年。这是一个十分重要的发现。

大溪文化的发现　1959年，在四川省巫山县（1997年重庆被列为直辖市，巫山县被划归重庆市管辖）长江北岸的大溪发掘了一处新石器时代晚期的遗址，文化面貌与屈家岭文化有所不同，当时以为只是长江三峡的一种地区性文化，后来被命名为大溪文化。到20世纪70年代在湖北江汉平原发现了大批大溪文化的遗址，接着在湖南洞庭湖北岸平原也发现了许多大溪文化的遗址，其中有些遗址的大溪文化直接叠压在屈家岭文化的地层之下，才知道大溪文化早于屈家岭文化，实际上代表着长江中游新石器时代文化发展的一个重要阶段。

红花套的稻谷遗存　1972~1974年，长江流域规划办公室考古队举办考古训练班，同时组织了中国科学院考古研究所、北京大学、四川大学和厦门大学等许多单位对湖北宜都红花套遗址进行了较大规模的发掘，不但发现了屈家岭文化叠压大溪文化的地层关系，而且在大溪文化的地层中发现有大量的红烧土，那是房屋被火烧毁倒塌以后留下的遗迹。在那些红烧土中发现有许多稻谷壳和稻草，原来应是掺在泥土里作为谷糠泥和草筋泥抹在墙上的。更有意思的是在大溪文化的陶器中有一种夹炭陶，其中的炭屑大多为稻壳碎屑。可见红花套大溪文化的人们已经广泛地种植水稻，加工稻米以后有许多副产品，才可能派上那些方面的用场。后来发现，差不多所有大溪文化的遗址中都有一部分掺稻壳碎屑的夹炭陶，而且只要发现红烧土遗迹，其中往往掺杂许多稻壳和稻草，说明长江中游的稻作农业在大溪文化时期已经成为重要的经济部门。一般地说，大溪文化的年代大约为公元前5000~前3000年，从而把长江流域稻作农业的年代一下子提前了约两千年。由于有关资料没有及时发表，也没有经过农学家的鉴定，在当时并没有引起太大的反响。相比之下，浙江余姚河姆渡的发现简直是不可同日而语了。

河姆渡遗址的发现　河姆渡遗址位于杭州湾南部的宁绍平原上，西面和南面紧贴姚江，江对岸是四明山；遗址的东面和北面则是一片平原。根据地质钻探资料，这片平原的耕土层以下有厚度不一的泥炭层，当是古代沼泽的遗留。遗址正好位于丘陵和沼泽的过渡地带，森林、草地、湖沼、海洋几种生态环境辐集于此，足以给人们提供十分丰富的生活资料。这个遗址是1973年发现的，当年11月至1974年1月进行了第一次发掘，发现了非常丰富的木构建筑、稻谷遗存和众多保存完好而特征鲜明的文化遗物。鉴于这一发现具有极大的学术价值，1976年4月特地在杭州召集了有考古、历史、农业、古动物、古植物、古建筑、地质、水文等各方面专家参加的座谈会，以便动员各方面的力量对遗址进行深入的研究。1977年10月至1978年1月对这处遗址又进行了第二次发掘①。

河姆渡遗址的文化堆积可分四个层次，代表先后相继的四个文化期。其中第三、四期在年代上分别同新石器时代晚期的马家浜文化和崧泽文化相当，文化特征也有若干相似之处，应是两者在宁绍平原的地方类型或变体。第一、二期则是一个新的发现，它的陶器几乎都是夹炭黑陶，质地粗糙，造型上除圆形者以外，还有若干方形、椭圆形和多边形器物。炊器主要是圜底釜和支脚而没有鼎，与当地新石器时代晚期文化颇多不同，故被列入新石器时代中晚期之交而单独命名为河姆渡文化。河姆渡文化的年代曾经进行过一系列碳-14测定，多数落在公元前5000~前4500年之间。与河姆渡文化基本同时的浙江桐乡罗家角第四文化层的16号灰坑所出芦苇的碳-14年代为公元前5000±150年和公元前4955±155年，相当于大溪文化起始的年代。

最丰富的史前稻谷遗存宝库　河姆渡遗址潜水面较高而又比较稳定，特别是在早期文化层上覆盖了一层弱酸性的海相泥炭，对有机物起着很好的保护作用。在第四文化层中出土了大量的稻谷、谷壳、橡子、菱角、小葫芦、酸枣、芡实，还有稻草和各种树叶等，其中有不少外形完整，脉纹清晰，有的稻草和树叶呈黄绿色，甚至还可以分辨出第三和第四级微网脉和着生的绒毛。在这个遗址中保存的稻谷遗存之多简直达到了令人难以置信的程度。仅在第一次发掘的400多平方米的范围内，普遍都有稻谷、稻壳和稻草的遗存，其堆积厚10~20厘米或30~40厘米不等，最厚的地方

① 浙江省文物考古研究所：《河姆渡——新石器时代遗址考古发掘报告》，文物出版社，2003年。

有 70 ~ 80 厘米。由于谷物腐朽和地层的压力，现在的厚度应远远不如原来的堆积。假定原先的堆积平均厚约 1 米，其中的稻谷和稻壳只算 1/5 的体积，换算成新鲜的稻谷就超过 5 万千克，这是在任何史前遗址中都不曾见到过的。关于河姆渡遗址出土稻谷的品种问题至今说法不一。游修龄依据所测标本的长宽比为 2.62，外颖上的纵脉明显突起，颖壳上的稃毛分布均匀，排列整齐，长短一致，所以断定为籼稻，也就是通常所说的印度稻中的晚稻型品种。周继维同样根据外形的观察与测量的结果，发现其中还有不少粳稻，也就是通常所说的日本稻，应该是籼粳并存，以籼为主。张文绪和汤圣祥选择 3 粒外形似籼的稻谷测定其双峰乳突，却发现其粳型特征显著，故认为是处在籼粳分化十字路口的古稻。这问题还需要进一步研究。

栽培技术的蠡测 河姆渡的稻谷是怎样种植的呢？这要根据在河姆渡遗址中出土的与稻作农业有关的遗物来进行推测。河姆渡出土了许多骨锹，单是第一期发掘就发现了 90 件，过于残破的碎块尚未计入。这些骨锹是用牛或鹿的肩胛骨削制而成的，肩臼的顶端被削平，两侧也略加修整，并且横向凿出一个长方形孔以便插入一根踏脚用的横木。肩胛脊均被削平，顺着长轴的中部凿一浅槽以免木柄滑动，浅槽两边各凿一孔，则是为捆绑木柄用的。有的木柄末端还安一横把，全形跟当地现在使用的铁锹非常相似。由于长期使用，表面已被磨得非常光滑，刃部磨蚀得特别厉害，中部比较薄弱的地方往往破损成缺口，有的断缺后截齐了再用。这些骨锹显然是平田和修理田埂用的，因为稻秧必须种植在水田里，田里要蓄水就必须有田埂，要使秧苗不至于被淹或被旱就必须把田里弄水平，挖泥的工具是不可少的，在当时的条件下，骨锹应该是最理想的农具。不能设想当时会普遍地用骨锹来翻田，那样不仅是太费事，而且也不一定是必要的。但田里的泥土必须弄活，有些草要拔掉，有些草最好埋在泥土下面，一则可以肥田，二则可使泥土松软，理想的方法就是用牛踩。中国古代说虞舜的时候用象耕田，实际上就是用大象来踩田。河姆渡发现了许多水牛的骨骼，单是第一次发掘就发现了水牛头骨 16 个，用水牛来踩田是完全可能的。

稻米产量较多也给养猪提供了较好的条件。河姆渡发现的动物骨骼以猪为最多，第一次发掘所得提供鉴定的就有 70 多个个体。其中 2 岁以下的占 54%，2 ~ 3 岁的成年个体占 34%，3 岁以上的老年个体仅占 10%，这种年龄的分布本身就说明它们是家猪。因为猪在人们生活上占有重要的位置，所以陶画和陶塑等艺术作品中也特意加以表现。其中猪的形体后身均比前躯为大，和野猪的比例正好相反，这也说明它们都是家猪。有的陶钵上画着丛生的稻子，而且籽粒饱满，以至于所有稻穗都被压弯了头。一头肥猪正在稻田里面觅食，简直是一幅绝妙的赞美“稻熟猪肥”的农家乐的风俗画卷。

7000 年前的河姆渡村落　由于河姆渡遗址保存条件甚好，使我们有可能对河姆渡农人居住的村落有一个基本的了解。村落中的房屋都是干栏式建筑，也就是俗称的高脚屋。第一次发掘的 630 平方米范围内就发现有桩木、地板等木构件 1000 件以上，第二次发掘的 2000 平方米范围内同样也发现了许多木构件。根据桩木的排列情况，可以大致了解房屋的方向和大小。桩木有三种，即方桩、圆桩和板桩。都是下部削尖打入生土，一般入土 30～50 厘米，最深的达 115 厘米。方桩是承重的，横截面一般为 8×10 至 15×18 厘米之间；板桩是围护结构，一般宽 10～50 厘米、厚 2.4～4 厘米不等；圆桩有些是承重的，有些也是做围护结构用的，横截面直径约 4～10 厘米。它们相间排列成很长的板壁，基本上呈南北方向，有的为北偏西 20°。根据桩木排列的情况，推测房子宽约 3.8～4 米，长短不一，第一次发掘中发现最长的一排桩木为 23 米，还没有到头；第二次发掘中有一排桩木和它正好在一条直线上，但因中间有一段没有发掘，不知道是否属于一栋建筑。假如属于一栋建筑，其总长就达 80 米。其他房子虽然没有这么长，也都应该是多间式长屋。其建筑方法应该是先打地桩，在桩上架设地龙骨，在地龙骨上铺设地板。因为在桩木附近发现有大量可做地龙骨的长圆木，同时还有许多地板。地板一般长 80～100 厘米，宽约 20 厘米，有些在两侧边做成企口以便拼合起来紧密无缝。地板铺好后即可架设梁柱。构件是一根完整的木柱，长 263 厘米，两端有榫用以上承屋梁，下连地板或地龙骨。有的柱头上有横穿的透卯，应是设在墙壁面的平身柱；有的柱头上有垂直相交的卯眼，则应是立在墙角的转角柱，柱头上的卯眼是为锁屋梁用的。梁头榫多是高大于宽，最高的比例是 4∶1，完全符合应力原理。有的梁头榫上带有梢钉孔，是为了楔上梢钉以防柱子歪斜受拉而脱榫。有的方木上有一排等距离的小方眼，应该是窗户或门扇的框架，设置棂格是为了采光之用。

根据以上的情况，可知河姆渡村落是由若干纯木构建筑的长屋组成的，室内举高至少有260厘米以上，有房桩，有地板，有木板墙，有带棂格的门窗，利于防潮、通风、采光，对于当地比较潮湿且多闷热天气的环境来说是十分相宜的。至于屋顶的结构则不大清楚，推测是用木檩搭架，绑上树枝再盖上稻草，冬暖夏凉。房子内应该是分间居住的，地板下面的空间可以作猪圈，加工过的稻壳等就倒在房子底下，细糠可以给猪吃，壳和稻草可以给猪垫卧。

河姆渡人的日常生活　根据考古发掘的动植物遗存和孢粉分析的结果，可知河姆渡村后的山上生长着茂密的亚热带常绿落叶阔叶林，林中的树木主要有蕈树、枫香、栎、栲、青冈和山毛榉等，林下有蕨、石松、卷柏、水龙骨和瓶尔小草等。村前有大片的稻田，附近有草地、湖泊和沼泽，生长着灌木、芦苇和菱角等大量水生植物。人们在农业劳动之余，可以到山上和平原去狩猎，捕猎的动物主要有梅花鹿、水鹿、四不像、麂、獐等鹿科动物，还有虎、熊、象和犀牛等。人们也常常捕猎鸟类，包括野鸭、大雁、鹈鹕、鸬鹚、白鹭、仙鹤、乌鸦和老鹰等。还在水中采菱、捕鱼，捕捉的鱼类有鲤鱼、鲫鱼、鲶鱼、青鱼、黄颡鱼、鲻鱼和鲷等。他们已经有小的木船，并且有船桨。水浅的地方可用撑篙，水深的地方就只能用桨划。河姆渡东边距海不远，遗址中又发现过鲸鱼骨骼，证明他们有时也到浅海去捕鱼。他们在冬季农闲的时候便有组织地上山伐木来建造房屋，砍伐的树木要经过很长时间晾干，再加工成各种有用的材料。最难得的是加工独木舟和大型板材，要用石斧砍，用石楔劈，用石锛削，要花很多劳动时间。榫卯的加工不仅费时，还要有相当的技术。所有这些都是靠几种简单的石器来完成的。此外还有纺织、编织和制造陶器、石器、骨角牙器等手工劳动。他们用杵臼舂米，用陶釜架在陶支脚上做饭。有一件陶釜底部发现有一片烧焦的锅巴，其中只有大米而没有别的东西，有的陶釜中发现有鱼骨刺，证明当时已经把米饭、鱼肉和蔬菜分开来煮，能够吃纯净的大米饭和鲜美的菜肴了。

河姆渡艺术　河姆渡人非常喜爱艺术，有许多装饰品、工艺品和艺术作品。装饰品中有用玉石制造的璜、玦、管、珠等佩饰和项饰，有用骨头制造的管、珠、发笄和耳坠，还有用虎牙、熊牙制造的佩饰等。工艺品中有漆器、骨雕和象牙雕刻等。漆器中最多的一种是长圆筒，一般长 30 ~ 40 厘米，直径 7 ~ 14 厘米，是用圆木挖空而成的。有的筒壁厚薄均匀，有的内壁中间或近于一端有凸脊，以便安放圆木柄。圆筒的外壁打磨光洁后上漆，颜色微黄而发亮，非常精美，推测是打击乐器长鼓。另一件木胎漆器是矮圈足碗，朱红色，微有光泽。两者都是中国最古老的漆器。河姆渡的乐器除了长鼓还有骨笛和骨哨，可以想见他们在丰收之余，或者在出外狩猎之前，会打起长鼓，吹起笛哨，跳起欢快的舞蹈，以庆祝丰收或祈求狩猎的成功。

河姆渡第 4 层出土有 20 多件象牙制品，有蝶形器、小盅和匕等。有一件蝶形器正面的中间刻划许多同心圆，上面有火焰状纹，似为海中升起的朝阳；旁边有两只长尾鸟，双双昂首面对着中心的太阳，似为传说中的凤凰。这一图画可称为“双凤朝阳”，颇具意境和神话色彩。有些象牙匕的柄部雕成鸟头、鸟身和翅膀，匕身如同长尾，其形状也像是凤凰。骨器上也有刻划成双凤纹的，有一件骨刀的把上刻划两组双凤纹，两个凤身连在一起。

陶器上除各种几何花纹外，还有不少动植物花纹，其主题有猪、似虾的水生动物、水稻和大叶植物等。有一件陶方钵上刻划一头肉猪，长嘴瘦腹，鬃毛竖立，缓步前行，似在觅食的样子。另一件钵上刻划着一幅稻熟猪肥的风俗画已于前述。有的陶盆上刻划着尚未秀穗的水稻，旁边有似虾的水生动物在游动，未画水而使人感到绿水盈盈，手法非常高明。陶钵和陶盆都是吃饭用的器具，刻划这些花纹似乎跟近代农家过年贴五谷丰登、六畜兴旺等吉祥对联有相同的意义，只是不限于过年时节罢了。有的陶器上刻划着非常复杂的花纹，似鸟非鸟，似蛇非蛇，下部长着大叶植物，明显带有宗教的神秘色彩。此外还有一些木雕的鱼、陶塑的猪和羊等，也颇生动。

长江起源说的提出　河姆渡稻谷遗存的发现使学术界大为震动，认为是探讨稻作农业起源问题上的一次飞跃，从而有必要重新思考起源地区的问题。人们历来认为亚洲水稻起源于印度、东南亚或中国的五岭以南地区，他们有的从生物分类学研究，有的从遗传基因或同工酶的研究，有的从野生稻的分布及野生稻与栽培稻的联系，有的甚至从“稻”字在各民族中的语音学研究来立论，都各有一定的道理。但若从考古发现的史前栽培稻遗存来看则缺乏必要的支持。直到 20 世纪 80 年代以前，在世界各国发现的最早的栽培稻遗存的情况是：印度为公元前 2000 多年，泰国是公元前 3000 多年，越南仅为公元前1000多年，印度尼西亚有一处可能较早，根据间接的碳-14年代推测也只到公元前4000年。中国五岭以南的广东石峡的年代约为公元前3000~前2400年。所有这些地方发现的最早的栽培稻遗存都远比长江流域的河姆渡文化和大溪文化为晚。既然那些栽培稻遗存并不很早的地区都可以考虑是稻作农业起源的地区，为什么不可以把长江流域也列入起源地区之一呢？

稻作农业起源的必要前提是：（1）有适宜于水稻生长和繁殖的自然生态环境，并且有作为栽培稻直接祖本的野生稻的天然分布；（2）当地人类文化的发展达到了一定水平，以至于产生了寻求新的更加有保障的食物资源的社会需要；（3）人们在长期采集野生稻的过程中所获得的知识、经验和技能已足以培植野生稻使之成为栽培作物。长江流域是适于水稻生长和繁殖的。根据河姆渡动植物遗存和孢粉的分析，证明那里公元前5000年的气候跟现在的珠江流域差不多。既然现在珠江流域有许多野生稻，那么当时的长江流域也应该有野生稻，何况历史上还有许多关于野生稻的记载。例如《三国志·孙传传》记载："黄龙三年（公元213年）由拳（今浙江嘉兴县）野稻自生。"《晋书》卷四十三记载："郭舒渡江，乃留屯沌口（今湖北汉阳西南三十里），采稆（野生稻）湖泽以自给。"《晋书》卷九十九记载："时会计（今浙江绍兴）饥荒，玄令赈贷之，百姓散在江湖采稆。"《宋书》卷二十九记载："宋文帝元嘉二十三年（公元446年），吴郡嘉兴盐官县（今浙江海宁县）野稻自生三十许种。"《梁书》卷三记载："大同三年（公元537年）九月北徐州境内（包括今安徽蚌埠、凤阳、嘉山、来安、滁县、全椒等地）旅（通稆）生稻稗二千许顷"（以上均据百衲本）。类似的记载还有一些，主要涉及浙江、江苏、安徽、湖北等省，正是最早出现栽培稻的地区，这难道是一种巧合吗？再说河姆渡的稻作农业是一种非常发达的原始农业，在它的前面还应该有一个发展的过程。而河姆渡文化本身又看不出有明显的外来因素，自当是本地起源的可能性为最大。如果把中国稻作遗存的分布图按照年代画出等值线，便会清楚地显示出以长江下游和杭州湾为中心，像波浪一样地向周围地区扩散的情况。所以我明确地提出长江下游及其附近应当是稻作农业起源的一个主要地区，其他学者也多以此立说。这就是通常所说的长江起源说，得到了相当广泛的反映。

四　第二次飞跃

如果说从屈家岭到河姆渡遗址的发现中间经过了20多年，实现了稻作起源研究的第一次飞跃的话，那么从河姆渡到城背溪、彭头山和贾湖还不到20年的时间，又实现了稻作起源研究的第二次飞跃，长江起源说已经为更多的人所接受了。让我们还是从城背溪遗址的调查谈起。

城背溪的调查　1983年秋季，北京大学考古系同湖北省博物馆合作在湖北西部进行考古调查发掘时，曾经试掘了宜都县（现改名为枝城市）的城背溪和枝城北等属于新石器时代中期的遗址，后被命名为城背溪文化。当时在枝城北遗址的红烧土块和陶片中都曾发现稻谷壳碎片。后来在整理城背溪遗址的资料时，又发现陶片中也夹有稻谷壳碎片。1986年，林春在对城背溪遗址进行复查时，在一件圜底钵口部残片的内壁发现有十几粒稻壳痕迹。1990年，她又采集到一件残陶支脚，里面夹有4个稻谷壳。其中较完整的一粒长宽为6.1毫米×3毫米，其余3粒均略残，经李璠鉴定应属于粳稻。城背溪文化的年代，就目前已发现的遗存来说，大约相当于公元前6500～前5000年。其中城背溪属早期，枝城北属晚期。这两处史前遗址的发现，把稻作遗存的年代又向前推进了1000多年。

彭头山与八十垱　事隔不久，在1988年的冬季，湖南省文物考古研究所在该省北部的澧县大坪乡彭头山遗址进行发掘，发现在一些红烧土块中包含有许多稻谷壳和稻草痕迹，这些红烧土原本是抹在房屋墙壁上的泥土，其中掺和了稻壳和稻草以防皲裂脱落，正因为被火烧成了红烧土，才使那些稻谷壳等遗存保存下来。有些陶器胎壁中也夹杂有稻壳或稻壳碎屑，有的甚至还有稻谷。据发掘简报称，T6H9稻3标本“黏附在一块双耳高领罐领部的陶片上。陶片表面的细长黑点全部为稻壳及稻谷标本。此外，陶片断面上的炭化稻壳与稻谷也十分明显”。T6H9稻1－1标本“黏附在一件大型小口深腹罐中下部的陶片上。通过显微放大，稻壳的内部层理及中间网络结构均较清晰”。其中有4粒形状较完整的稻谷壳经日本佐贺大学农学部的和佐野喜久生测量分别长5.43、5.88、5.89和6.24毫米，比较接近于短粒形的粳稻。彭头山稻作遗存的年代，经北京大学考古系实验室用常规碳－14 方法和加速器质谱碳－14 方法测量并经过适当调整，大约落在公元前 7000～前 5500 年。在彭头山附近并且同属于澧县的李家岗、曹家湾和下刘家湾遗址稍后也发现了稻谷遗存。同样性质的遗址还有八十垱、黄麻岗等处。这类遗址现在已被统称为彭头山文化。比彭头山稍晚，同样也分布在湖南省北部的临澧县胡家屋场和岳阳县坟山堡，也都发现了稻谷遗存。这类遗址一般被列入皂市下层文化，实际上相当于彭头山文化晚期，年代约为公元前 5500～前 5000 年。

1993 年，湖南省文物考古研究所对八十垱遗址进行了初步发掘。这个遗址位于澧阳平原东北边，那里是一片冲积平原，遗址周围有小河和沼泽环绕。这次发掘不仅在陶片中发现有稻壳，而且在灰坑土样中发现了十分密集的可能属于水稻的花粉，推测是成堆的稻草和稻壳腐烂后的遗存。1995 年冬对八十垱遗址进行第二次发掘，在西北河岸边上发现了许多炭化的稻米和稻谷。再在其西北挖了一个漏斗形的试探性方坑，在其下部彭头山文化的地层中，发现有细腻纯净的灰色土，里面夹有稻草。至距地表 4.5 米处发现了古河道的黑色淤泥层，因为保存条件特别好，其中出土了大量的有机物质，初步观察有几种木制品、竹编物和莲子、菱角、桃、稻谷等上百种植物遗存。因为已经挖到潜水面下，从小坑底部随水涌出的稻谷数以斤计，无法再往下发掘了，只好等以后扩大面积再行发掘。由于稻谷出于潜水面以下的淤泥层中，阻止了氧化的进程，出土时还略带黄色。初步观察稻粒的形状比较复杂，有大有小，有带芒和无芒的，表现出多型性的特征。其中有些接近粳稻，有些接近籼稻，有些似为过渡形态。特别是其中的一种小粒稻，应是后来不再栽培了的古稻。在这些稻谷出土的地层中发现有许多陶片，初步观察应属于彭头山文化早期，甚至比彭头山遗址的早期更早一些，年代当为公元前 7000 年左右。过去因为城背溪和彭头山的稻谷遗存多发现在陶片中或是夹在红烧土中，大部分已被碾成碎屑，或者被压缩变形，难以准确地鉴定其种属，对于个别已经鉴定的标本也往往持有异议。现在因为八十垱大批稻谷的发现，人们再也不怀疑在公元前 7000 年左右就已经有了比较发达的栽培稻了，这实在是探索稻作农业起源中的一次重大的突破。

两湖地区早期农业的估计　在两湖地区的城背溪文化和彭头山文化中，聚落遗址的面积一般仅数千平方米，比大溪文化和河姆渡文化的聚落要小，但分布比较密集，有些遗址的文化堆积还比较厚。差不多每个遗址所出陶器中都有一部分夹炭陶，其中掺杂了许多稻壳碎屑。有些遗址的灰层和红烧土中也常常发现稻壳，说明当时稻米生产已经是比较普遍的事情。而聚落较小又说明当时农业生产的水平有限，难以支持较大社群日常生活的需要。遗址中打制石器较多而磨制石器甚少，磨制较好的石器多为装饰品而不是生产工具，工具中较多的是斧、锛、锤、网坠、圆石片和细石器等，主要是木工工具和渔猎器具，几乎看不到农业工具。以前我们根据河姆渡遗址的经验，推测这个时期的农具应主要是木器和骨角器，因为土壤微带酸性而烂掉了。最近在八十垱发现了一些木器，其中有些是削尖的木棍，个别木棍的头部被削成扁薄形，似乎跟农具有些关系，跟河姆渡文化的骨锹相比就差得多了。这也说明当时的农业生产水平不是很高。重要的是当时已经有了稻作农业，而且在一大片地区几乎每个村落都种植水稻，村落的分布又很密集，说明当时的农业已经越出了最初的阶段，稻米已经成为人们重要的食物资源之一。当时稻谷的形态已经明显是栽培稻而完全不同于野生祖本的事实也证明了这一点。因而要解决稻作农业的起源问题，还需要向更加古老的遗址中去寻找。

贾湖的农业遗存　这里我还要特别提出贾湖栽培稻遗存的发现及其鉴定结果对稻作起源研究的重要意义。贾湖遗址位于河南省舞阳县城北 22 千米，适当淮河支流沙河南岸的阶地上。河南省文物考古研究所于 1983 ~ 1987 年在这里进行了大规模的发掘，发现了一个属于新石器时代中期的裴李岗文化遗址。它的文化遗存可分三期，每期都有大量稻谷遗存出土。根据碳 - 14 测定并做适当校正，其年代约为公元前 6800 ~ 前 5700 年，跟长江中游彭头山文化的年代相近。

贾湖的稻谷遗存主要发现于窖穴中。一些窖穴底部有深黑色灰烬与泥土混杂在一起，其中包含有许多炭化稻米，也有少量稻谷。其次是倒塌房屋墙壁残块的涂层中掺杂了许多稻谷壳，还有一些陶器的胎土中也掺杂有稻壳碎屑，表明当时稻谷生产已是人们生活中的重要内容。这些稻米的长宽比多为 2∶1，用扫描电镜观察稻谷的表面形态与结构，大部分与现代粳稻基本相同，少量则与籼稻相近。贾湖遗址相似于裴李岗文化。这个文化的生业主要是旱作农业，种植粟和黍，有一套规范化的制作精巧的农具。

贾湖遗址除出土稻米外，也还有粟，有裴李岗文化典型的农具：舌形石铲、带锯齿的石镰、带乳突状足的石磨盘和石磨棒。只是因为地理位置偏南，离稻作农业的中心区长江中游不远，当地又是沙河、灰河和北汝河交汇之处，泥沼发育，适于种植水稻，所以才出现那种水旱混作的农业形态。值得注意的是贾湖的旱地农业工具齐全而且制作得比较精致，却没有发现专门为稻作农业使用的工具，这和两湖地区的情况基本相同。贾湖的发现并不是孤立的，以前在陕西西乡李家村属于老官台文化的红烧土中也曾发现过稻壳，其位置是北纬 32°58′。贾湖位置只是稍稍偏北，达到了北纬 33°36′，都已离开了普通野生稻的分布区，不大可能是稻作农业的起源地区，那里的稻作农业自应是从长江中游传播过来的。由此可见以彭头山文化和城背溪文化为代表的稻作农业水平确实越过了最初的阶段，在它的前面理应有一个更早的起源阶段。

双峰乳突的鉴定方法 贾湖的标本最初是由徐州师范大学的陈报章鉴定的。1994 年初，他在北京大学地质系进修时，在该系的孢粉实验室对贾湖各期的 9 个标本进行了植硅石分析，发现有大量的扇形、哑铃形和双峰乳突硅酸体。前二者见于水稻叶片，后者见于水稻颖壳。扇形体中有 49% 为粳型，22% 为籼型，29% 为过渡型。为了对双峰乳突的属性进行判别，选用了现代栽培稻的籼、粳两个亚种和普通野生稻各两个品种进行测定，发现籼稻的双峰乳突粗大、尖锐，其基部的丘状隆起较薄而不明显；粳稻的双峰乳突细小而丘状隆起肥厚，普通野生稻的这两个部分的特征正好在两者之间。这一结果不但找到了判别稻谷种属的一种新方法，而且支持了近年来一些学者提出的籼稻和粳稻都起源于普通野生稻的假说，从而引起学术界的普遍关注。比照贾湖的双峰乳突形态，多是接近于粳稻的，这同稻谷外形的观察和扇形硅酸体测定的结果是相符的。

不过陈报章对双峰乳突的观察仅仅是初步的。后来北京农业大学的张文绪教授又多次对稻谷稃面的双峰乳突进行研究，发现它虽然是一种固定结构，但也会受到某些物理或化学因素的损坏，不像是硅酸体那样难以化解的内质。因此对古稻双峰乳突进行观察和测量时，首先要注意其形态是否完整，否则会得出不正确的结论。尽管如此，双峰乳突的研究仍然不失为判别水稻种属的一种有效的方法。为了使判别更加准确，他用双峰距、峰角、垭角、垭深和深距比五个指标将双峰乳突划分为锐型和钝型，每型又分为三个亚型。凡深距比在10以下，峰角在80°以下，垭角小于150°者为锐型，大于以上各指标者则为钝型。籼稻为锐型，粳稻为钝型，普通野生稻则多为锐型略偏钝。最近他又对籼稻14个品种59份样品、粳稻14个品种54份样品、普通野生稻57份样品和古栽培稻11处遗址共68份样品进行了比较分析，并且制定了一个判别公式，其准确率达到95.58%。这一方法的引进对于探索稻作农业的起源，具有十分重要的意义。

五　追根溯源

最早栽培稻的发现　1993年和1995年，湖南省文物考古研究所在该省道县玉蟾岩进行了两次发掘，前后发现了4粒稻谷壳。碳-14测定的年代在公元前1万年以前，是目前所知世界上最早的稻谷遗存。

玉蟾岩遗址在一座石灰岩残丘下部的洞穴中，相对高程约5米。周围地势平坦开阔，水源充足，宜于水稻生长。洞中的文化堆积厚约1.2~1.8米，出土遗物主要是打制石器和骨、角、牙、蚌器等，石器中主要有砍砸器、刮削器和切割器等，骨角器中有打制的骨铲、骨锥、角铲和磨制的骨锥等；还有穿孔蚌器和带刻槽的牙饰等。特别值得注意的是出土了少量可以复原的尖圜底陶器，火候甚低，有灰色和黑褐色两种，夹砂的颗粒大小颇不均匀。里面有制作时所垫草席的印纹，外面有拍印的绳纹，它可能是世界上最早的陶器。其总体文化特征表现为新石器时代最早时期的情况。与文化遗物伴出的动物遗骸以鹿类和鸟类为最多，还有其他哺乳类、鱼类、龟鳖类和螺、蚌等软体动物。通过浮选和筛选还发现有几十种植物种子和果核。这表明当时人们的经济生活是以采集和渔猎为主的，水稻的种植仅仅占很小的比重。所出稻谷粒长同于野生稻而粒幅稍宽，稃毛和稃肩特征近于籼稻，双峰乳突则近于粳稻。张文绪认为这是栽培未久，尚保留部分野生稻特征而籼粳尚未完全分化的古稻。

仙人洞与吊桶环　与玉蟾岩的发掘同时，由中国和美国学者合组的农业考古队也分别于1993年和1995年发掘了江西万年仙人洞和吊桶环两个遗址。其所以选择这里进行考古发掘，一是因为仙人洞曾经发现过新石器时代早期的遗存，二是在附近不远的东乡县至今还生长着普通野生稻。如果把工作做得细致一些，是有可能找到更早的稻作遗存的。但是我在这个队下工地之前的动员会上说，中国和美国的学者联合组成一个农业考古队，这在历史上还是第一次。我们要团结一致，在两国学者合作的方式上做出成绩，在多学科的学者如何配合进行农业考古上做出成绩，在探索稻作农业起源上尽可能有些收获，因为那是没有把握的事，期望值不能定得太高。不过发掘的结果还算令人满意。吊桶环下部（F层至P层）属于旧石器时代晚期，上部（C—E层）为新石器时代早期。在旧石器时代之末的F至H层出土了较多野生稻植硅石，新石器时代各层都有一些接近栽培稻的植硅石。特别是C层的几个活动面上有较多栽培稻的植硅石。仙人洞下部也有旧石器时代晚期之末的地层，有野生稻植硅石；上部属新石器时代早期，有近栽培稻的植硅石，只是数量比吊桶环少。两处遗址孢粉的分析也倾向于同一结论。

仙人洞和吊桶环都处于大源盆地的边缘，两者相距仅有800米，旁边有小溪流过，环境条件十分优越。这两个遗址的新石器时代层的文化面貌十分相似，都以打制石器为主，只有少数局部磨光。同出的有大量骨、角、牙、蚌器，骨针和骨鱼叉都磨制得很好，蚌器穿孔。陶片不多，器形多为直口和圜底。上面有用草筋擦划的痕迹和少量绳纹。其总体发展水平接近于玉蟾岩而延续的时间较长。所测碳-14年代数据比较分散，若经适当的调整，可能在公元前七八千年至一万年以前。由于两个遗址的出土遗物十分相似，推测它们属于同一群体的人们。仙人洞较大，紧靠小溪，所以螺蚌堆积较多。洞内有不少烧火的地方，应是住人的主要场所。吊桶环有成千上万的动物骨骼的碎片，又有较多的水稻植硅石，当是狩猎后的屠宰场和收割后的打谷场。那时的经济应是以采集和渔猎为主，兼有少量的水稻种植，和玉蟾岩的情况基本相同。正是由于这三处遗址的发现，把水稻栽培的起始年代一下子又提前了几千年。

六　栽培稻与野生稻

稻属植物的分类　稻作农业产生的前提条件之一是要有天然生长的可供栽培的野生稻。世界上稻属植物甚多，1931年R. J. 罗斯契维兹首先将其分为四个区组19个种，后来许多学者对其分类和命名提出了不少改进的意见，现在公认的是菲律宾国际水稻研究所的张德慈1976年提出的方案。这个方案将稻属植物分为20个种，其中只有两种是栽培稻，即亚洲稻和非洲稻。非洲稻的分布仅限于西非一个很小的地方，可能是由当地的长雄蕊野稻培育而成。世界上的稻米主要是亚洲稻，它虽然起源于亚洲，却已分布于全世界，除亚洲的东部和南部（约占产量的90%）以外，欧洲、非洲、美洲和大洋洲也都有少量的分布。因此我们研究稻作农业的起源，主要是研究亚洲栽培稻的起源。关于20种稻属植物的基本情况列表如下（表一）：

表一

区组 Section	种系 Series	稻种 Species	遗传组 Genome	原产地 Origin	乳突类 Kind	乳突型 Type
Oryzae	*oryza*	普通野稻 *O. rufipogon*（多年生）	AA	亚洲	双峰类	锐2
		印度野稻 *O. nivara*		南亚	双峰类	锐2
		亚洲栽培稻（籼）*O. sativa*（hsien）	AA	亚洲	双峰类	锐2
		亚洲栽培稻（粳）*O. sativa*（keng）	AA	亚洲	双峰类	钝2
		长雄蕊野稻 *O. longistaminata*	AA	非洲	双峰类	钝2
		短舌野稻 *O. barthii*	AA	西非洲	双峰类	锐1
		非洲栽培稻 *O. glaberrima*	AA	西非洲	双峰类	钝2
		极短粒野稻 *O. schlechteri*	AA	新几内亚	双峰类	钝1
		长护颖野稻 *O. longiglumis*	AA	新几内亚	—	—
	latifolia	药用野稻 *O. officinalis*	CC	亚洲南部	双峰类	钝2
		紧穗野稻 *O. eichingeri*	CC	非洲	双峰类	钝2
		小粒野稻 *O. minuta*	BBCC	东南亚	双峰类	锐3
		斑点野稻 *O. punctata*	BBCC	东非洲	多峰类	钝3

续表一

区组 Section	种系 Series	稻种 Species	遗传组 Genome	原产地 Origin	乳突类 Kind	乳突型 Type
	latifolia	宽叶野稻 *O. latifolia*	CCDD	中南美洲	双峰类	锐 3
		高秆野稻 *O. alta*	CCDD	中南美洲	双峰类	锐 3
		大颖野稻 *O. grandiglumis*	CCDD	南美洲	双峰类	锐 2
		澳洲野稻 *O. australiensis*	EE	澳洲	双峰类	锐 3
Granulatae	granulata	颗粒野稻 *O. granulata*	XX	亚洲	瘤峰类	多皱
		疣粒野稻 *O. meyeriana*	XX	亚洲	瘤峰类	光滑
Ridleyanae	ridleyi	马来野稻 *O. ridleyi*	??	亚洲	单峰类	—
Angustifoliae	angustifolia	短药野稻 *O. brachyantha*	FF	非洲	凹痕类	—

表二中的亚洲栽培稻又称普通栽培稻，染色体为$2n=24$，系AA染色体组。亚洲栽培稻有两个亚种，即籼稻和粳稻，或者称印度稻和日本稻，也有学者建议称为印度稻和中国稻。张德慈曾建议除上述两个亚种外，还可分出另一个亚种爪哇稻，但多数学者认为分为两个亚种已可完全概括全部普通栽培稻，不必另立新的亚种。由于经过长期的栽培，稻谷的种类已经非常之多。从生态习性分有水稻和陆稻，而以水稻占绝对优势；从所含淀粉特性分有糯稻和非糯稻，而非糯稻占最大比例；以成熟期分又有早稻、中稻和晚稻的区别。其中每一类都有籼、粳之别，又都包含有许多品种，单是中国的水稻品种就已达到三万个以上。但追根溯源，它们的野生祖本都只是一个，就是普通野生稻。其系统可以列如表二。

表二的前两栏需要作些说明。下面将首先说明籼稻和粳稻的关系。

籼稻与粳稻 《中国大百科全书》中有这样一段话：“籼稻株形松散，分蘖强，叶色较淡，易落粒，成熟较快，通常无芒，米粒细长，颖毛短而散生，煮饭黏性较弱，而胀性较好，适应于高温、多湿的亚热带和热带气候，在中国主要分布于华南和淮河以南的平地、低地。粳稻株形紧凑，分蘖弱，叶色较深，不易落粒，成熟较慢，有些品种有芒，米粒较厚，颖毛长而密或无颖毛，煮饭黏性较强而胀性较差，适应温带气候，且较耐寒，在中国除太湖地区外，主要分布于淮河以北各地。云贵高原是在低海拔种籼稻，高海拔种粳稻，中间地带则籼粳交错。”这是一个很好的概括。

表二

（普通野生稻）↓ 普通栽培稻	籼亚种（基本型）	晚稻（基本型）	水稻（基本型）	非糯稻（基本型）—品种
				糯稻（变异型）—品种
			陆稻（变异型）	非糯稻（基本型）—品种
				糯稻（变异型）—品种
		早、中稻（变异型）	水稻（基本型）	非糯稻（基本型）—品种
				糯稻（变异型）—品种
			陆稻（变异型）	非糯稻（基本型）—品种
				糯稻（变异型）—品种
	粳亚种（变异型）	晚稻（基本型）	水稻（基本型）	非糯稻（基本型）—品种
				糯稻（变异型）—品种
			陆稻（变异型）	非糯稻（基本型）—品种
				糯稻（变异型）—品种
		早、中稻（变异型）	水稻（基本型）	非糯稻（基本型）—品种
				糯稻（变异型）—品种
			陆稻（变异型）	非糯稻（基本型）—品种
				糯稻（变异型）—品种

关于籼稻与粳稻的关系，丁颖根据籼稻的性状和分布区域比较接近于普通野生稻，两者杂交有较好的亲和力，杂交的后代易于繁殖等情况，认为籼稻是栽培稻的基本型，而粳稻则是在籼稻向北传播过程中，因为适应气候生态环境的变化而发生性状变化的产物，可称之为栽培稻的变异型。周拾禄则持另外一种看法，他根据某些具有野生稻特性的“塘稻”可与粳稻杂交结实，以及中国新石器时代许多遗址发现早期粳稻并不晚于籼稻的事实，认为粳稻不是籼稻的变异型，它和籼稻一样古老，应分别起源于不同的野生稻。现代酯酶同工酶的测定也证实两者在遗传上是异源的。这又涉及对栽培稻野生祖本的研究。

栽培稻的野生祖本是什么　一般认为栽培稻的野生祖本就是普通野生稻，它广泛分布于南亚、东南亚和中国的南方，其学名曾有 *O. perennis*，*O. fatua* 和 *O. spontanea* 等，现已统称为 *O. rufipogon*。也有用 *O. spontanea* 指杂草型的普通野生稻，而用 *O. rufipogon* 专指多年生的普通野生稻的。这种野稻喜欢高温、多湿和开阳的环境，所以多生长在热带和亚热带的沼泽地带。一般为多年生，匍匐茎，分蘖繁殖，抽穗时间不一，籽实易于脱落。也有一些是一年生的，例如过去在中国安徽巢湖地区发现的浮稻和江苏北部发现的穞稻便都是一年生的野生稻。但它们是由多年生野生稻演化而来，还是由野生稻与栽培稻杂交而来，还需要进行研究。王象坤认为普通野生稻是一个大群体，其中有多年生的，也有一年生的。多年生普通野生稻中又可分匍匐型、倾斜型和半直立型三种，一年生普通野生稻则可分倾斜型、半直立型和直立型三种。显然只有一年生直立型是最接近于栽培稻的。他又提出要用同工酶检查野生稻究竟是原生的，还是次生的，或者是栽培稻野性化的。酶谱上只有一条带的是纯合的，也就是原生的；有两条带的是杂合的，也就是次生的。显然只有原生的才可作为研究栽培稻起源的依据。

日本遗传研究所的森岛启子认为普通野生稻有偏籼、偏粳和中间型的区别。王象坤证实了她的看法，指出中国江西、湖南和广西北部的普通野生稻多数偏粳，海南岛的则以偏籼为主。这样看来，普通栽培稻的两个亚种似乎是从两种不同的普通野生稻培育出来的。不过籼稻和粳稻并没有严格的生殖隔离。有人用 20 份籼、粳杂交种种在云南元江海拔 400 米的地方主要表现为籼型，种在海拔 1650 米处主要表现为粳型，说明环境选择压的确有重要的作用，丁颖的意见仍然是不可忽视的。

近年来佐藤洋一郎提出一个方案，主张粳稻起源于普通野生稻即 *O. rufipogon*，而籼稻起源于印度野生稻 *O. nivara*。但有人认为 *O. nivara* 乃是由 *O. rufipogon* 演化而来。何况中国和印度都有 *O. rufipogon* 和 *O. nivara*，中国史前栽培稻并不都表现为粳型而是籼粳并存，所以这样的划分恐怕也还有不少问题。

东乡与河姆渡的野生稻　在中国的多年生普通野生稻中，最靠北的已分布到江西鄱阳湖南岸的东乡县，为北纬 28°14′。具体地点在该县东南部东源乡刘家山南坡下的沼泽中。1993 年 9 月我去那里调查时得知原来的分布面有几十亩，后来因为开荒造田绝大部分被毁掉了，现在只剩下两块合共只有两亩多的地方，用围墙保护起来了。我看到那沼泽中绿油油的一片，有的长在浅水里，有的长在干土上，虽然都能正常发育，但浅水里生长的明显旺盛一些。这些普通野生稻都是丛生，每丛有数百株，十分密集。稻茎下段匍匐，上段直立，高约60～80厘米。当时有的刚刚拔节，有的已经打苞，有十几株正在抽穗，个别的却已灌浆，时序很不整齐，这正是野生稻的一大特点。据说大部分要到十月份才会成熟，极易脱粒，大约七八成黄熟就掉下来了。我数了数抽穗的几株，每穗大约有60粒，有长芒，属偏粳型。这里北部比较开阔，一月平均气温只有2℃，容易受到寒潮袭击。1970年1月5日绝对最低气温曾达到－14℃，而普通野生稻并未受到严重伤害，说明它的耐寒能力是很强的。据此推测由这种偏粳型的普通野生稻演变为分布纬度更高的一年生野生稻，如安徽巢湖的浮稻和江苏北部的稆稻等应该是可能的。而粳稻喜温凉的特性不一定是人工栽培后才获得的，可能在野生祖本时就已经初步具备。等到人工栽培后，一部分传播到纬度更高的北方地区，喜温特性进一步发展巩固，同籼稻的区别越来越明显，终于发展为两个亚种。史前时期一些稻谷遗存的籼粳差别不如后来的标本那么明显的事实，同这一假说是相合的。

东乡普通野生稻发现的意义在于它证实了长江流域有可能生长野生稻，因而有直接培育野生稻为栽培稻的条件。以往人们根据普通野生稻的习性及分布特点，认为只有在北纬24°以南才能正常生长。历史上记载的或近代人调查所见的野生稻，都不过是栽培稻野性化的结果。东乡的发现证明这种说法是没有根据的。也许有人会说，东乡固然有普通野生稻，但却是现生的，不等于历史上的长江流域也可以生长。浙江余姚河姆渡野生稻的发现恰恰回答了这一疑问。

据汤圣祥等报道，他们用浙江省博物馆提供的105粒出自河姆渡遗址的稻谷，抽取其中保存较好的81粒，利用浙江农业大学的扫描电镜进行观察，发现其中除70粒可断定为栽培稻外，还有4粒（一说5粒）普通野生稻。这几粒稻谷的外形较瘦长，有长芒，芒上的小刚毛又长又密，小穗轴脱落斑痕小而光滑，显系自行脱落的痕迹，凡此都落入普通野生稻特征的范围之内。这一发现引起了学术界的普遍注意，认为是给稻作起源于长江下游说增加了支持。

本来长江起源说就是因为河姆渡的发现而提出来的，后来因为长江中游发现了更早的稻谷遗存，河姆渡在探索稻作农业起源问题上的重要性似乎降低了。人们一直期待江浙地区会发现更早的稻谷遗存，这一愿望虽然至今没有实现，却在河姆渡稻谷遗存中发现了野生稻，其意义当不亚于发现更早的栽培稻遗存。以前我在论证水稻的起源地可能在长江下游及附近地区时，就是以当地原本是野生稻的分布区为前提的。我没有直接的证据，只好从古气候、生态环境和历史上有关野生稻的记载来加以推测。现在河姆渡野生稻谷遗存的发现，无异是对那种推测的一个证实。我们设想，无论从气候、土壤、地形和动植物群落等自然地理的一切因素来看，长江中游和下游都是不可分割的，所以在自然地理上都被划分为华中区。既然如此，当中游的江西、湖南发现野生稻时，也就意味着下游有生长野生稻的可能。同样的道理，当下游的河姆渡发现了7000年前的野生稻时，也就意味着中游在几千年甚至更早以前就可能生长野生稻，不然在玉蟾岩和仙人洞的发现就不好理解了。

七　稻作起源的边缘理论

宾福德与哈兰的假说　宾福德（L. R. Binford）在论及西亚农业的起源问题时，曾提出过一种边缘理论，认为农业是在最适于其野生祖本植物生长的地区周边首先发展起来的。哈兰（J. R. Harlan）根据他对野生小麦分布区的研究，证明小麦的种植的确不是在其野生祖本的分布区，而是在周围条件较差的地方首先发生的。虽然宾福德依据其假设的所谓封闭型人口区和开放型人口区的模式来论证农业起源的方法并不可取，但哈兰所提出的事实却是不可回避的。有趣的是中国稻作农业也是在野生稻分布的边缘首先产生的，长江中下游就是这样一个边缘地带。这究竟是怎么一回事呢?事情还得从普通野生稻的分布说起。

长江是普通野生稻分布的北部边缘　我们知道作为栽培稻直接祖本的普通野生稻（*O. Rufipogon*）的习性是喜欢水生开阳的环境，故多生长在热带多雨地区，少数可分布到亚热带边缘。现时中国的普通野生稻最集中的地区是在海南岛、广东和广西的部分地区，北纬24°以北便已比较稀少了。这一分布区的北界，大体与最冷月一月平均最低温度为4℃的等温线相重合。这是因为多数普通野生稻的越冬抗寒能力较弱，再往北难以安全度过漫长的冬季。但个别野生稻品种也有越出这一界限的，例如前述江西东乡和湖南茶陵都已发现了多年生普通野生稻。由于湖南和江西的北部地势开阔，冬季寒风可以没有阻碍地从北部侵入，一月份的等温线在这里明显地向南呈舌形突出。既然这里可以生长普通野生稻，江苏、浙江和四川等地就更有条件生长普通野生稻。只是由于长期的开发，多数野生稻资源已经被破坏了，以至于现在无法发现。即使如此，长江流域的野生稻资源毕竟比华南少得多。在全新世早期人们开始培育稻苗的时候，长江流域的气候比现在还要温凉一些，野生稻更不会很多，只能是其分布的北部边缘。

野生稻中心区难以发展农业的理由　栽培稻是由野生稻培育而来，而野生稻的中心区反而难以发展农业，这不是很奇怪的事吗？其实不然，试以华南地区为例来加以说明。因为那里的气候炎热多雨，长夏无冬，天然食物资源非常丰富，而且全年都能够获取。野生稻虽然到处都有，但在各种可食的植物中差不多是最难采集也是最难加工的，其味道在当时的人看起来也不见得是很好吃的。因此平常采集就不会很多，更没有必要去进行人工的培育与繁殖，这样也就难以成为农业起源的重要地区。事实上确实如此。我们注意到华南在全新世早期便已经有一定数量的居民，他们通常居住在洞穴、河岸或海边河口地带，遗址中多见贝壳类堆积，还有鹿类等野生动物的骨骼，说明他们是以狩猎、采集和捕捞软体动物为生的，至今还没有发现农业的痕迹。这种状况一直持续到新石器时代晚期。现知华南最早的稻谷遗存是在广东北部的石峡文化中发现的，年代不超过公元前3000年。根据石峡遗址中有比较发达的农业工具来看，当地农业的发生也许还可以提早一些，但可能提早的幅度也很有限。考虑到石峡文化中有许多因素与江西的樊城堆文化相近，有人认为它是从江西迁移过去的，它的稻作农业自然也是从江西传播过去的。再说石峡文化仅仅分布在广东北部一个很小的地方，华南其余大部分地方仍然没有农业的痕迹。就是到了商周的时代，华南的采集经济仍然占有较大的比重。

为什么山地起源说不能成立　20 世纪 70 年代初，日本京都大学的渡部忠世提出稻作农业的山地起源说，认为从印度东北部的阿萨姆、缅甸北部到中国云南的山岳地带是稻作农业的起源中心，佐佐木高明则提出照叶树林文化的概念相互配合，在农学界有相当的影响。山地起源说立论的根据，主要是因为那里有多种野生稻，现代栽培稻的品系也特别发达，许多大江大河都从那里发源，可以把不同的稻种传播到中国、印度和东南亚各地。渡部忠世还从泰国等地寺庙土坯墙上采集的稻谷标本排成若干系列，并名之曰扬子系列、湄公河系列等，以为稻作农业就是通过这些通道传播到现今亚洲的几个主要产稻区的。但那些稻谷都是年代很晚的标本，与稻作起源拉不上关系，更不能作为研究稻作起源的根据。须知稻作农业是一种文化现象，必须在人类文化发展到一定高度，产生了培植谷类作物的社会需要，才会变成社会的行动。阿萨姆—云南山地史前文化很不发达，食物资源又比较丰富，不会产生种植稻谷的迫切需要。即使偶尔种植也不会很快发展起来，更没有力量向距离遥远的、文化发展水平很高的地区传播。那里的史前文化并不是一个统一体，而是各有特色，看不出那里的文化对周围先进地区有什么影响，反而有若干因素明显是受到了周围文化的影响。由此看来，那里稻谷多型性的特点，除了地形复杂而造成的小气候复杂的因素以外，外部不同稻种的传入也可能是一个重要的原因。再说栽培稻的野生祖本是普通野生稻，在阿萨姆—云南山地的各种野生稻中，普通野生稻恰恰很少。普通野生稻多生长在沼泽地带，而山区很少有这样的环境。可见山地起源说是不能成立的。

边缘起源理论的提出　我最初提出稻作农业长江流域起源说的时候，就曾经考虑到长江流域只是普通野生稻生长的北部边缘，它同野生稻生长的中心地区的作用应该有所不同。后来发现野生稻生长的中心区实际上难以成为农业起源的中心，而边缘区才有特别培育的必要。我在 1994 年 7 月日本佐贺召开的讨论东亚稻作起源的国际会议上，正式提出了稻作农业起源的边缘理论。这个理论的要点有二：第一，基于普通野生稻的生长习性，只有在它分布的边缘才可能进入北纬 24° 以北的亚热带地区，那里四季分明，冬季食物比较缺乏，需要某种可以储存到整个冬季都可以享用的食物作为补充，稻米正好符合这种需要；第二，普通野生稻的数量在边缘分布区肯定比中心区少得多，自然状态的产量不可能满足人们的需要，从而有必要加以人工培植，也只有通过人工培植，稻种才能安全过冬而得以继续繁殖。这两点在野生稻的中心分布区是不存在的，所以稻作农业的起源首先应在其分布的边缘。

边缘论与长江起源论　边缘论既然是根据长江流域的实际情况而提出来的，当然最适合于长江流域。那里属于湿润的亚热带季风气候，是地球上同纬度地区气候条件最好的地方，又有广阔而肥沃的冲积平原，所以史前文化非常发达，随之人口也会较快地增加起来。但是那里冬夏差别十分显著，冬季气候寒冷，植物性食物非常稀少，狩猎动物也难保总有收获，需要寻求一种解决冬季食物供应的办法。那里的野生稻尽管不多，采集和加工又十分麻烦，但是因为它有耐储藏的优点，人们也只好不嫌麻烦地去收集。又因为野生稻特别容易繁殖，所以人们会加意地保护、培育，玉蟾岩和仙人洞等地处于萌芽状态的稻作农业应该就是这样出现的。由于人们对稻种的采集，解决了安全过冬的问题，因而种植范围可以很快地扩大起来，以至于传播到纬度很高的地方。由于这些地方稻谷的生长几乎完全依赖于人工栽培，人们对土地和稻种的选择，以及稻谷生长过程中的管理，都会使栽培稻逐渐改变其野生祖本的若干特性，形成真正的栽培稻。而这在野生稻资源十分丰富的华南地区是难以做到的。这就是为什么处在野生稻分布边缘的长江流域反而成为稻作农业最重要的起源中心的根本原因。

八　寻找最古的稻田

草鞋山7000年前的稻田　中国史前的稻谷遗存尽管发现很多，而稻田却迟迟没有发现，这件事引起了许多学者的注意。1993～1994年南京博物院考古研究所在日本宫崎大学的藤原宏志的协助下，在江苏吴县草鞋山遗址南边约500米的稻田里进行钻探，发现地下近2米深处有密集的水稻植硅石，或者叫作水稻植物蛋白石，它是水稻叶片中特有的扇形植物硅酸体，指示下面可能有古代的稻田。得到这个信息后，便决定分东西两区进行发掘。东区主要是马家浜文化的堆积，在最下一层的底部发现了由北（略偏东）往南成串排列的椭圆形小坑。每个坑的面积仅3～6平方米，深约20～

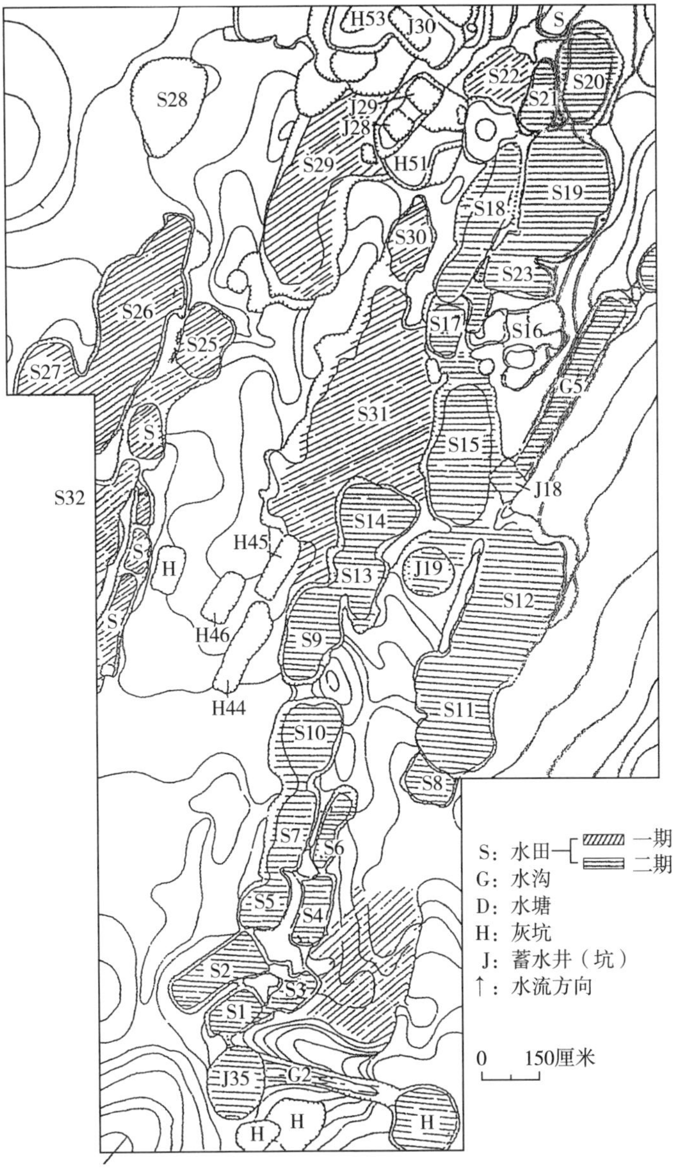

图一 江苏吴县草鞋山马家浜文化时期的水田遗迹

30 厘米，底部甚平。坑内为质地均匀的黑色泥土，经检测其中含有大量的水稻植硅石，密度远远超过现代稻田的含量，因此判断为马家浜文化早期的稻田（图一），距今大约有 7000 年之久。这些小块稻田之间有水沟相连，北头和南头有蓄水坑，也有水沟与稻田相连。坑内淤土中除发现有大量水稻植硅石外，还有炭化的稻谷。稻田两边的地势略高，地面上有许多陶片，稻田和蓄水坑中则没有陶片。因为这里是遗址的边缘，免不了要散布一些陶片，开辟稻田时把它们捡出来扔到旁边是合乎情理的。

西区上部是东周时期的水田，有的呈长方形，有的不甚规整，每块面积约10～20平方米，有的也有水沟相通。田里的泥土中同样含有大量的水稻植硅石。这些水田的下面是马家浜文化层，它本身又可分为若干层次，底部有两个大方坑。坑深约1米，较大的一个估计近300平方米，较小的一个也超过100平方米，坑内是当时的蓄水池。它的南边也有几个像东区那样的椭圆形小稻田。

我看到这一连串与稻作农业相关的遗迹，心中十分欣喜。因为以前我曾在日本看到过许多弥生时代的稻田，那时中国史前的稻谷遗存已经发现上百处，怎么就找不到一块稻田呢？现在草鞋山的发现终于实现了零的突破。这里不仅有稻田本身，还有蓄水池、蓄水坑、水沟等配套设施，还有东周时期的稻田（这也是第一次发现）！作为对比，怎么能不令人高兴呢？但欣喜之余也还有一点疑问：东周稻田似乎还像个样子，马家浜文化的稻田怎么那么小，又没有一个确定的形状呢？日本弥生时代的稻田也相当规整，完全不像这些小稻田的样子。我问邹厚本和藤原宏志：你们说它是稻田有把握吗？藤原宏志说里面有那么多水稻植硅石，如果不是稻田是不好理解的。邹厚本说如果不是稻田，那些配套设施就失去了意义，也是不好理解的。他说“你如果不相信，我带你看一个地方”。于是他领我沿着田间小道走向附近的小河边。尽管天色已经黑了，为了解开闷葫芦，我还是兴致勃勃地跟着他走。到了河边一看，心中就明白了一大半。那里种了许多茭白。因为地势不平，农民们把它围成了小块的茭白地，其形状跟草鞋山马家浜文化的水稻田几乎一模一样。因为那些田块所在地形不十分平坦，做成小块可以省去许多人力。现在的人可以这样做，马家浜文化的人怎么就不可以这样做呢？再说它毕竟是比弥生文化早几千年的水田，样子不那么像也就是可以理解的了。

一次别开生面的讨论会　在《中国文物报》正式报道草鞋山古稻田的消息之后不久，1996年11月1～2日在日本宫崎市召开了一次“中国草鞋山遗址古代水田稻作国际研讨会”，中国方面参加的除我以外，还有南京博物院考古研究所所长邹厚本、南京农业科学院院长邹江石以及汤陵华等8人，日本方面除藤原宏志外，还有大阪国立民族博物馆馆长佐佐木高明、大阪大学教授都出比吕志，以及秋山进午、冈村秀典、宫本一夫和佐藤洋一郎等多人。会上详细介绍了草鞋山稻田发现的情况，特别介绍了如何用钻探方法提取植硅石样品，并且建立一套分析程序以便判断是否存在稻田的方法。大家对于在草鞋山发现6000多年前的稻田一事给予极高的评价，认为是中国稻作农业起源及其早期发展研究的一个重大的突破，同时对探索稻田时采用的方法给予充分的肯定。因为日本弥生时代的稻田多被火山灰所掩埋，只要揭去火山灰，稻田就会显露出来。而中国稻田上一般没有火山灰层，发现和发掘的难度很大。这次想了很多办法，不仅发现了稻田，还有水沟和蓄水坑等一系列配套设施，是十分难得的。会议希望草鞋山的发掘继续进行，也希望中国其他地方的考古发掘中注意寻找古代的稻田。

湖南城头山稻田的发现 无独有偶，在草鞋山发现稻田不久之后，湖南省文物考古研究所在发掘澧县城头山遗址时，为着解剖东部大溪文化—屈家岭文化的城墙时，于无意中也发现了一小片稻田。这片稻田压在最早的城墙脚下，根据地层及出土陶片判断当属于汤家岗期，距离现在将近7000年，比草鞋山的稻田还要早些。这里的稻田不是椭圆形的小块而应是长方形的，发现的三道田埂彼此平行，各自相距约2米，长度不详，说明这些稻田基本上都是宽约2米的长方块。田埂系人工筑成，上面发现有田螺和陶片。田里的土质比较纯净，有稻草根须的痕迹，还有干燥后的龟裂纹，跟现在稻田的情况非常相似（图二）。田里的土样经过检测发现有水稻的扇形植硅石，只是不如草鞋山稻田那么密集。在这些田块的旁边同样有水沟和蓄水坑，几乎与草鞋山的一模一样。这说明两地耕作和治理农田的水平是相近的。

寻找更古的稻田 在1995年末至1996年初对湖南澧县八十垱进行发掘时，在相当于彭头山文化的地层中，发现局部有质地比较纯净的灰黑色土，其中夹杂有稻叶，疑是稻田遗迹，在它的下部更出土了大量稻谷。1977年初在附近又进行了发掘，在古河滩的南岸发现有两道人工筑成的土埂，土

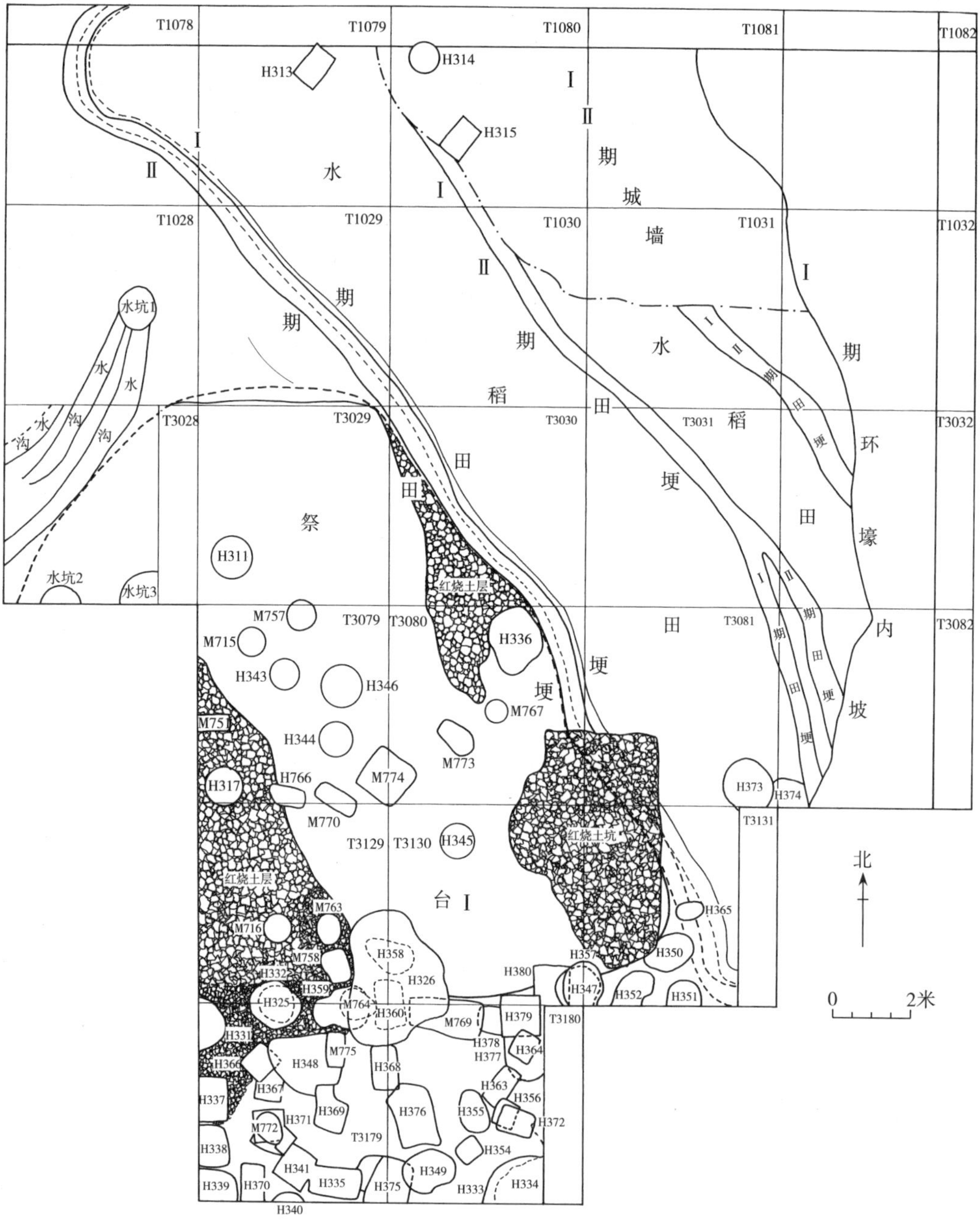

图二　湖南澧县城头山大溪文化早期的稻田遗迹

埂围住的一小块平地中的土质也比较纯净，经检测发现有很少的水稻植硅石，似乎与稻田有关，其年代比草鞋山和城头山又提早了1000多年，可惜不能最后确定。因为地处河滩，土质十分疏松，发掘时极易坍塌，只好暂时停止。不论怎样，在洞庭湖边寻找更古的稻田是很有希望的。

九　稻作农业与稻作文化

稻作农业产生以后同时也就产生了稻作文化。这种文化具有一般农业文化的特点，又同种植小麦、小米或玉米的旱地农业文化有所不同。

聚落较小，人口分散　稻作农业需要紧靠水源，受到地形、地貌的制约比较大，在早期阶段难于大面积种植。因此我们看到稻作农业区的人口比较分散，聚落规模比较小，组织起来比较困难。例如洞庭湖北岸彭头山文化的遗址一般只有几百到几千平方米，而同时期裴李岗文化的遗址则多为一两万平方米。实际上整个史前时期甚至更晚一些都是如此。

精耕细作，产量较高　种植水稻必须有明确的田块和田埂，否则无法蓄水。田块内必须保持水平，否则秧苗就会受旱或被淹。还必须有灌排设施，旱了有水浇灌，淹了可以排渍。所有这些在早期的旱地农业中都可以不予考虑，因此稻作农业同旱地农业比较起来，需要较高的技术和更加精心的管理，甚至稻谷的加工也比小麦、小米或玉米等困难得多。长期从事稻作农业的人们，易于养成精细和讲究技巧的素质，有利于某些技巧较高的手工业的发展。这或许可以解释为什么良渚文化有那么精致的玉器、漆器、象牙雕刻和丝绸织物，其工艺水平远远超出同时代的其他文化的产品。它所出产的黑陶，同样也是造型别致，美观大方，只有山东龙山文化的产品才可相比。当然，由于农业发展水平较高，能够给非农业劳动者提供比较充足的粮食和其他生活资料，也是手工业得以较快发展的一个重要原因。

用水治水，精于水性　人离不开水，但从事稻作农业的人们更加离不开水。首先，在种稻以前田里就要准备好适量的水，在水稻的整个生长过程中都需要用好水和管好水。水深了会妨碍生长，浅了又容易晒干，不同的生长期对水深有不同的要求。为了满足这些要求，就必须开辟水源，开挖沟渠，建立必要的灌排系统。还要有相应的灌排农具，最简单的是瓢、盆、罐等，稍微进步一点的是戽斗和桔槔，再进一步是水车。有各式各样的水车：手摇的、脚踏的、牛拉的、借流水冲力转动的，最后发展为现代机械的抽水设备。为了防止洪水或海潮的袭击，就要修筑防护工程。开始是修小型的塘坝和圩子，后来发展为修筑河堤和海塘，在这些工程中培养了人们的组织纪律性和集体主义精神。由于稻作农业区多在湖群河网地带，到处都是天然的水上通道，因此人们很早就学会用竹筏木排和船只进行运输。浙江的河姆渡遗址和湖南城头山遗址中都发现过船桨，说明六七千年以前就有了进入深水的船只。而直接与稻作生产相关的则有罱泥船、运粪船等。由于长期与水打交道，许多人都精通水性，所谓“老幼皆善操舟，又能泅水”。苏东坡在《日喻》中说：“南方多没人，日与水居之。”江南许多人心灵手巧，与这样的生活不无关系。

饭稻羹鱼，食不厌精 自从长江流域发展水稻生产以来，逐渐成了著名的鱼米之乡，而居民饮食的特点就是饭稻羹鱼。在长江中游的湖南和江西等地，早在公元前1万年以前的新石器时代早期就出现了圜底的陶釜，那大概是用来焖饭和煮粥的，因为那时已经开始种稻了。在浙江河姆渡遗址发现一件陶釜的底部遗留有大米饭的锅巴，每个饭粒都清晰可辨，年代在公元前5000年左右。从那时起，大米饭就成了长江流域人民的主食。大米可以做干饭、稀饭，也可以在其中掺大豆、小豆、绿豆、豌豆或蚕豆煮成豆饭、豆粥，甚至还可以掺鱼、肉或蔬菜煮成鱼粥、肉粥或菜粥。用大米做原料还可以做出许多种类的食品，而且在不同的季节往往有不同的食品。例如过年时要做糍粑，也就是用糯米做的年糕，泡在水里可以吃几个月。正月十五要吃元宵或月半团子，五月端午节要吃粽子，九月九日重阳节有的地方要吃重阳糕等等。平常日子则可以做米粉、米面、米花、米糊，还有各式各样的米制点心。正如以小麦为原料可以做出无数种类的食品一样，以大米为原料也可以做出无数种类富有特色的食品。不过早先的米制食品多以整米做成，即所谓粒食。加工大米的农具就是杵和臼。浙江河姆渡遗址就发现过木杵，臼可能是木制的，也可能是挖个土坑拍紧夯实而成的，古书上所谓“剡木为杵，掘地为臼”就是这个意思。这和华北的情况很不相同，那里很早就以小米为主要食粮，1万多年以前的南庄头文化和七八千年以前的磁山文化便已经有很多做得很好的石磨盘和石磨棒，以便将小米磨成细粉，证明那里的人民是以粉食为主的。可是从四五千年以前的仰韶文化起，这种加工谷物的工具显著减少，说明那里的人民向长江流域的人民学习粒食的方法，而且一下子出现了许多陶甑，那是专门蒸干饭用的，和长江流域蒸饭的方法相同，当然也还保留着粉食的习惯。这时长江流域的人民也开始学习用大米做粉食了。

和吃面食的地方有所不同，吃米饭的地方更加讲究吃菜。鱼类是家常菜，也常吃虾、蟹、田螺、河蚌等水生动物。早在4000多年以前的良渚文化中便有不少长椭圆形的陶盘，便是专门盛鱼的餐盘。肉类食品以猪肉为主，也有牛肉和羊肉。鸡、鸭、鹅除作肉食外，更重要的是吃蛋。长江流域大部分时间气温较高，又比较潮湿，食物容易腐烂，当地人民很早就发明了将鱼、肉类腊制或腌制的方法。在十冬腊月的农闲季节，天气寒冷，许多人家要杀年猪，将肉放盐和香料稍腌一下，晾干以后挂在灶火上熏，有的要熏几个月，时间越长越入味。用同样的方法可以做腊鸡、腊鸭、腊鱼乃至腊豆腐等各种腊货。浙江金华的火腿和四川、湖南的腊肉都是很有名的产品。糯米饭加酒曲发酵可以做甜酒，浙江绍兴的黄酒是非常有名的。酒酿可以生吃或煮熟了吃，也可以拌和鱼肉等制成糟鱼、糟肉、糟下水等美味食品。腌菜和酱菜的种类十分复杂，一年四季都可以吃。至于蔬菜类更是五花八门，不同季节有不同的品种。各种菜的配伍和烹调方法十分讲究，形成了非常丰富又极富特色的饮食文化。在中国几种最有名的菜系中，绝大部分出自长江流域及其以南地区，例如长江上游的川菜、中游的湘菜和下游的淮扬菜都是非常著名的。这既与稻作农业区食物资源特别丰富有关，也与米饭要求有滋味可口的菜肴下饭有关。

稻谷稻草，全身是宝　稻米除了直接做各种食品外，还可以酿酒制醋。米糠可做饲料，也可酿酒。稻谷壳可做燃料，更可以做掺和料，掺在泥土里抹墙壁可以防止皴裂，从新石器时代起直到现在的农村住宅都广泛地采用。新石器时代的陶器也常常掺和稻谷壳的碎屑，其目的大概也是为了防止陶土皴裂。稻草的用途更为广泛，一是可以做燃料，草灰可以做肥料，也可以泡水，过滤后的水因为有弱碱性可以洗衣服。在肥皂没有发明以前这是漂洗衣服的一种既经济又适用的良好办法。二是可以盖房子，不但房顶要用稻草盖，就是墙壁也要用稻草做芯或者做掺和料。用稻草盖的房子冬暖夏凉，十分宜人。三是可以做牛的饲料，牛是种田人的好朋友和好帮手，可是冬天缺少青草，稻草便成了牛的主要饲料，养牛的人都知道要储存足够的稻草，否则牛就难以养好。四是可做绳索，农家有许多地方需要绳索，例如牵牛、担筐、牛拉农具的绳套等等。有的要用麻绳或棕绳，但更多的是用草绳，因为草绳特别经济。一般用糯谷草将其捶打致软，再编绳索就比较牢实。五是可以做各种草编物品，例如草衣、草鞋、草垫子、草窝窝（坐着可以靠背和扶手，像沙发一样舒服）等等，可以说是不一而足。它是稻作文化中别开生面的一个支派。

礼仪风俗，围绕稻作 前面内容主要是讲稻作文化在物质方面的表现，稻作文化在精神方面的表现也有非常丰富的内容，其中礼仪风俗就是比较突出的一个方面。在长江流域，为着祈求稻谷丰收，逐渐形成了一整套的礼仪风俗，立春开耕礼就是其中之一。从前官府为了督导农事，往往在立春日于城东郊设坛以祭祀勾芒神和春牛。勾芒神多是纸扎的，春牛是泥塑的。祭祀结束后要把它们迎入城内，勾芒神披红戴绿，春牛插金花、贴金身，都坐四人大轿。前面有人举旌旗，有人敲锣打鼓，后面跟着一位执牛鞭的春官，再后面是文武官员和地方绅士等。春官一面鞭打春牛一面唱道：“一打风调雨顺，二打国泰民安，三打五谷丰登，四打六畜兴旺。”街巷两旁的群众也拿着春鞭争着鞭打春牛，还用稻谷大米等洒向春官身上，据说鞭着了春牛或者把谷米洒到了春官身上就会五谷丰登、万事如意。等到把勾芒神和春牛接到城隍庙里，礼仪完毕，便把泥塑的春牛打碎，农人争着捡起泥胎送到自家的田里，说是可以免除虫害，保证稻谷丰收。这时春耕就开始了。许多地方在立春前还要给每个农户送春牛图报春，农户则要贴春牛图。图上有一牛倌牵着一头牛，人们往往根据他们的姿势和颜色来预测一年的收成。到了近代，由官府领头祭祀和迎接勾芒神与春牛的活动虽然不再举行了，而贴春牛图的活动却一直断断续续地延续下来。

水稻是离不开水的。俗话说：“有水无肥一半谷，有肥无水朝天哭。”可是长江流域在进入伏天后有时万里无云，太阳直射，天气酷热，蒸发量加剧，如果没有灌溉，稻田很快就会干涸，禾苗枯槁，弄得不好会颗粒无收，这叫作伏旱，是水稻生产中的最大威胁之一。解决的办法当然首先靠提水灌溉，但有时水源不足，有些田地稍高有水也灌不上去，那就只有祈求老天爷了。

祈雨有各种形式，最普遍的是请龙王爷，给它烧香上供，下跪许愿。也有给狗穿上衣服，打扮得十分滑稽可笑，抬着它到处游街，逗引人们捧腹大笑，据说这样也能祈雨。

稻谷黄熟后要及时收割，否则长得太老容易掉粒。开镰收割前要祭祀土地神和谷神，以保证丰产又丰收。新收的稻谷要很快加工成大米做饭吃，谓之尝新。就餐时要有鸡、鱼、肉、酒等美食，还要祭拜祖灵和谷神。

民间文学，异彩纷呈 在长江流域，关于稻作起源和种稻的故事非常普遍，成为一种很有特色的民间文学。过去研究中国农业起源的人多注意神农与后稷的传说，那是黄河流域农业起源的传说。长江流域稻作农业起源的神话和传说应该属于不同的系统，古书中少有记载，主要是流传于民间。例如流传于浙江嘉兴桐乡一带的神话《五谷的来历》中说：很久以前，到处都生长着金黄色的稻谷，不用耕种管理就长得很好，可以随便采集来吃。人们习以为常，不知道是上天的恩赐，更不知道勤俭节约，反而养成了懒惰的习惯。天神见了很是恼怒，就用一个大口袋把地上的粮食都收走了。缙云县流传的神话也是说远古时代到处都长着稻谷，谷粒从稻根一直长到稻穗尖上。人们把稻子收来舂成大米，磨成米粉，做成米粉饼。吃不完时就把它垫在屁股底下坐，完全不知道爱惜。老天爷知道后非常生气，就把稻谷全部收回天上去了。因为麻雀求老天爷开恩，才剩下稻尖上的一点谷子，就像现在的谷穗那样。人们不够吃，就只好自己耕种。

浙江淳安县流传狗为人类盗取稻谷的故事。说是古时候地上没有五谷，人们靠采集野草充饥。狗看到人的日子过得很苦，就跑到天上向玉皇大帝讨要五谷种子。玉皇大帝不肯，狗就偷偷进入谷仓一滚，满身粘上了五谷种子，就向凡间跑去。玉皇大帝发觉后，就在狗的前面变了一条大河想把它拦住。狗纵身跳下河去，河水冲走了身上的谷子，狗就把尾巴高高翘起，上得岸来，只剩下尾巴上的少量谷种交给了人。所以人种下谷子后，长的稻穗就像狗尾巴一样。浙江东阳又有另外一种传说，说古时候地上没有稻米，只有天上才有珍珠米。玉皇大帝的女儿七仙女看到人间没有饭吃，就想偷些稻种给人去种。可是因为看守严紧无法下手。后来得到火神的启示，知道宫墙外面的砻糠山里面有稻种，于是托梦给人类。人就派了麻雀和狗到天上去盗取。因为稻谷是七仙女托梦带给人的，所以东阳的农民至今还保留着割稻时先请七仙女尝新的传统习俗。

以上故事不过是选择了有代表性的几个例子，类似的传说还有许多，有的反映当地原来就有野生稻，后来也许是因为气候变化稻谷少了，人们只好自己来种植。有的反映当地没有野生稻，要从别的地方弄来（不管是采用什么手段）种植。应该说是大致反映了长江流域稻作农业起源的真实情况。

十 长江——稻作文明的故乡

稻作文化的故乡 1982 年，我曾根据在中国发现的 30 多处史前栽培稻遗存的年代、分布及其与野生稻的关系等，提出长江下游及其附近应该是稻作农业起源的一个中心。鉴于当时的资料还不很充分，未知的因素还有不少，所以我在提出这一论点后接着就说："当然，人们不应仅仅根据这一事实，就反过来认为河姆渡是一切水稻的起源中心。因为考古发现常常要受到遗址保存情况和工作开展的程度的制约，不能因为某地现时尚未发现较早的遗存，就断定那里本来就不曾有过早期的东西。"1989 年中国史前栽培稻遗存已发现近 70 处，野生稻的调查研究也有了较大的进展。于是我进一步提出应把长江中下游都作为稻作农业的起源区，也不排除华南在起源中的某种作用。到 1993 年底，中国史前稻作遗存已发现达 140 多处，更早的遗存也已露出端倪，起源中心和逐步扩大分布的情况已比以前看得更加清楚。特别是湖南道县玉蟾岩和江西万年仙人洞等遗址中公元前一万二三千年的稻谷遗存和稻属植硅石的发现，使我们有相当大的把握把长江流域作为稻作农业起源的一个十分重要的中心。换句话说，长江流域就是稻作农业文化的故乡。

稻作文化的发展阶段 长江流域的稻作农业文化有几个明显的发展阶段，我们可以依次归纳为萌芽期、确立期、发展期、兴盛期和远播期，分述如下。

（1）萌芽期　相当于中石器时代到新石器时代早期，绝对年代大约在公元前13000～前7000年。现知属于这一时期的遗址还只有玉蟾岩、仙人洞和吊桶环三处。可以预期以后还会有新的发现，特别是长江下游还会有新的突破。可以根据这一设想来勾画出稻作起源区域的大致范围。

（2）确立期　相当于新石器时代中期，约为公元前7000～前5000年。稻作农业得到初步发展，成为人们食物资源的重要组成部分。不少地方还用稻壳和稻草做涂抹墙壁的泥土的掺和料，用稻壳碎屑做制造陶器的掺和料。这时期稻作农业的中心区大致在长江中游的彭头山文化和城背溪文化范围内，已有十几处遗址发现了稻作遗存。其中湖南澧县八十垱发现有大批稻谷，并且似有水田埂的遗迹。这时期稻作农业的分布区域已扩大到北纬33°左右。本来是以旱作农业为主的裴李岗文化和老官台文化的南部边缘也已开始种稻。这时稻作农业文化的一些特点已经开始显露，除了用稻壳等做掺和料外，在谷物加工中不用石磨盘和石磨棒而用杵臼，说明稻作文化的居民一开始就喜欢粒食而不是粉食。他们做饭用的炊器和饮食器也与旱地农业区的明显不同。

（3）发展期　相当于新石器时代晚期，约为公元前5000～前3000年。发现有稻谷遗存的地点约有60处之多，其中长江中下游约有50处，其余在黄淮流域。早年发现的河姆渡遗址稻谷遗存之丰富已是大家所熟知的。最近在湖南澧县城头山和湖北江陵阴湘城大溪文化的围壕里也发现了大量保存甚好的稻谷和稻米，同出的还有粟、薏苡、大麻、葫芦和豆角等。江苏吴县草鞋山更发现了公元前4000多年前的稻田。田块尽管很小，但是有许多块连成一片，并有水沟和储水坑等灌溉设施。澧县城头山大溪文化的遗存中也有类似稻田的遗迹。各种迹象表明，这时稻米已成为人们的主要食粮，至少在长江中下游地区已是如此。这时期稻作文化的特点更加显著。例如专门用于水田耕作的农具骨锹和周围有田埂的水田，干栏式的房屋或平地起建的长屋，陶器上的谷粒纹和稻熟猪肥图画等等，涉及生产、生活和意识形态的许多方面。

（4）兴盛期　相当于铜石并用时代，约为公元前3000～前2000年。稻作农业又有显著的发展，至今发现有稻谷遗存的遗址有70多处，其中长江中下游约60处，其余在黄淮流域、四川成都平原和广东北部。在长江下游的良渚文化中已率先使用石犁，并且有破土器、耘田器、镰和爪镰等一整套农具，一个以稻作农业为主的农业体系到这时应已基本成立，农业文化更加成熟。这时在长江中下游乃至四川盆地都出现了一系列环壕土城等大规模土建工程，如果没有发达的农业，是无法为这些工程的劳动大军提供大量粮食的。

（5）远播期　相当于青铜时代早中期，约为公元前2000～前1000年。中国稻作农业在核心地区继续发展，同时向东南、西南和东北传播。东南到达福建、台湾，西南到达云南，东北则通过辽宁传播到朝鲜半岛和日本，从而大大促进了周边地区文化的发展。

农业发展与社会变迁　稻作农业从萌芽期到发展期不但是稻米生产不断发展，而且使人们的生活逐步趋向稳定，并且越来越有保障，从而加速了人口的增长。我们看到聚落遗址越来越大，数目越来越多，从聚落遗址中发现的各种遗迹遗物来看，人们的生活内容也越来越丰富和充实了。这一时期人们活动的主要方向是拓展耕地，提高技术，用自己的劳动来向大自然索取粮食和其他生活资料，而人们自身之间的关系则是比较平等和谐的。但是到了稻作农业的兴盛期，社会就开始出现了重大的变化。因为这时的稻米生产已经不仅仅能够满足农人自己的需要，而且还有较多的剩余，足以养活一大批手工业匠人、宗教祭司乃至军队，还能够抽出人力兴建巨大的土建工程，一座座环壕土城的出现就是一个明显的标志。

环壕土城的出现　无论在长江流域还是在黄河流域，在新石器时代只有环壕聚落，即在村落周围挖掘壕沟以防止野兽的侵入，在必要时也可以抵御敌对部落的袭击。到新石器时代晚期，个别地方已出现环壕土城；到铜石并用时代，许多地方都出现了环壕土城或无壕土城（例如成都平原的几座城址）。长江流域众多土城的出现大体和黄河流域同时，但个别土城的出现比黄河流域要早。即使到了许多土城出现的龙山时代，长江流域土城的规模也比黄河流域的大得多，由此可以看出在中国文明的发生时期，长江流域的社会发展水平并不比黄河流域低，在某些方面甚至还稍微高一些。因为长江流域多水，所以土城的外面往往围绕着宽阔的壕沟，成为环壕土城。这些壕沟又总是与外河相通，起着防卫、排水、供水和运输等多方面的作用。现在这类土城还在不断发现之中，仅据现在已经知道的情况，就已遍布整个长江流域的下游、中游和上游。兹将这几个地区环壕土城的情况做一简单的介绍。

（1）长江中游的两湖地区　这里城址的分布比较集中于湖北的江汉平原和湖南的洞庭湖西北部平原。其中在江汉平原的有天门石家河、荆门马家垸、江陵阴湘城、石首走马岭和公安鸡鸣城五处，在洞庭湖西北部平原的有澧县城头山和鸡叫城两处。这些城址的平面形状不甚规则，有圆形、椭圆形、长方形或圆角方形的，其中年代最早的可到大溪文化早期，即公元前5000年左右；而大多数土城则是在屈家岭文化时期筑成的。例如澧县城头山遗址便是在大溪文化早期开始建城的，以后在大溪文化晚期、屈家岭文化早期和屈家岭文化晚期都在原有的基础上加宽加高。这座城的外面有城壕与自然河流相通，城门外面的城壕上架设桥梁。城壕的淤土中发现过船桨，说明城壕中是可以行船的。屈家岭文化时期的城址面积多在10万～20万平方米之间，最大的石家河城达100多万平方米，是同时代城址中最大的一座。

（2）长江上游的四川地区　近年来在四川的成都平原也发现了几处相当于龙山时代的城址，其中有新津的龙马古城、郫县三道堰古城、温江的鱼凫城、都江堰的芒城、崇州的双河城和紫竹城等处。这些城地面都还保存有很好的城垣，其夯筑方法同两湖地区的城址几乎是一样的。各城的面积也有较大差别，最小的芒城有10万平方米，最大的龙马古城有60万平方米，其他几处多为二三十万平方米。在三道堰古城中部发现有一座大型房屋建筑基址，长约50米，宽约11米，面积约550平方米，是龙山时代最大的单体房屋建筑。这座房子的外墙用河卵石垫基，立木柱，柱子之间用竹篾编笆，再用草拌泥涂抹。房子中间有五个巨大的方形柱台和一个圆形柱础，没有发现隔墙，像是一个巨大的殿堂，因而三道堰古城以及类似的城址都有可能是小国的都城。

（3）长江下游的江浙地区　至今还没有发现一处确定无疑的城址，但有一些重要的线索。例如良渚遗址群中的莫角山平面呈横长方形，面积达30万平方米。周边是陡崖，有些地段用废弃的红烧土坯夯筑，很像城垣的基部。整个遗址像一个高出周围地面的土台子，或许也可像山东的城子崖那样称为台城。据说江苏武进寺墩和昆山赵陵山也可能有城和围壕。

早期城邑的功能 长江流域早期城邑的发现是具有重大意义的，它与环壕聚落虽然有一定的继承发展关系，毕竟还有本质的不同，归纳起来大致有以下几个方面。

（1）它是战争经常化和激烈化的产物 城墙以及它周围的壕沟，首先是为了防止敌人的进攻而建筑的。这个时期因为经济的发展，一些部落积累了不少物质财富，部落贵族们不满足于既得利益，还要觊觎别人的财富，于是发动了一次次的掠夺性战争。自己掠夺别人，必定会引起对方的报复，使得战争愈演愈烈，成了严重的社会问题。我们从这个时期武器的改进，以及到处都发现被砍头断肢的死者随便扔弃于坑穴中的情况，便可以想见当时战争的激烈程度。在这种情况下，对于那些财富和人口集中的地方必须加强防御，最有效的防御方法就是用城墙把自己包围起来。根据粗略的估计，像天门石家河那样巨大的古城，需要一千人连续修筑几年才能完成。其他城邑虽然小些，也不是很容易修筑起来的。如果没有毁灭性的战争，是不会投入那么大的人力物力的。

（2）它是政治和军事的中心 一些城址中有大型宫殿建筑或大型的夯土基址，推测后者也应该是宫殿建筑的基址。目前最大的墓葬也是埋在大城附近的，其中的死者往往是大贵族，从他们随葬玉钺等情况来看，大概也曾经是军事领袖。筑城本身就需要有强大的行政组织机构，筑好以后的城市管理也要有强有力的行政机构。宫殿基址的发现也正好说明这种行政机构确实已经产生。而城市的防御必然要有自己的军队。因此说每个城邑都是一个政治中心和军事中心，大概是没有问题的。

（3）它在一定程度上是一个经济中心 这里包含有两层意思。一方面，一些技术要求很高的手工业生产如玉器、漆器、丝绸、象牙雕刻和某些高档陶器的制造多是在城里进行的；另一方面，城里是物质财富的集中地和重新分配的地方。一些农产品要通过交换或征调集中到城里来，一些手工业品和农产品又可以赏赐给下属或者通过交换流通到别的地方。在大规模商业出现之前，这可能是经济交流的一种主要的形式。

（4）它也是一个宗教中心和文化中心 一些城邑里有祭坛或宗教活动中心，一些贵族的墓中往往随葬玉琮等宗教法器，说明城市不但是宗教活动的中心，而且往往是被贵族所控制的。正是由于城市既是政治、军事中心，又是经济、宗教中心，许多文化活动自然会在这里展开。一些带有像文字一样的符号往往发现在城里，也说明它是一个文化中心。

早期城市的上述几种功能，实际上跟中国先秦时期城市的功能是十分接近的，它是都市革命的产物，因而也是文明起源的主要标志。为了说明长江流域文明发生的具体情况，这里特别介绍一下良渚和石家河两个典型：

稻作文明的发生：良渚　良渚文化分布在长江下游的江浙地区，聚落环绕着太湖流域。这个文化的稻作农业已经进入犁耕阶段，是中国农村最早实行犁耕的地区。犁铧用片石磨制成三角形，与后代的铁犁铧形制相近。为了防止石片崩裂，使用时是用木板夹住，只留刃缘。当时除石犁外，还有破土器、耘田器、石镰、石刀等一整套适于稻作农业的农具，从而把良渚文化的稻作生产提到了前所未有的高度。

由于稻作农业提供了充足的粮食，足以使一些有技艺的手工匠人能够从事专业化生产，大量精美绝伦的手工艺品就这样出现了。新兴贵族无止境的欲望也是使这些工艺品不断精美化的催化剂。在这些工艺品中，首屈一指的当数玉器。良渚玉器数量大，品种多，做工精，既普及又高度集中。说普及是因为许多较小的遗址也出土玉器，说高度集中是因为绝大部分玉器都集中于中心聚落，而且越是大的中心聚落，其数量愈大，品位愈高。仅良渚一处的反山、瑶山两个墓地所发现的随葬玉器，其数量就超过全国同时期玉器的总和。玉器种类繁多，大致可以分为五大类。一是宗教法器，包括玉琮、玉璧、山形器、梯形器、锥形器等多种；二是仪仗用器，主要是玉钺；三是装饰品，主要有玉环、玉镯、耳坠、发饰等；四是衣饰，有带钩、衣扣，还有许多穿缀在衣服上的小鱼、小鸟等小件饰品；五是镶嵌物品，多镶嵌在漆杯、漆盘等物品上，也有镶嵌在钺柄上的，形状变化多样，在中国史前文化中无出其右。玉器上的纹饰也特别讲究，通常有非常纤细的云雷纹、鸟纹、兽面纹和人形纹等。后者仅见于良渚一地，且只见于大墓随葬的玉琮、玉钺等高档物品上。人的形体相当规范化，头上戴一大冠，身上穿着皮甲，前面有兽面护胸，俨然是一位国王和军事领袖。也许他就是良渚王国创立者的形象而为良渚人民所崇敬。

良渚文化的高档手工艺品不止玉器，还有漆器、丝绸、牙雕和薄胎黑陶器等。漆器因为容易朽坏，能看出完整形状的不多，大体有杯、壶、盘等若干种。大多为黑漆红彩，并且镶嵌许多各种形状的玉片，显得十分华贵。丝绸更不容易保存，一些大墓中明显有许多丝织品，但是无法提取。有的遗址中发现的绸布，每平方厘米经纬线各 44 根，非常细密，此外还有丝带、丝线等。象牙雕刻也非常精致，只是留存下来的不多。有些黑陶做得非常薄，上面有细密的针刻花纹，以鸟纹和夔龙纹为多见。有些鱼盘做成椭圆形，专门盛鱼，上面也有美丽的花纹，有的还刻着像文字一样的符号。它们给人以美感，处处流露着文化的气息。

文明是什么？文明是相对野蛮而言的。文明就是生活质量高，有文化素养，有较丰盛的物质财富和精神财富，而它的产生又是与社会的分层与分裂紧密联系在一起的。良渚社会明显是分层的，从聚落来看至少可以分为三级。最高一级是中心聚落，就是良渚。那里有巨大的长方形台城，城内有大型礼制性建筑基址，城旁有若干祭坛和贵族坟山，还有玉器作坊等。在不大的范围内就有 50 多个遗址，证明那里聚集了很多人口，很像是一个都城的模样。第二级是次中心聚落，有大有小，有的似有环壕土城，也有贵族坟山。第三级是普通村落。这种金字塔式的结构很形象地表现了良渚文化的社会结构，它显然已经不是那种人人平等的氏族社会，而是进入有阶级和分阶层的初级文明社会了。

石家河城头的文明曙光　石家河城位于湖北省天门市石河镇，那里有一个屈家岭—石家河文化聚落群，城址位于聚落群的中心。城的平面略呈长方形，南北约 1200 米，东西约 1000 米，大部分城垣至今仍耸立于地面上，特别是西城墙保存得相当好。墙基底宽约 50 米，顶宽 4 ~ 5 米，高约 6 米。外面有巨大的环城壕，工程之巨可以想见。城内中部有一大片房屋建筑，西北是墓地和宗教活动区，西南则应该是另一个宗教活动区。西北发现的宗教遗迹有两个陶俑坑，其中有约 200 个陶塑的人抱鱼俑。他们几乎都戴着平顶或微弧顶浅沿帽，身穿细腰长袍，双膝跪地，手捧大鱼。很像是在举行某种宗教祈祷的仪式。同出的数千件动物俑（有猪、狗、羊、牛、鸡、猴、象、虎、龟和孔雀等十余种）则可能是宗教仪式中应用的道具。这两个坑的旁边有一串陶质炮筒形器，每个有将近一米长，有的上面有几十道箍，有的中部鼓起，并且布满很长的乳丁，很可能也是一类宗教道具。这两类遗迹的旁边还有许多圜底陶缸口底相套，排列成直行或弧形，长达数米。有些缸的上半部最醒目的地方有一个刻划符号，主要的符号有镰刀、斧钺和杯子，分别代表农具、武器和祭器。说明当时最重要的事情是农业生产、战争和祭祀活动。为什么说杯子是祭器呢？因为它的形状同城里出土的粗红陶杯一模一样，只是里面插了一根棍子。那种杯子质地粗糙，容积极小，无法作为实用的饮器。在城内西南部的三房湾有这种红陶杯的堆积，数量多得惊人，匡算起来总有几十万件。这样单纯的一种器物（其他器物只有少量碎片）积聚如此大的数量，更说明它不是饮器，而可能是举行大规模的宗教活动后遗留下来的一次性祭器，而且这种活动一定要持续进行许多次才有可能形成那样巨大的堆积。城边还发现一个陶罐，上面刻着一个军事领袖的形象：头戴花翎帽，身着短裙，脚蹬长靴，右手高举一柄大钺，显得十分威武。旁边的墓葬大小差别显著，死者贫富分化十分明显。有一个婴儿的瓮棺，随葬玉器多达56件，在中国史前文化中是仅见的，说明这个婴儿出身为大贵族的门第。

综合上述情况，可以看出石家河城内人口密集，有贵族、祭司、军队和手工业匠人等，和传统的农业村社完全不同。而它的规模在整个屈家岭—石家河文化中处在最高等级的位置。这个文化的次中心聚落中也有一些较小的土城，一般的聚落则主要是农业村社。这个结构也跟良渚文化一样，是开始进入文明社会的标志，可见稻作文明的曙光也已经照到石家河城头了。

第一个低潮　在公元前2000年以后的一个短暂时期，良渚文化衰落了，屈家岭—石家河文化也衰落了，长江文明在刚起步不久之后就出现了一个低潮。究竟是什么原因使得长江流域文明的发展没有黄河流域那么顺利，学者们提出了各种看法，其中有洪水说、战争说和自身特化说等。洪水说是与大禹治水的传说联系在一起的。据说尧舜禹时期中国普遍出现洪水，大禹治了黄河流域的水，却没有治得了长江流域的水，结果良渚文化和石家河文化都被洪水淹没了。因为此说至今没有得到考古学证据的支持，其可信度看来是很低的。战争说也与那一时期的历史传说有关。据说尧舜时期就不断地与长江中游的三苗打仗，禹又接着征有苗，把他们打败后干脆迁到三危地方去。石家河文化晚期的遗存中一下子增加了许多中原文化的因素，很可能与这段历史有关。自身特化说主要是指良渚文化而言的。良渚文化手工业的高度发展和土建工程的巨大规模，都把大量的劳力投到了非生产性领域，使得国力日渐空虚，无法继续发展。一旦遇到外力冲击就会土崩瓦解，这是一种颇有见地的说法。但情形究竟如何，还需要等将来考古工作进一步开展后才有可能看得比较清楚。

长江古代文明的勃兴　大约相当于商代的中晚期，长江流域的古文明又勃然兴盛起来，这可能与长江流域有一条大铜矿脉有关。近年来的考古发现证明，从湖北、江西、安徽到江苏的长江沿岸，有一条全长1000多千米的大铜矿脉，相当于商代早期就在今江西瑞昌一带实行开采，从商代晚期到周代便逐渐扩大到整个矿脉的沿线。中国的铜器是黄河流域首先开始制造的，那里只有很小的铜矿。到商周时代大规模地制造青铜器的时候，那点铜矿就远远不够用了，人们找到了长江沿岸的铜矿并且实行大规模的开采。至于他们是依靠当地人民开采然后用交换的方式或掠夺的方式来获取铜料，或者径直派人去开采，现在还无法做出判断。不管怎样，商周的青铜原料应该主要是依赖于长江沿岸。而一旦在那里大规模地采掘和冶炼，势必促进当地青铜制造技术的飞速发展。至迟到商代晚期，长江流域便出现了可与黄河流域相比美的青铜文明。从某种意义来说，长江的铜矿支持了整个中国古代的青铜文明，于此可见长江流域在中国古代文明发展中的重要作用。

长江流域青铜文明的探索，仅仅是最近十几年才获得了较大的突破，其中包括四川三星堆、江西大洋洲和湖南宁乡黄材的重要发现。这些发现同良渚和石家河等重要发现一样使我们大开眼界，不能不重新思考长江流域在中国古代文明发展中的地位以及在整个东方世界文明发展史中的地位。不过从考古学的角度来看，这些发现还仅仅是初步的，很不全面的。可以预期今后在长江流域还会有更加多的重要发现，那时对于长江流域古老文明的发展程度及其在中国乃至世界古代文明史中的地位将会有更加明确的认识，而稻作农业对于人类文明的贡献也将会看得更为清楚。下面我们将简单地介绍一下三星堆等地发现的青铜文明。

迷人的三星堆文明　三星堆古城位于四川省成都平原北部的广汉市，北临鸭子河，面积约4平方千米，环城有壕沟与鸭子河相通。它的周围还有许多聚落遗址，总面积约有12平方千米。城墙底宽约40米，顶宽约20米，现存高度3~6米。中心主体部分为平行夯筑，内外坡则为斜行夯筑，有的夯层面上可见成排木棒拍打的痕迹。这城始建于三星堆二期，约当商代早期或略早，持续使用到西周早期或略晚。

在三星堆古城内有一条马牧河流过，河两边有月亮湾、真武宫、西泉坎和三星堆等高地，是重要建筑遗迹集中的地方，曾经发现多处埋藏有玉石礼器和青铜器的土坑或窖穴。在城内和城外近旁的地方，发现过密集的住房基址、玉石器作坊、陶窑和小型墓葬等。房屋多为木骨泥墙，有的分为数间，面积大小不等，较大的有 200 平方米，这些大体都是一般的民居。1986 年在三星堆南侧发现两个长方形坑，出土了上千件的青铜器、金器、玉石器、完整的象牙和海贝等，使学术界大为震惊。青铜器中有许多人面具和人头造像，有的面具比真人面大好几倍，最大的一件两个耳尖之间的距离达 138 厘米，两目向前突出，形象奇特。《华阳国志》曾经记载古蜀国的创立者蚕丛目纵，因此这种面具有可能是蚕丛神化的形象。人头像大约有 50 个，有各种帽子和发式，有的脸上贴金。全身人像也有十几个，其中最大的与真实的人体一样大，站在一个方台子上，造型优美。最奇特的是神树，其中一棵大的残高就有 4 米，主干上有一条龙，树枝上有立鸟并且悬挂了许多东西，可能包含有许多神话故事。所有这些都是从来没有发现过的，它不但反映了三星堆文明的独特性，而且表现了许多神秘莫测的内容。至于青铜礼器方面则主要是尊、罍、盘等，造型上与中原地区的比较相近，显然受到了商文化的一定影响。三星堆的黄金制品是比较多的，其中最大的一件是包金手杖，黄金部分长 143 厘米，重 486 克，上面刻了许多人物、鱼、鸟和稻穗等。至于人头贴金的和用黄金做的老虎等饰品还有许多，这也是三星堆文明的一个特点。从青铜器的制造技术来看，大体上和商代文明相似，而出土如此多珍贵器物的土坑的年代大体上相当于商代晚期，可见长江上游的青铜文明已经达到了同黄河流域不相上下的水平！

长江中游的青铜文明 在长江中游的青铜文化中，先后发现的有湖北黄陂盘龙城、江西清江吴城文化与新干大洋洲墓葬以及湖南宁乡黄材铜器群等，还有江西瑞昌和湖北大冶铜绿山矿冶遗址等。盘龙城是一座略呈方形的小城，东西约 260 米，南北约 290 米，外面有城壕。城内东北部高地上有三座宫殿基址，城东有较大的贵族墓葬。其中李家嘴 2 号墓有精致的雕花木椁，椁内有棺，有三个殉人，随葬有鼎、簋、鬲、甗、盘、罍、觚、爵等青铜礼器23件，还有钺、戈、矛、刀等青铜武器和戈、笄等玉器。铜器的形态和纹饰属于商文化的二里岗上层时期或商代中期，当是商王朝在长江中游建立的一个重要据点。湖南的石门皂市和江西吴城文化则是同一时期的地方土著文化。

吴城文化是因清江吴城遗址而得名。该遗址面积约4平方千米，发现有三个时期的文化遗存，年代相当于商代中晚期。出土遗物中除石器、陶器外，还有少量的青铜器。从总体特征来看，虽然与中原地区的商文化有密切的关系，但也具有明显的地方特点。后来在新干大洋洲发现了属于同一文化的大型墓葬，出土了一大批青铜礼器、乐器、武器和生产工具，其中的农具是中国的许多青铜文化中种类和数量最多的。说明长江中游的青铜文化也发展到了很高的水平。

在湖南湘江下游接近洞庭湖南岸的宁乡黄材，从20世纪30年代起就不断地出土青铜器，其中有鼎、尊、卣、瓿、铙和斧等。1959年发现的一处窖藏中就有5件高70厘米的大铜铙，以后又发现了更大的铜铙。1962年发现的一件铜卣中装有各式玉珠、玉管等1000多件。1970年发现的另一件铜卣中也有各种玉饰300多件；一件铜瓿内储藏铜斧200多件。著名的人面方鼎和四羊尊等据说也都出在这里。这些铜器的造型和花纹虽然与中原地区的商文化有许多相近之处，但也有明显的区别。例如大铜铙就是湖南青铜文化的显著特征，它气势恢宏，体量特大，与司母戊鼎可说有异曲同工之妙。至于四羊尊造型和纹饰的优美和铸造技术的精到，与商文化中的精品相比也毫不逊色，于此可见长江中游的青铜文明曾经发展到了何等的高度！可惜因为至今还没有进行科学的考古调查和发掘，无法了解更多的情况。至于江西瑞昌的古铜矿采冶遗址，乃是世界上迄今所发现的年代最早和规模最大的矿冶遗址。在那里，采掘时开拓的竖井、平巷、通风设施、采掘工具、提升工具、选矿工具和排水设施等，规模之大和设备之全，看过的人莫不为那时青铜文明的辉煌成就惊叹不已。要知道中原地区商文明的考古工作已经进行了整整70年，而且长时期投入主要的考古力量；研究长江流域青铜文明的田野考古工作才不过开展了十几年，投入的力量十分有限，就已经取得了如此辉煌的成果。假如也用70年时间，并且投入主要的考古力量，相信那时长江流域的青铜文化将是十分丰富和精彩的。过去因为从秦朝起，中国统一王朝的都城多设立在中原地区，历史学家们对长江流域的过去情况也不甚熟悉，所以长江流域古代文明的肇始到早期繁荣阶段的事实记载得极少，几乎完全要由考古工作来恢复历史的本来面目。在考古工作还没有充分开展以前，人们对那一段历史所知甚少是可以理解的。现在历史的迷雾已经初步拨开，必须要用新的眼光来看待长江流域在中国古代文明中的地位与作用及其对东亚历史的重要影响，充分估计稻作农业的历史作用，我想这个道理是容易明白的。

十一　稻作文明的扩大

东亚稻作文化圈的形成　长江流域稻作文明发生之后，在东亚的许多地区，包括中国的南方、印度恒河流域、印度支那半岛、东印度群岛、朝鲜半岛和日本等地也先后产生了稻作文明。其中有的是直接或间接受到长江流域稻作文明的影响的，有的则可能是独立发生的。它们共同构成了东亚稻作文化圈。

稻作文明向南方的扩大　中国的南方、印度支那半岛和东印度群岛因为纬度较低，气候炎热多雨，天然的生活资源非常丰富，采集经济一直比较发达，初期的稻作农业相对于那种采集经济并没有什么优越性，所以那里的稻作农业发展得比较晚。只有当长江流域进入文明阶段以后，影响力大为增强，才直接或间接地使这些地方的稻作文明迅速发展起来。台湾离大陆很近，在公元前1000年以前虽然也有少量移民把稻作农业带过去，也是因为那里的天然资源非常丰富，反而使稻作农业发展不起来。只是到了从大陆大量移民过去之后才得到迅速的发展，那已经是很晚的时候了。

稻作文明向东北亚的扩大　在稻作文明向东北亚扩大的过程中，有一个稻作农业传入日本的路线问题，这是一个在学术界争论不休而又令人感兴趣的问题。归纳起来有北路说、中路说和南路说，北路说又有经朝鲜半岛说和由山东半岛直达说。比较起来，北路经朝鲜半岛到达日本是最有说服力的，南路说和由山东半岛直达说即使有某种可能性，所起的作用也是十分有限的，而中路说是根本不可能的。为什么这样说呢？

考古发现证明，华北和东北南部不但有很发达的旱地农业，也有少量的水田稻作农业。特别是在山东半岛、辽东半岛和朝鲜半岛北部与南部相继发现了公元前2000多年到公元前1000多年的稻谷或稻米遗存后，一条从江淮流域经山东半岛、辽东半岛、朝鲜半岛而到达九州乃至全日本的稻米之路事实上已经确立起来。

由于这一条路线的前一半是向北传播，纬度越来越高，气温越来越低，籼稻不易生长，所以在这条路线上发现的稻米都是粳稻。而日本的稻米从古到今都是粳稻，即日本稻。假如中路或南路说可以成立，日本就不但会有粳稻，还应该有相当数量的籼稻，而事实并非如此。

这一传播路线的前一半属于旱作农业区，水稻只占很小的比例。稻作经验的积累和技术的传播都会受到很大限制，所以传播的速度非常慢。等到后一半向南传播时，由于气温越来越高，雨量越来越丰沛，十分有利于稻作农业的发展。所以稻作在整个农业中的比例越来越高，而传播的速度也越来越快。前半段用了两三千年，后半段只用了几百年。尽管如此，在日本最早的农业中也还包含少量旱地作物，日本学者称为杂谷型农业，后来才逐渐被淘汰了。假如中路或南路说可以成立，就无法解释为什么要到公元前一千纪才传过去而不会更早一些；也无法解释为什么日本最早的农业中包含少量旱地作物的事实。

这一条传播路线可以分为若干区段。由于每一区段的自然环境、风土人情和文化传统都有若干差异，处在传播源头的人们对于最终的目的地并不了解。因而由他们进行长距离跋涉去传播稻作文化是不大可能的。从当时物质文化的总体来看，江浙地区同山东半岛有若干相似之处，山东半岛同辽东半岛、辽东半岛同朝鲜半岛、朝鲜半岛同九州岛之间都有若干相似或相同的因素，证明相邻的区段之间都有密切的文化关系。但江浙同辽东半岛之间就很难找到相似之处，更不用说它同朝鲜半岛和日本之间的关系了。这说明当时农业文化传播的方式乃是接力棒式的，一个区段一个区段辗转传递过去的。正如接力棒上会带上每个参赛者的汗渍一样，中国的农业文化在传播过程中也会带着各个区段的某些文化特点。例如在日本的早期农业文化遗存中便发现有窖穴和半地穴式房屋，这在九州一带的自然环境下是很不适宜的，所以不久就被高仓和桩上家屋所代替了。假如中路或南路说可以成立，就无法解释在日本的登陆口岸为什么找不到一点吴越或闽越文化的东西，反而出现一些只有北方地区才有而江南根本没有的半地穴式房屋等因素。

以上叙述只是就考古学提供的证据而推导出来的逻辑结论。至于为什么只有这一条路线才能成立，还可以有更深一层的理由。

东方的稻作文明，是在各地方性的稻作文化相互接触、传播、影响乃至在一定程度上的融合才逐步形成的，而能否接触、传播并在实际上产生影响和融合都需要具备充分的主客观条件。农业文化的传播首先要依靠农人，而农人的特点就是同农田的紧密联系，不是万不得已是不会轻易搬迁的，更不易向遥远的地方迁徙。即使偶尔迁移，也总是沿着可开发为农田的地段前进。这样农业的传播方式就必然是以依次向邻人传授为主，而不大可能采取近代那种远地殖民的做法。中路说者从海流和季风方向论证从长江口漂流到九州岛的可能性，似乎通过这样的方式就可以传播农业，实在是大谬不然。农民不会无缘无故地乘船在海上航行。能够在海岸边驶船的无非是渔民或海盗，他们缺乏农耕的知识和技能，即使偶尔飘流到日本，也无法传播农业。韩国南端海岸边和济州岛等地的史前文化同日本九州海岸边及小岛上的文化有很多相似的地方，证明在公元前几千年以来就存在着接触和相互影响。但朝鲜半岛的农业并没有因此而传到日本，这一方面说明日本的天然资源丰富，初级形态的农业对发达的采集经济来说并没有什么优越性；同时在另一方面也说明渔民不能承担传播农业的任务。只是到朝鲜半岛进入青铜时代之后，经济发展，人口增加，社会开始分化，出现了最初的国家和军队，才有需要和能力向海外拓殖。第一个目标当然就是近在咫尺并且通过渔民早就有所了解的日本九州岛。可以设想这些来自朝鲜半岛的拓殖者中有军队，有官吏，也会有一些组织起来的农民和手工业者。他们带去了以稻作为主的农业，带去了以青铜器制造为代表的先进的手工业，还带去了管理经验。他们就是日本历史上常说的渡来人。我们看到与日本早期农业一起出现的，除了前述的储藏粮食的窖穴和半地穴式房屋外，还有在朝鲜半岛流行的收割农具三角形和直背弧刃形石刀、抉入式石斧、磨制石镞、石剑、高领陶壶和石棺墓等，说明当时确曾有相当一批人从朝鲜半岛到达九州等地，从而带来了朝鲜的文化，包括从中国传入朝鲜然后又经朝鲜居民改造或直接转运而传入日本的许多文化因素。日本的原住民开始可能是由躲避到多少有些接触，最后发现那些渡来人的文化确有吸引人的地方而开始学习仿效。这种建立在农业和青铜制造等手工业基础上的文化当然比日本原住民的狩猎—采集经济及其文化优越得多，而日本的狩猎—采集经济也已发展到了高峰阶段，只要有合适的可供栽培的农作物，即有可能向农业经济转变。所以日本的原住民并没有花太长的时间便加以接受，并且很快传播到整个日本列岛。此时渡来人已全面参与了日本人的生活，并且与原住民广泛地通婚，从而使日本人的体质也发生了变化。这就是日本历史上的第一次具有深远意义的革命，是一种由朝鲜人带来先进的生产力与生产关系，从而使社会各个方面都发生深刻变化的特殊形态的农业革命加城市革命。从此以后，日本人就一改过去的习惯而特别爱种田，带田字的姓也特别多。例如稻田、川田、河田、高田、冈田、村田、池田、太田、大田、小田、松田、竹田、花田、野田、山田、安田、保田、福田、北田、南田、东田、西田、田中、田村等等，说明他们的生活已经同稻田分不开了。日本的社会从此也便迅速文明化，并且与中国、朝鲜和东南亚等地的文化发生越来越密切的关系，成为整个东方文明的有机组成部分，稻作文明的优越性和生命力也越来越在日本得到体现。

十二　饮水思源

现在全世界的人口早已超过50亿大关，而且还在不断地增长着，预计1999年将达到60亿。与人口问题紧密联系的是粮食问题，没有足够的粮食，人们无法养活自己，就谈不上建设高度发达的文明社会。在全世界的各种粮食作物中，小麦和水稻的产量是最高的，也是最受人欢迎的。据统计，全世界小麦和水稻的播种面积大约为3∶2，产量则大致相等，为51∶49；中国小麦和水稻的播种面积大约为1∶1，而产量却是10∶18。稻米的营养价值不亚于小麦，而单位面积的产量却比小麦要高得多。在人均耕地日益减少的情况下，尽可能增加水稻的种植面积乃是增加粮食产量的有效途径之一。为获取较高的产量和较好的质量，科学家们做了许多努力。中国水稻之父袁隆平培育的杂交水稻使单位面积产量大幅度增长，为解决粮食短缺做出了重要的贡献，但是吃起来味道并不是很好。如果把口感较好而产量较低的粳稻与口感较差而产量较高的籼稻进行杂交，两者的亲和力很差，即使勉强能够繁殖，结实性却非常不好，稻穗上往往只有下半截有粒而上半截无粒。中国农业科学院原子能研究所的空间技术育种研究中心把粳稻的种子送上太空，使它在特殊的物理环境下发生变异。再把粳稻的变异株与籼稻的不育系进行杂交，结果不但获得了被称为“博优721”的籽实饱满的稻穗，使每公顷的产量可以达到9500～10000千克，而且吃起来味道也不错，是一种很有前途的育种方法。人们还可以用基因改性的方法来改进作物的产量和品质。在美国，至今已经有玉米、大豆、油菜、土豆和棉花等20多种基因改性种子获准种植，还有更多的等待着审批。全世界1996年基因改性种子的种植面积约为250万公顷，而1997年的种植面积便已达到1200万公顷。可以预测经过基因改性的品质良好、产量又高的水稻品种，在不久的将来就会出现，人们的粮食问题终将彻底解决。吃水不忘掘井人，当你端起香喷喷的白米饭时，你是否会想到我们的祖先为了培育水稻这种最优良的粮食作物曾经花费过多少心血和汗水，是否会想到在稻作农业的基础上曾经产生过多么辉煌的古代文明！这种文明的生命力和优越性是已经被历史所证明了的，但是它究竟具有什么样的特点，它在整个人类文明发展史上应该占有什么样的地位，在未来社会的发展中又将会起着什么样的作用，难道不值得我们深入地研究和思考吗？

（1998年3月于日本京都国际日本文化研究中心寓次）

稻作农业与东方文明

古代文明的发生与谷物农业的发展有非常密切的关系。世界上著名的文明古国无一不是建立在谷物农业高度发展的基础之上的。西亚是小麦和大麦的起源地，到公元前第四千年之末，在两河流域、尼罗河流域和印度河流域，两种麦类的种植已经有了很大的发展，于是先后产生了苏美尔、阿卡德—巴比伦文明、古埃及文明和古印度文明；中美洲是玉米的起源地，后来由于玉米种植业的发展而产生了玛雅文明。东方文明（指东亚文明而不是古代东方文明）也是在谷物农业发展的基础上产生的。只是历来以为东方文明的摇篮在黄河流域，而黄河流域是粟和黍的起源地，似乎东方文明便是在粟和黍广泛种植的基础上发展起来的。然而近年来在长江流域的许多重要的发现，正逐渐改变着人们的认识。

长江是亚洲的第一大河，它的流域面积差不多是黄河的两倍半，水量则是黄河的20倍。它的河床远较黄河稳定，水患相对较少，居民的生活比较安定，给经济文化的发展提供了十分有利的条件。关于先秦时期长江流域的经济状况，人们常喜引用《史记·货殖列传》中的一段话来加以说明。其中写道："楚越之地，地广人希，饭稻羹鱼，或火耕而水耨，果隋蠃蛤，不待贾而足，地势饶食，无饥馑之患，以故呰窳偷生，无积聚而多贫。是故江淮以南，无冻饿之人，亦无千金之家。"这段话正确地说明了长江流域的物产和生活的特点，但对其经济发展水平则估计不足。不少学者据此认为长江流域的经济曾经长时期落后于黄河流域，直到秦汉以后才逐渐赶上来，这一认识与当代考古发现的事实并不相符。大家都知道商周青铜文化是东方古代文明的光辉代表，而商周青铜器的原料大都来自长江流域，江西瑞昌、湖北黄石和安徽铜陵等地发现的大型矿冶遗址便是最好的说明。

四川广汉三星堆、湖南宁乡黄材和江西新干大洋洲发现的青铜器，其造型之精美与工艺之先进，较之黄河流域的商周青铜器毫不逊色。至于楚国和吴、越的青铜冶铸工艺，在某些方面还要超过黄河流域者。先秦时期长江流域的丝绸与漆器工艺也都处于领先的地位。在东周列国中，国土面积最大、人口最多、物产最为富庶的乃是长江流域的楚国而不是别的任何国家。由此可见长江流域在中国古代文明发展中，也同黄河流域一样处于十分重要的核心地位。这一情况是有其深层的历史背景的，其中最重要的也许就是稻作农业的发展。

现在已经有充分的证据证明，长江流域乃是稻作农业的起源地和最早发达的地区。湖南道县玉蟾岩和江西万年仙人洞都已发现了公元前 1 万年以前水稻的植硅石，前者还同时发现了栽培稻的完整颗粒。到公元前 7000 ~ 前 5000 年的湖南彭头山文化、湖北城背溪文化和稍后的浙江河姆渡文化的许多遗址中，都发现了栽培稻谷的遗存。直到目前为止，在中国发现的一百几十处有栽培稻谷的遗址中，80% 以上是分布在长江流域的。如果把这些遗址按年代标示在地图上，可以很清楚地看出其分布是以长江中下游为中心，像波浪一样向周围展开的。正是因为长江流域比世界上任何地区都更早地栽培和发展了水稻生产，当地的经济文化也就很快地发展起来。长江流域史前的水稻生产究竟达到了什么样的水平，是很难准确地估计的。但从河姆渡遗址的情况可以略窥端倪。这遗址第 4 层的年代大约相当于公元前 5000 ~ 前 4500 年，在那里堆积的稻谷皮壳和炭化稻米等，如果换算成新鲜稻谷，估计可达 10 万千克以上。尽管那是多年形成的堆积物，并不是一年的产量，其数量之巨大也是很惊人的了。到大约公元前 3300 ~ 前 2000 年的良渚文化时期，各地出土了不少石制犁铧，说明那时已开始进入犁耕农业的阶段。其生产水平显然要比河姆渡文化高出许多，比同时期的黄河流域先进得多。稻作农业需要有明确的田块和田埂，田块内必须保持水平，否则秧苗就会受旱或被淹。还必须有灌排设施，旱了有水浇灌，淹了可以排渍。同旱地农业比较起来，稻作农业需要较高的技术和更加精心的管理，甚至稻谷的加工也比小麦、小米或玉米等困难得多。因此从事稻作农业的人们，易于养成精细和讲究技巧的素质，有利于某些技巧较高的手工业的发展。这或许可以解释为什么良渚文化有那么精致的玉器、漆器和丝绸织物，其工艺水平远远超出同时代的其他文化的产品。它所出产的黑陶，同样也是造型别致，美观大方，只有山东龙山文化的产品才可相比。当然，由于农业发展水平较高，能够给非农业劳动者提供比较充足的粮食和其他生活资料，也是手工业得以较快发展的一个重要原因。

农业和手工业的发展增加了财富的积累，刺激了人们占有财富的欲望。用战争的手段来掠夺他人财富的行为越来越经常发生，保护自己免受侵犯也便成为社会公众所关心的大事，费工耗时的城堡就这样从各地兴建起来。现知在长江流域发现的早期城堡大约有十多处，其中在湖北的有天门石家河、石首走马岭、荆门马家垸和江陵阴湘城，湖南有澧县城头山和鸡叫城，四川有新津宝墩、温江鱼凫城和都江堰芒城等处。浙江余杭良渚和江苏武进寺墩等处也可能有城址。这些城址的年代大约都在公元前3000～前2000年之间，有的可能还要稍早一些。其中多数城的面积有二三十万平方米，较小的有十多万平方米，最大的石家河则有一百多万平方米。城外一般有较大的护城河，不少护城河还与天然河道相通，除有防卫的功能外，还是运输的重要通道。相比之下，黄河流域同时期的城堡面积要小一些，护城河往往较小或者干脆没有。通常把城堡的出现作为文明起源的重要标志之一，从这一点来看，长江流域文明的起源并不晚于黄河流域，某些文明因素的发达程度甚至还要超过黄河流域。而这都是以稻作农业的充分发展为基础的。

在龙山时代，也就是早期城址出现的时代，长江下游主要是良渚文化，中游主要是屈家岭文化和石家河文化，上游的文化名称未定，可暂称为边堆山文化。在中下游之间还有薛家岗文化和樊城堆文化等。这些文化相互之间尽管有不同程度的联系，但并不构成一个区别于黄河流域的整体文化。相反，有些长江流域的文化同黄河流域某个文化的关系，比同长江流域其他文化的关系更为密切。例如良渚文化同大汶口文化和龙山文化的关系，就比它同屈家岭文化和石家河文化的关系密切得多。在往后的发展中，长江流域对于商周文明的形成也起了十分重要的作用。例如在商周文明中占有十分重要地位的礼器鼎和在青铜礼器中经常出现的饕餮纹与雷纹，其实都是从长江流域的有关文化中吸收过去的。良渚文化中大量出现的琮、璧、钺、璜等玉器，以后也被商周文化继承而成为重要的礼器和瑞器。前面曾经谈到的某些青铜工艺、丝绸、漆器乃至瓷器等在中国古代文化中极具特色并且占有十分重要地位的因素，也是从长江流域首先发源的。要之，中国文明的核心地区在黄河和长江两大流域，在这个区域存在着若干既有联系又有区别的文明起源中心，后来又逐渐融汇成以商周文明为主体的多种青铜文明的联合体。它的基础是两种农业体系的结合，即黄河流域以粟作为主的旱地农业和长江流域以稻作为主的水田农业体系的紧密结合与充分的发展，才出现了在世界上独树一帜的古代东方文明。

黄河、长江流域的古代文明发生以后，东亚许多地方也都酝酿着走向文明的进程。在东北亚，首先是粟、黍等旱地农业传入朝鲜半岛和日本，促进了当地文化的发展。但只有到后来稻作农业相继传入，加上青铜器和铁器的先后传入，才使那里真正进入文明社会。至于东南亚各国，则几乎完全是在稻作农业发展的基础上逐步进入文明社会的。从这个意义上来说，东方的古代文明的产生和发展，都是与稻作农业的发展密不可分的。至于在稻作农业基础上产生的文明的特点，那是一个需要深入研究的很有兴味的问题，应该有专门的文章加以论述，兹不赘述。

（本文为1996年6月8日在上海召开的“中日东方思想讨论会”上的发言要点，原载《中日东方思想讨论会文集》，上海三联书店，1997年）